LIBERAL
ARTS
COLLEGE

人生を変える80対20の法則
「原因」と「結果」の法則
自分の中に奇跡を起こす!
人間性の心理学
自己信頼
哲学の慰め
7つの習慣
鉄のハンス
アルケミスト
自助論
聖書
神経言語プログラミング
夜と霧
フロー体験 喜びの現象学
狼と駆ける女たち
神話の力
自分を動かす
現象としての人間
トランジション
道徳経
史上最強の人生戦略マニュアル
EQ こころの知能指数
人生を開く心の法則
森の生活 ウォールデン
愛すること、生きること
人生に奇跡をもたらす7つの法則
小さな自分で満足するな!
ダライ・ラマ こころの育て方
眠りながら成功する
失われた心 生かされる心
理想の自分になれる法
とにかく、やってみよう!
内なるヒーロー
ベスト・パートナーになるために
積極的考え方の力

世界の自己啓発50の名著

T・バトラー＝ボードン

野田恭子・森村里美 訳

Discover
ディスカヴァー

はじめに

私たちの時代のもっとも偉大な発見は、人間は自分の行動を変えることによって人生を変えられるということである。

ウィリアム・ジェイムズ

一生同じ考え方を続ける必要はない。この二十年間の心理学でもっとも重要な発見の一つは、人間はどう考えるかを選べるということだ。

マーティン・セリグマン『オプティミストはなぜ成功するか』

●

「考え方や心の癖を変えれば、人生を変えられる」とよく耳にする。だが、その意味をよく考えてみたことはあるだろうか？

この本には、自己啓発や自己変革をテーマとするあらゆる本の役立つアイディアが詰まっている。

私は本書で紹介するこれらの本を「自己啓発の名著」と呼んでいる。ここで取り上げた幅広い著者の作品に触れることによって、自己啓発への理解が深まるはずである。これらに一貫して流れているのは、「ありふれた不幸（フロイト）」や「静かな絶望（ソロー）」を人類の運命として受け入れることを拒否する姿勢だ。人生の困難や障害を現実として認めながらも、私たちはそんなことにはしばられないと説く。どんな逆境にあろうと、人間は必ず、その意味するところを決める力を持っている。とくにそう教えてくれるのは、本書で取り上げた二冊、ヴィクトール・E・フランクルの『夜と霧』、そしてボエティウスの『哲学の慰め』だ。遺伝子や環境、運命の導くままに生きるのではなく、どう考えるかを意識的に決めること――自己啓発の真髄はここにある。

これまで自己啓発書は、「問題」に対処する方法を示すものと考えられてきた。しかし、名著と言われる作品のほとんどは「可能性」をテーマにしている。それらは自分なりの生き方を見つけたり、不安から幸福へと橋を築いたりするのを助け、また、ひたすら向上心に刺激を与えてくれる。

サミュエル・スマイルズは、一八五九年に『自助論』を書いた。彼はこの本が利己主義賛美と受け取られはしまいかと怖れた。だが、同書が実際に説いているのは、政府の援助や保護をあてにせず、自分自身の努力や不屈の目標追求をよりどころとすべし、というメッセージだ。スマイルズはもともとは政治改革者だったが、真の改革は人間の内面で起こるという結論に至った。つまり、当時のもっとも偉大な概念「進歩」を、個人の生き方にも当てはめたのである。同時代の傑出した人物たちの人生を紹介することによって、彼はやる気さえあれば何ごとも可能だと示そうとした。

エイブラハム・リンカーンは、自己啓発の本にしばしば登場する。「限界にとらわれずに」考えるお手本のような人だからである。しかし、彼はその考え方を自分自身に対しては用いず――自分をぶざまなまでに陰気だと思っていた――状況判断に用いた（北軍を勝利に導き、奴隷制を廃止した）。うぬぼれることなく、もっと大きなもののために生きた。

もっともすぐれた自己啓発書は、自分中心の絵空事でなく計画や目標、理想、能力を発揮する方法を確認させてくれる。確認することによってあなたは世の中の一片を変え――それとともにあなた自身も変わる。

自己啓発は「可能性の文学」

……われわれの世界では、聖なるシンボルはまずゴミの層に現れる。

フィリップ・K・ディック『ヴァリス』

●

自己啓発書は二十世紀に大当たりしたものの一つだ。どれほど売れたかを正確に数えることは不可能だが、ここに取り上げた本だけでも一億五千万部を超える。おびただしい数にのぼるその他の本も含めれば、五億部は超えるだろう。

自己啓発という考え自体は新しいものではないが、このような社会現象になったのは二十世紀になってのことだ。『人を動かす』（一九三六年）や『積極的考え方の力』（一九五二年）といった本を買ったのは、立身出世を切望し、ページの中に成功の秘訣が見つかるかもしれないと考えたごくふつうの人たちだった。この種の本はすぐ手に入り、期待を持たせ、大学教授や牧師からは聞けないような考えを述べていた。体裁はどうあれ、人々は新しい生き方指南の情報源を得て、それが気に入った。「あなたにはできない」ではなく「高い目標を目指せ」と初めて言ってもらえたからである。

これらの本は親友にも、守護神にもなりうる。あなたの本質的なすばらしさ、よいところへの信頼を示してくれるそのような信頼は、他人からはなかなか得られないこともある。高い目標を追求し、自分の考えで世の中を変えられると信じよ、と力をこめて説く自己啓発書には、「可能性の文学」という名前こそふさわしい。

書店の自己啓発書売場の広さに驚く人は多い。だが、当然だと感じる人もいる。そうした人は、夢をもつ権利を認め、それをかなえる方法を示してくれるものには力と価値があると知っているからである。

輝きを放つ名著の数々

本書で紹介する名著の数々は、私自身が読み、研究した結果選んだものだ。二十世紀のものを中心としたが、非常に古い作品も多く含まれることとなった。自己啓発的倫理観は、はるか昔から人間とともにあったからである。『聖書』、『バガヴァッド・ギーター』、マルクス・アウレーリウスの『自省録』、ベンジャミン・フランクリンの『フランクリン自伝』といった作品は、これまで自己啓発書とは見なされなかったかもしれないが、私はこのジャンルに含めることを提唱したい。

現代作品のほとんどはアメリカ人によるものだが、自己啓発という考え方自体は万国共通だ。自己啓発書には、人間関係、ダイエット、売上アップ、自信を持つことなど、さまざまな特定のテーマをあつかうガイドの系統がある。しかし、ここでは、自分を知ること、より幸福になることを目指す、幅広い自己改革について述べているものを取り上げた。

選定にあたっては、このジャンルが実に多様であることがおわかりいただけるよう配慮したつもりである。多くの本は、有名で影響力が大きいという観点からすぐに選ぶことができた。ほかにない独自の着想があるということで選んだ本もある。時代や地域に左右されない「輝き」を放つ、読みやすい本であることは必須条件とした。

クラリッサ・ピンコラ・エステスは、『狼と駈ける女たち』の最後に読者が興味を持ちそうな作品のリストを掲載して、こう問うている。

「それぞれの相性はどうだろう？　互いにどう影響し合っているのか？　つき合わせたら、

どうなるか。あるものは爆発を引き起こし、あるものは実を結ぶだろう」
ここで取り上げた名著にも同じことが言える。

個人があらわになる時代に

結局、もっとも重要なのは一人一人の人生なのだ。それだけが歴史をつくり、そこにおいてのみ大いなる変革が起こる。全世界の未来も過去もすべて、つまるところ、個々の人間が秘めたみなもとから発したものの巨大な集積である。

カール・グスタフ・ユング

●

かつて人間が部族単位で暮らしていた頃は、部族が個人の生活を導き、物質的、社会的、精神的に必要なものを提供した。「文明」が興ると、その役割を教会や国家が担う場合が出てきた。今日では、会社から生活の保障と帰属意識を得ている人もいるかもしれない。
しかし、いかなる種類の社会や共同体もやがては崩壊し、そのとき個人があらわになることは、歴史を見ればわかる。そのような変化を強いられる可能性は、歴史のスピードが速くなるにつれて高まっている。だからこそ、自分をもっとよく知り、より向上することを心がけ、社会に依存しない人生設計をもつ必要がある。社会の変化を求めるにしろ、自分自身を変えるにしろ、誰もあなたの代わりにはやってくれない。結局、すべてあなた次第である。

私たちにのしかかるもう一つの大きな重圧は、おかしなことのようだが選択の自由だ。ほとんどの人は自由をこよなく愛するものの、実際に進む道を決めるチャンスを得ると怖くなることがある。フィリップ・マグロー『ライフストラテジー』、マーサ・ベック『しっくりくることだけ、やりなさい』、ヘンリー・デビッド・ソロー『森の生活』など、本書で取り上げた多くの作品も、選択の自由が広がるほど集中する必要が生じる矛盾をあつかっている。仕事なら誰でも持てる。だが、あなたは目的を持てているだろうか？

二十世紀は大きな組織に順応して生きる時代だった——周囲になじめればうまくいった。だが、リチャード・コッチは『人生を変える80対20の法則』で述べている。現在、そして未来の成功は、よりあなたらしく生きることによって得られる、だから、積極的に自分の独自性を発揮すれば、必ず世の中に対して、何かしら真に価値ある貢献ができる、と。このことは個人の独自性に道徳的性格（ピエール・テイヤール・ド・シャルダンは「各人の持つ生命の、伝達不可能な特異性」と呼んだ）を与え、また、経済的、科学的にも理にかなっている。進化は、標準に合わせることではなく、差別化によって起こる。だからこそ、人生の恵みを得るのは、ただすぐれているだけではなく、際立った人なのである。

自己啓発の未来

私は矛盾するものを抱えている。私は大きい。私はあらゆるものを内にもつ。

ウォルト・ホイットマン

●

自己啓発書の中心には、自分自身をどう見るかについて二つの基本的考え方がある。ウエイン・W・ダイアー『自分の中に奇跡を起こす!』、トマス・ムーア『失われた心　生かされる心』、ディーパック・チョプラ『人生に奇跡をもたらす7つの法則』などは、人間の中に不変の核があるとし（魂、より高度な自己など、呼び方はさまざまだが）、それが私たちを導き、自分だけの目的を達成するのを助けてくれるのだとしている。この考え方の場合、「自分を知る」ことは成熟への道である。

一方、アイン・ランド『肩をすくめるアトラス』、アンソニー・ロビンズ『小さな自分で満足するな!』、ベンジャミン・フランクリン『フランクリン自伝』などは、自己は白紙状態であり、自分で「自分の物語を創る」ことができるとする。この考え方を短くまとめるとしたら、次の言葉がもっとも適切だろう。

行動的で成功する気質の者は、「汝自身を知れ」という格言によってではなく、あたかも「自己を求めよ、さらば自己にならん」という掟を眼前にしているかのごとく行動する。

フリードリヒ・ニーチェ

もちろん「自分を知る人間」「自分を創る人間」どちらも抽象化されたものにすぎず、おもしろいことに、人はみな、それぞれ違う割合で両者を兼ね備えている。どちらも、自己を独立した単一のものと見なす点は共通している。しかし、二十一世紀の私たちは多様な役割をもち、さまざまな社会に所属し、幅広い個性を発揮して、体験も複雑化している。このような状況に自己啓発書はどう対応するのだろうか？

ケネス・ガーゲンは『飽和した自己 The Saturated Self（未訳）』で、自己は単一であるという古い考え方は、現代人の多面性、つまり彼が「多面精神人格」と呼ぶものを考慮して、改めていく必要があると述べている。

また、ロバート・ジェイ・リフトンは『変幻自在な自己：分裂の時代における人間の回復力 The Protean Self: Human resilience in an Age of Fragmentation（未訳）』の中で、心が乱れて収拾がつかなくなるのを防ぐには、自分のさまざまな面をすべて意識しながら、ひとつの自分としてより強くみがいていかなくてはならない、このような「変幻自在の自己」だけが、きわめて複雑な世の中に対処できるだろうとしている。彼は自分というものを、不動のものではなく、発展途上にあると考えたのである。

しかし、このように自己の理解が進んでも、技術の進歩に対処できるのか？　遺伝子などの技術によって性格を変え、知能をあげることも可能な二十一世紀には、どのような人間が生まれるのだろうか？　そこまで自分を変えられるとしたら、プラトンが考えた「自己認識」はどうなるのか？

科学者たちは、今後十年間に生まれる子どもたちの寿命は、ゆうに百歳を超え、百四十や百五十歳まで生きる者も少なくないだろうと確信している。それほど長く生きると、これが自分だという意識は一層強くなるのだろうか？　また、百五十年間の変化――人間関係、家族、仕事、そして世の中のできごと――が、ものごとが続いているという感覚や安心感を叩きこわすのだろうか？　さらにおそろしいことに、身体を失ってもなお、脳が「ソフトウェア」として、ほかの身体に移植され、長く生き続ける可能性さえあるのだ。

人間の身体や脳への科学技術の利用が一層進めば、「自己とは何か？」という問いは、必ずますます重要になってくる。映画『ブレードランナー』ばりの未来には、自己認識という概念は、その昔、「後期人類」が目指したもの、ということになってしまうのかもしれない。自己啓発書は、確かなものが消え去り、伝統が崩壊したことによって生まれた。とはいえ、つねに人間が自己を認識していることを前提としていた。この前提がゆらぐとき、未来の自己啓発は、自己そのものへのガイドとならなければならないだろう。

目次

PROLOGUE はじめに 1

CHAPTER 1 思考の力 思考を変え、人生を変える

01 1995
EQ こころの知能指数
真の成功者は、情動を自分の制御下におく力を必ず身につけている。
ダニエル・ゴールマン 27

02 1902
「原因」と「結果」の法則
私たちは、自分が望むものではなく、現在の自分と同じものを引き寄せる。
ジェームズ・アレン 35

03 1991
オプティミストはなぜ成功するか
楽観的な考え方を鍛えれば、健康になり、お金持ちになり、幸福になる可能性が増す。
マーティン・セリグマン 43

人間は完璧に機能する。新しい思考、行動、感情でプログラムを組めば、新しい人生を手にできる。

04
1994
神経言語プログラミング
S・アンドレアス／C・フォークナー
51

気分と事実は別のものだ。自分の感情が実際の状態を正しく反映しているかどうか、つねに問いかけよう。

05
1980
いやな気分よ、さようなら
デビッド・D・バーンズ
63

自分を愛する方法がきちんとわかってこそ、人生を変えることができる。

06
1984
ライフヒーリング
ルイーズ・L・ヘイ
73

心のこわばりは人生をつまらなくする。考え方をコントロールする力を取り戻せば、新しい人生を送ることができる。

07
1989
心の「とらわれ」にサヨナラする心理学
エレン・ランガー
81

潜在意識の働きを理解すれば、夢を現実にする方法がわかる。

08
1963
眠りながら成功する
ジョセフ・マーフィー
89

信じる心があれば、どんなことでも成し遂げられる。

09
1952
積極的考え方の力
ノーマン・V・ピール
99

人生がゲームなら、自分が幸せになるための法則を学び、行動に移してみよう。

10
1925
人生を開く心の法則
フローレンス・S・シン
109

CHAPTER 2 夢の追求

目標を設定し達成する

相手が感じていることを尊重すれば、どんなことでも真剣に聞いてもらえる。

11
1936
人を動かす
デール・カーネギー
121

われわれはたやすく夢をあきらめてしまう。しかし宇宙はつねに夢の実現を支えようとしている。

12
1993
アルケミスト
パウロ・コエーリョ
131

自分自身の原則、価値、ビジョンを明確にすることにより、ものごとは達成される。

13
1989
7つの習慣
スティーブン・R・コヴィー
137

今日という日をぞんぶんに味わい、思い描く人生を生きる時が来た。

14
1991
小さな自分で満足するな！
アンソニー・ロビンズ
147

たゆまぬ自己改革と学ぶことへの愛情は、類まれな成功へのチケットだ。

15
1791
フランクリン自伝
ベンジャミン・フランクリン
157

人生は、良かれ悪しかれ、その人が抱いている思いやイメージに沿って形づくられる。

16
1978
理想の自分になれる法
シャクティ・ガワイン
167

不安を感じるのは、成長し、人生の試練を受けとめているあかしだ。

17
1987
とにかく、やってみよう！
スーザン・ジェファーズ
175

18
1960
自分を動かす
身体と脳は、目標達成のためのすばらしい自前のシステムである。
マクスウェル・マルツ
185

19
1994
人生に奇跡をもたらす7つの法則
人生から望みのものを受けとるための簡単な方法がある。
ディーパック・チョプラ
195

CHAPTER 3
幸福の極意 好きなこと、うまくいくことをする

20
1992
自分の中に奇跡を起こす！
自己、より高度な自己、そして、人生の目的が一直線上に結ばれていれば、奇跡のような素晴らしいことが起こる。
ウエイン・W・ダイアー
207

21
1997
人生を変える80対20の法則
得意なことを見つけ、もっとそれに力をそそげば、成功はたやすく手に入る。
リチャード・コッチ
217

人生が間違った方向に
進んでいるような
気がする人のための本。
22
2001
しっくりくることだけ、
やりなさい
マーサ・ベック
225

幸福になるのに、
現実の出来事に
左右される必要はない。
23
1998
ダライ・ラマ
こころの育て方
ダライ・ラマ14世／
ハワード・C・カトラー
233

自分の考えに磨きをかけ、
改善しよう。そうすれば、
世の中に怖れるべきものは
ほとんどなくなる。
24
ブッダの真理のことば・
感興のことば
ブッダの教え
243

好きなことをすることが、
より大きな意味や幸福、
より高度な複雑さを
備えた自己に至る道である。
25
1990
フロー体験
喜びの現象学
M・
チクセントミハイ
255

完全に神に自分を
委ねると決心し、自分自身を
愛すると決意した時、
奇跡が起こりはじめる。
26
1994
愛への帰還
マリアン・
ウイリアムソン
263

27 1992
ベスト・パートナーになるために
お互いを一人の人間と見て関係を築く前に、男女の行動パターンの違いを考えに入れるべきだ。
ジョン・グレイ
271

28 1999
史上最強の人生戦略マニュアル
現実的になり、自分自身をとりまく世界にうまく対処しよう。
フィリップ・マグロー
281

CHAPTER 4

大きな視野　ものごとをありのままに正しく見る

29 1997
小さいことにくよくよするな!
小さな悩みは大きな視野で見てみよう。人間関係や人生全般をもっと楽しめるようになる。
リチャード・カールソン
295

30 1959
夜と霧
人生の意味は、自分がどう意味づけするかで決まる。
ヴィクトール・E・フランクル
305

どんな状況であっても、人生の豊かさに価値を見出そう。

31

1997

プルーストによる人生改善法

アラン・ド・ボトン

315

つまらないことやささいなことにわずらわされてはならない。

32

2世紀

自省録

マルクス・アウレーリウス

325

宇宙の自然な「流れ」と調和して、もっと楽に、もっと効果的に生きよう。

33

B.C.5~3世紀

道徳経

老子

333

どんなことが起こっても、あなたには心の自由がある。

34

6世紀

哲学の慰め

ボエティウス

341

生きていく中で出合うすべてのトランジションには、一定のパターンがある。

35

1980

トランジション

ウィリアム・ブリッジズ

349

CHAPTER 5

魂と神秘

自分の内奥を理解する

考える以外に
何もしない時間を、
生活の中に必ずもとう。

36
1854
森の生活 ウォールデン
ヘンリー・D・ソロー
361

つねに自分が愛情を
向けられることを行おう。
自分の人生を
奇跡に満ちた旅だと思おう。

37
1987
神話の力
ジョーゼフ・キャンベル／ビル・モイヤーズ
371

おとぎ話を通して、
私たちは埋もれている
男の太古の力を
よみがえらせる。

38
1990
鉄のハンス
ロバート・ブライ
381

自分の野性を
取り戻すことは、
奔放にすぎるのではない。

39
1992
狼と駈ける女たち
クラリッサ・ピンコラ・エステス
391

私たちはみな、
あるパターン「元型」に
したがって考えたり、
行動したりする。

40
1986
内なるヒーロー
キャロル・S・ピアソン
401

誰もが心に
こうありたいと思う人物や
人生のイメージをもっている。

41
1996
魂のコード
ジェイムズ・ヒルマン
411

自分の個性と暗い部分を
受け入れることで、
自分らしさを解放しよう。

42
1992
失われた心 生かされる心
トマス・ムーア
421

「人生は困難なものである」と
認めてしまえば、
事実はそう深刻ではなくなる。

43
1978
愛すること、生きること
M・スコット・ペック
431

CHAPTER 6

変化を求めて

あなた自身を変え、世界を変える

44
バガヴァッド・ギーター
心の平和を求め、
なすべき仕事をし、
宇宙の神秘に感嘆せよ。
441

45
聖書
愛、信仰、希望、神の栄光。
人間は完璧になりうる。
451

46
1859
自助論
サミュエル・スマイルズ
歴史は、ひたむきな志と
忍耐によって驚くべき偉業を
なしとげた人間で満ちている。
459

47
1841
自己信頼
ラルフ・ウォルドー・エマソン
どんな重圧があっても
自分自身であれ。
467

自分の独自性を理解し、
表現することが、
そのまま世界の
進化につながる。

48

1955

現象としての人間

ピエール・テイヤール・
ド・シャルダン

475

自分の運命をつくりあげ、
価値あるものを創造し、
より高い人間のあり方を
可能にする。

49

1957

肩をすくめるアトラス

アイン・ランド

485

精神が完全に
健康かどうかは、
神経症かどうかの
問題ではない。

50

1954

人間性の心理学

A・H・マズロー

493

【本書の構成】

- 扉の引用文には、可能な限り既存の邦訳をそのまま用いた。旧漢字、旧仮名遣いのものについては、旧漢字のみ現代の表記に改め、仮名遣いはそのままとした。未訳のもの、既存の邦訳上で割愛されている部分については、本書訳者が訳出した。
- 本文中の引用も、可能な限り既存の邦訳を引用したが、部分的には、とくに短文、単語レベルのものについては、地の文とのつながりなどの制約上、原意を損なわぬよう配慮しながら、やむをえず手を加えたところがある。また、未訳のもの、既存の邦訳上で割愛されている部分については、本書訳者が訳出した。
- 調査の範囲で邦訳が見あたらなかった作品は(未訳)とした。

1

Chapter 1

思考の力

思考を変え、人生を変える

01

1995

EQ
こころの知能指数

ダニエル・ゴールマン

真の成功者は、情動を自分の制御下におく力を必ず身につけている。

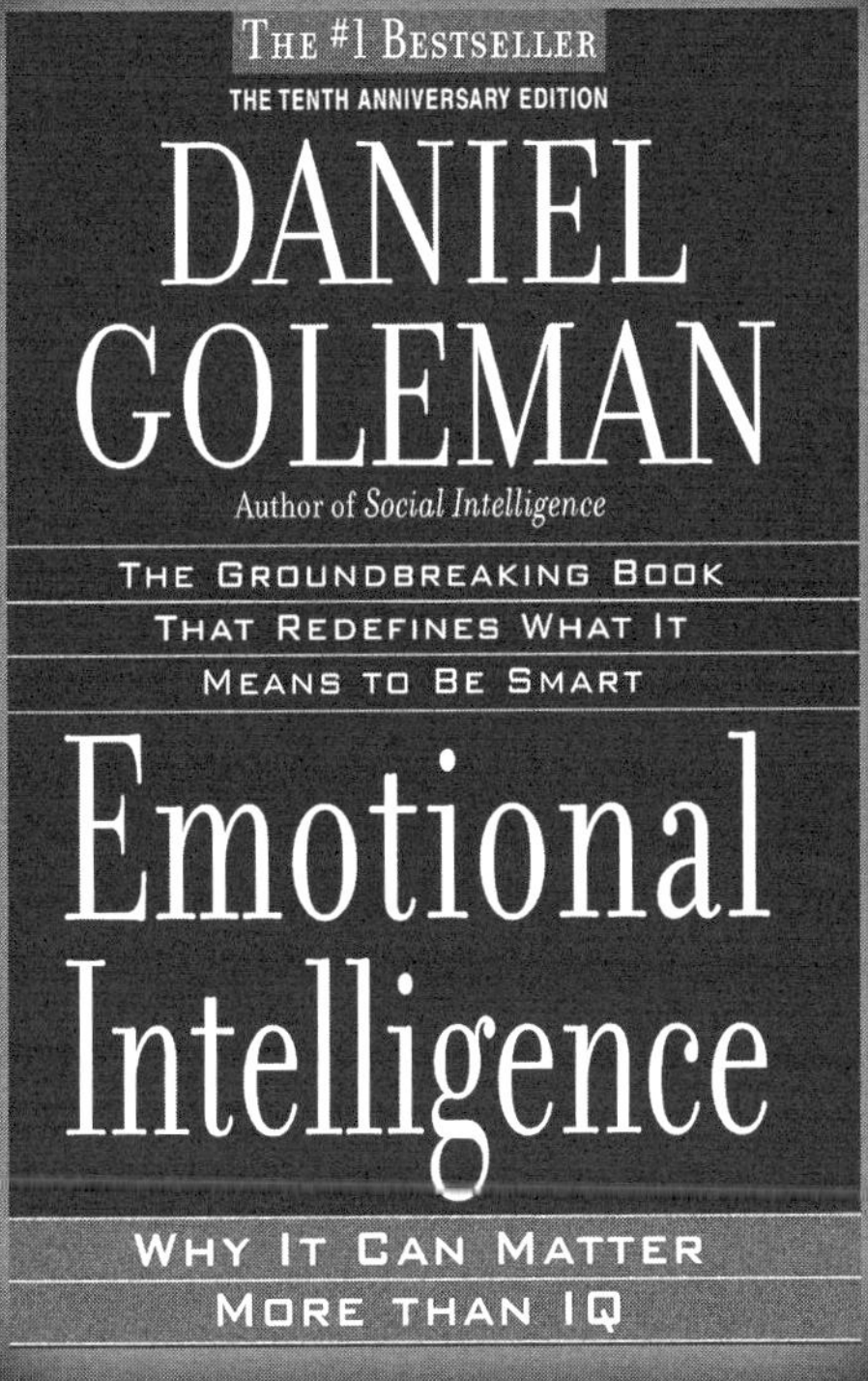

邦訳
『EQ　こころの知能指数』
講談社　土屋京子訳

情動の知性にも、数学や国語と同じように能力差がある。ＩＱが同じでも人生に成功する人とつまずく人がでてくるのは、ＥＱに差があるからだ。私たちが知能をはじめとするさまざまな能力をどこまで活用できるか決めてしまうという意味で、ＥＱは「メタ能力」と呼ぶべき能力だ。

今までこの本が書けなかったのは、科学的なデータが不十分だったからだ。（中略）いまようやく、科学は確かな裏づけをもって不可思議な精神の働きを解明し、人間のこころの見取り図を描きはじめている。

❀

およそ三百ページの厚さの原書には、ほとんど隙間なく文字が詰まり、無数の事例研究と脚注が加えられている。ここで、あえて『ＥＱ』の要旨を、三点にまとめてみよう。

1 知性を情動のコントロールのために利用すれば、計り知れないほどよい影響を人生に及ぼすことができる。

2 情動は心の習慣であり、ほかの習慣同様、最善に向かうための意志

Daniel Goleman

ダニエル・ゴールマン

カリフォルニア州ストックトンで育つ。ハーバード大学で心理学の博士号を取得。指導したデビッド・マクレランドは、採用や入学のためにこれまで行われてきた試験（学力とIQ）は、その後の業績や成績の指標として確実性がないと説く、画期的な論文を発表した。この種の人選にあたっては、情動のコントロールと社会性に着眼した試験をするべきであるというのが、ゴールマンのＥＱ論だ。

ゴールマンは十二年にわたり、「ニューヨーク・タイムズ」紙で行動科学と脳科学に関するコラムを執筆した。「サイコロジー・トゥデー」誌では編集主任を務め続けていた。最近の著作には、『瞑想する心 The Meditative Mind（未訳）』『致命的なうそと単純な真実 Vital Lies, Simple Truth（未訳）』『創造的精神 The Creative

をしだいに損なうことがある。

3 ある種の情動を捨て去ったり、育てたりすることで、人生をコントロールすることが可能になる。

これが内容のすべてであれば、たいしておもしろい本ではない。だが『EQ』は、この数十年で書かれた自己啓発書のうち、もっとも完成度が高い部類に入り、従来の自己啓発書の読者層を大きく上まわる範囲で読まれてきた。知性とは何かについて、これまでさまざまな報告が研究者たちから届けられてきたが、心の知能指数（EQ）という概念が主流に躍り出るには、ゴールマンのこの著作が必要だった。

ごくふつうの人が知能検査に拒否反応を示す度合いは、仕事が成功しているかどうかと無関係ではないはずだ。知能検査が指標として有効かどうかは別にして、結果的に、多大な人々が人生の選択に制限を受け、自尊心を傷つけられてきた。IQは業績を予測するために特に優れた指標ではなく、多くの「知性」のうちの一つにすぎず、情動を処理する能力のほうが、人生の成功のために重要であることを統計が教えている――こう記された『EQ』が、多くの読者を得たのは当然のなりゆきだった。

もう少し詳しい内容と要点を次に示そう。

Spirit（共著、未訳）』『ビジネスEQ――感情コンピテンスを仕事に生かす Working with Emotional Intelligence（東洋経済新報社）』がある。編者としての仕事では『癒しの心――念、感情、健康をめぐるダライ・ラマとの対話 Healing Emotions: Conversations with the Dalai Lama on Mindfulness, Emotions, and Health（未訳）』が出版されている。『EQ こころの知能指数』は三十三ヶ国語、『ビジネスEQ――感情コンピテンスを仕事に生かす』は二十六ヶ国語に翻訳された。

ゴールマンは、エモーショナル・インテリジェンス・サービスのCEO（最高経営責任者）である。同社は企業向けに、ECI（感情コンピテンシー、すなわち感情制御能力の診断）などのサービスを提供している。

脳の文明化

第一部で脳のしくみについて知ることによって、私たちの思いこんでいる、いくつかの問題点が解決する。脳の生理現象は、生き残りがすべてだった太古の時代から持ち越されてきたものだ。この機能は「考える前に行動する」ようになっており、槍が飛んできたときや、怒り狂ったマンモスに遭遇したときに役立った。そして二十一世紀を生きる私たちも、いまだに原始人の脳を抱えている。「情動によるハイジャック」（脳がコントロール不可能なほどの激情に満たされる）が衝動殺人の引き金となることがある。時には長くつれそった配偶者でさえもその犠牲となると、ゴールマンは記している。

心の知性を働かせて

第二部と第三部では、心の知性を構成するものと、実生活にそれらをどう応用するかについて詳しく論じる。問題は情動それ自体ではなく、ある状況下で適切に情動を働かせられるか否かにあるとゴールマンは指摘する。アリストテレスの言葉がこう引用される。

然るべきことがらについて、然るべきひとびとに対して、さらにまた然るべき仕方において、然るべきときに、然るべき間だけ怒るひとは賞賛される。（高田三郎訳）

アリストテレスがめざした方向性は、科学技術の進んだ現代において、なおさら重要である。「文明化」が意味するのは、もはや技術の進歩ではなく、人間の本質にたちかえり、セルフコントロールを取り戻すことだからだ。

第三部は、情動をコントロールする訓練の、親密な人間関係、仕事、健康への応用である。夫婦関係を扱った章だけでも、男女関係の背後にある問題を、神経科学の面から複雑に論じる多くの本よりも、得るものが大きいだろう。

情動と道徳

ゴールマンは情動抜きには考えられない生活と道徳との関係を考えた。そして、情動をコントロールできなければ、自我の深い部分が傷つくと述べている。情動のコントロールは「意志と人格の基礎」であり、人格を測る別の基準となる思いやりは、他人の感情や思考を理解できてはじめて持つことができる。この情動のコントロールと思いやりが、心の知性の根本であり、道徳的人間が基本的に備えている特性である。

心の知能指数が成功の鍵

ほかに、心の知能指数として重要なのは、忍耐と、自分を目標に向かわせる能力である。この二つは情動そのものではないが、自制と、自分を後退させるような情動や経験を冷静にながめる能力とを必要とする。

ゴールマンは「希望を持ち続ける」ことが成功へ向かうための姿勢であると述べ、科学的な裏づけを試みている。マーティン・セリグマン（43ページ参照）の研究を例に引き、楽観的な見方をするかどうかで、実際の業績の良し悪しが客観的にほぼ予測できると語る。

ＩＱへのとらわれは、二十世紀型の機械的処理の産物だ。共感する技術と人間関係を重視したＥＱは、よりしなやかで創造的な二十一世紀経済に身を置いて成功するための基本要素なのだ。

仕事の場で

この本は仕事の現場とビジネスの世界に大きな影響を与えてきた。ゴールマンが職場管理を題材にしたのは一つの章だけだが、心の知能指数の概念が、上司が情動にふりまわされるタイプであるために、憤りを持ち、心を傷つけている社員たちの泣きどころを突いたのはまちがいない。また、あまりにもひどい業績に改善の道を開こうと悩む、多くの管理者やチームリーダーにも光を与えた。

たいへんおもしろく読める第三部「秀才がつまずくとき」では、ＩＱを数タイプの知性の中に位置づけている。オフィスで働いている人なら誰しもわかるように、いくら素晴らしい製品を世の中に送り出していても、職場がエゴのぶつかり合う場であるならば、そこはみじめな場所である。

ビジネスの成功は、ビジョンあるいは製品に向ける情熱の結果としてもたらされる。大きなエゴが成功に結びついている例もよく見受けられるが、よい企業は、組織そのものではなく、製品またはビジョンに焦点を当て、調和と気分の高揚をつくり出している。こうした考え方は、続く『ビジネスEQ――感情コンピテンスを仕事に生かす Working with Emotional Intelligence』の中で詳しく述べられる。

EQ教育

『EQ』の根本には、「情動的能力」という概念がある。本の最後の部で、ゴールマンは、EQを高める技術を学校教育に導入する必要性について説明する。挙げられる実例と数字は、子どもたちに、建設的に情動に対処する方法と、衝突がある時の解決法とを教えなければ、財政と社会福祉の面で、いかに大きな代償を支払うことになるかについて、読者を納得させるに充分である。

自分を変える一冊に出会うために――

ゴールマンが『EQ』を著した動機のひとつに、「科学的裏づけを欠いた」自己啓発書に頼っている無数の読者を憂えたことがある。本書は、まさに文句のつけようがない学術と研究を土台にして成り立っている。ゴールマンはこの分野の中心的な研究者をすべてよく知っているようだ。とりわけ、ハーバード大学の認知心理学者ハワード・ガードナー、ニューヨーク大学のジョセフ・ルドゥー、イエール大学のピーター・サロヴェイについて詳しい。サロヴェイは、EQを初めて理論化した学者だ。

いっぽうで、本書が古典的な性格を持つ自己啓発書であることは確かだ。脳は驚くほど適応力のある回路であり、私たちは情動の方向性を自分で決められるとゴールマンは指摘する。まとめるなら、彼の論でもっとも特筆に値するのは、「気質は変えられる」ということである。たとえ、精神と情動の習慣が、変わることない自分の一部であると感じられても、それにしばられる必要はない。

『EQ』の中でもっとも刺激的なのは、広い意味で、私たちの情動のより深い認識とコントロールが可能になれば、おそらく種としての進化につながると示唆していることだ。憎悪、憤怒、嫉妬などは「人間だけ」のものと考えられているが、ガンジー、マーティン・ルーサー・キング、マザー・テレサという、二十世紀に生きたもっとも品性高い人々を考えるとき、そのような負の情動をその存在の中に見つけることはできない。こうした人々は、アリストテレスの格言にしたがって、怒りを表すことができた。情動を働かせたのであって、情動に操られたのではなかった。これは、文明の定義としてか、人間性の定義としてか、どちらにふさわしいだろうか？

02

1902

「原因」と「結果」の法則

ジェームズ・アレン

私たちは、自分が望むものではなく、現在の自分と同じものを引き寄せる。自分の思いを変えてはじめて、自分の人生を変えることができる。

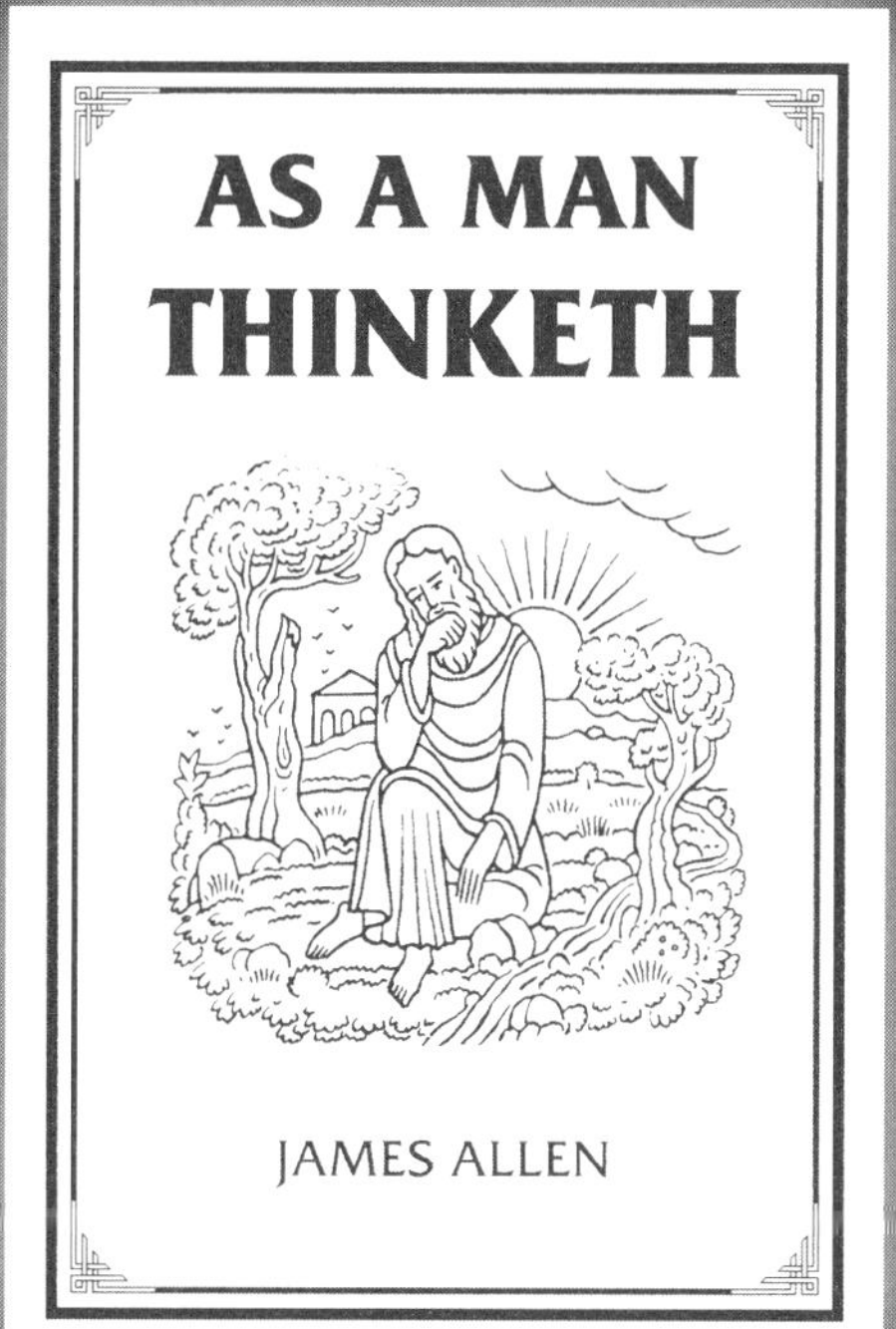

邦訳
『「原因」と「結果」の法則』
サンマーク出版　坂本貢一訳

私たちの魂に響くあらゆる美しい真実のなかで、次の真実ほどに私たちを喜ばせるものはありません。そのなかには、私たちに対する神からの信頼と約束が込められています。
「人間は思いの主人であり、人格の制作者であり、環境と運命の設計者である」

良い思いや行いは決して悪い結果を発生させませんし、悪い思いや行いは決して良い結果を発生させません。

この法則が自然界のなかで機能していることは、誰もが知っています。でも、それが個人の人生のなかでもまったく同じように機能しているという事実を認識している人はとても少数です。そしてそのために、ほとんどの人たちは、それと協調して生きていません。

この宇宙を動かしているのは、混乱ではなく秩序です。その一部である私たちの人生や社会を根底で支配しているのも同じ秩序であり、それは、不正義や不公平さではなく、正義と公平さの上に成り立っているのです。人間は、自分自身を正すことによって、はじめて宇宙の正義と公平さを知ることができます。

James Allen

ジェームズ・アレン

一八六四年、英国のレスターで生まれる。家業が破綻したため、十五歳でやむなく退学し仕事につく。父は、アメリカへ渡るが、強盗に襲われ死亡する。アレンは、いくつかの工場で働いたのち、一九〇二年に作家生活に入る。そしてイングランド南西岸の町イルフラクームに移り、読書、著述、園芸、瞑想を中心に静かに暮らした。

アレンは十年間に十九冊の著作を書き残した。本書はその二冊目。代表作となるこの本は、妻の強いすすめで出版されるに至った。そのほかの著作に『貧しき者から力ある者へ From Poverty to Power（未訳）』『幸せの脇道 Byways of Blessedness（『「原因」と「結果」の法則2』サンマーク出版）』『人生の勝利 The Life Triumphant（『「原因」と「結果」の法則4』サンマーク出版）』『幸福を支える八本書のテーマは「心が人生の織り手」ということである。これが、内なる人格と周囲の環境をつくり出す。本書は、中心となるこの考えを、徹底的に突き詰めてゆく。ジェームズ・アレンの功績は、私たちみながあたりまえと感じている「人間はロボットではないから、自分の思いをコントロールできる」という考えを、誤りだと明らかにしたことだ。

アレンは「潜在意識は表層意識と同等に行動を決定する」と考えた。表層意識をコントロールできたとしても、現実には、人はたえず「なぜあれやこれが思いどおりにいかないのだろう？」と自問することになる。

願望や意志が、それらと一致しない思いがあるために実現しないことに気づいたアレンは、驚くような結論に至った。

「私たちは、自分が望むものではなく、現在の自分と同じものを引き寄せる」

何かをなしとげるとき、人は自分の内側にあるものを具現化するのである。つまり成功を「つかむ」のではなく、成功する自分になるということだ。心と環境は一体なのだ。

本の柱 Eight Pillars of Prosper-ity（未訳）』がある。一九一二年没。

思いが人を形づくる

「気高い思いから気高い人間ができ、否定的な思いから不運な人間ができあがる」本書のこの論理をつきくずすことはできない。否定的な思いにひたっている人間は、この世が混乱と恐怖からできているかのように感じる。否定的で破壊的な思いを捨て去ったなら「世界中が私たちに優しく接し、私たちを援助しようとする」ともアレンは記している。

私たちは愛するものだけでなく、恐れるものをも引き寄せる。なぜそうなるのか。「私たちが注意を向けるこうした思いが潜在意識の中に入り、現実の世界でその後に起こることがらの燃料になる」とアレンは簡単に説明している。

ラルフ・ウォルドー・エマソンが言ったように「日がな一日考えることがその人を形づくる」のだ。

環境はその人そのもの

この本が賞賛される理由のひとつは「環境は人間をつくらない。誰かの環境は、その人間の内側を表に現したものである」というアレンの主張にある。

だが、これは度を過ぎて非情な言い方だと感じる人もいることだろう。そのような人から見ると、援助が必要な人を放置し、搾取や虐待を正当化し、上層部の人間は優れ、下層部の人間は劣るのだと明言しているようなものだということになる。

しかしこれは条件反射的な反発ではなかろうか。どんなに悪い環境でも、それは人の成長の機会となりうる。環境がつねに人の人生と今後の展望を決めてしまうならば、人の進歩や発展は期待できない。しかし、実際には、環境は人の中にある最善のものを表に出すようにも働くのである。さまざまな伝記を読めば誰でも思うように、人の幼少期とその環境とは、その人だけに用意されたもっとも素晴らしい贈り物だ。

アレンは、私たちの現在の環境は、誰でもない私たち自身が招いたものだと言う。よい方向から見るなら、すべてが自分しだいだと分かり、あふれる可能性を感じとれるだろう。これまで限界を感じて恐れるばかりだった人も、本書を読めば可能性を探る姿勢ができるはずだ。

思いを変えれば、世界が変わる

アレンは人が貧困に陥る可能性を否定しなかった。アレンは、自分以外に犯人探しをするような過剰な守りの姿勢は、さらに事態を悪くするということを明白にした。自分の環境を、いかにして成長のための助けや刺激にするかにより、その人の価値が測られ、その人の内面が具現化する。成功する人、成功する社会とは、失敗をもっとも効果的に処理する人であり、社会なのだ。

アレンは言う。

「人々の多くは環境を改善することには、とても意欲的ですが、自分自身を改善することには、ひどく消極的です。かれらがいつになっても環境を改善できないでいる理由が、ここにあります」

変わろうとしない自己が、変わりばえのしないやり方にしがみついているかぎり、繁栄も幸福も訪れはしない。人はほとんどいつも気がつかないままに、自分の不成功の原因となっているのだ。

穏やかさが成功への近道

アレンが「正しく考えること」を強調していることから考えて、彼が思想的に仏教の影響を受けているのは明らかだ。それはアレンが「成功への近道は心を穏やかに保つこと」だと述べていることにも、よく現れている。穏やかで、落ち着きがあり、目的をしっかり持っている人々は、もとからそうなのだと思われがちだが、たいていの場合、自制心を育てた成果なのだ。

自制心のある人は、思いがどのように働くのか、つまり「思いを思う」ことにより、理解を深める。アレンは、そういう人々は磁石のように人をひきつけるという。不意の出来事が、風のようにいくら吹きつけても、まったく動じないからだ。

自分自身を制御し主となっている者を、人は頼りにする。アレンが言うところの「嵐に飛ばされつづけし」魂とは、成功を得ようと戦う人々のことだ。だが、戦うのは逆効果だ。成功は安定を欠くものを避けるものなのである。

自分を変える一冊に出会うために――

最初に出版されてから約百年にわたり、『「原因」と「結果」の法則』は読者から熱烈に支持されてきた。自己啓発の分野には、物議をかもす主張や著者が少なくない。しかしアレンの読みやすい文章と誠実な姿勢は、人々を魅了しつづけている。作者についての情報がわずかしかないことも、魅力となっている。

03

1991

オプティミストはなぜ成功するか

マーティン・セリグマン

楽観的な考え方を鍛えれば、健康になり、お金持ちになり、幸福になる可能性が増す。

NATIONAL BESTSELLER
LEARNED OPTIMISM
How to Change Your Mind and Your Life
WITH A NEW PREFACE
MARTIN E. P. SELIGMAN, Ph.D.
Author of Authentic Happiness
"Vaulted me out of my funk. . . So, fellow moderate pessimists, go buy this book." —Marian Sandmaier, The New York Times Book Review

邦訳
『オプティミストはなぜ成功するか』
講談社　山村宜子訳

成功と失敗に関する従来の考え方も、うつ病に対する伝統的な見解と同じように改める必要がある。職場も学校も、成功は才能と意欲の結果であるという一般的な推論のもとに機能しており、失敗するのは才能か意欲が欠けている時だと考えられている。しかし、才能と意欲が豊富にあっても、楽観的なものの見方が欠けている時には、失敗に終わることもあるのだ。

私たちは盲目的な楽観主義でなく、しっかりと目を見開いた柔軟な楽観主義を望んでいるのだ。柔軟な楽観主義の恩恵は限りないものだと私は信じている。

❀

マーティン・セリグマンは、「学習性無力感」について長年にわたり分析的な検証を行った認知心理学者である。彼は犬に弱い電気ショックを与える実験を行い、何をしても電気ショックを止められないと学んだ犬は、逃れるのをあきらめることを証明した。別の研究者が、電気ショックのかわりにノイズを使い、人間にも同様の実験を行ったところ、やは

Martin Seligman

マーティン・セリグマン

ニューヨーク州オールバニーで育つ。プリンストン大学で現代哲学、次に心理学を専攻。一九七三年に、ペンシルバニア州で臨床心理士の資格を得、十四年間、ペンシルバニア大学心理学科の臨床訓練プログラムを指導する。

これまでに、十四冊の著書、百四十の論文などを著す。本書のほかの人気作としては、『変えられること…そして変えられないこと　What You Can Change...and What You Can't（未訳）』、『つよい子を育てるこころのワクチン　The Optimistic Child（共著　ダイヤモンド社）』などがある。また、より学術的な著作としては、『うつ病の行動学　Helplessness（誠信書房）』、『異常心理学　Abnormal Psychology（未訳）』がある。

アメリカ心理学会の元会長で、同会より二度にわたり科学功労賞を授賞。ペンシルバ

り簡単に無力感を習得させることができた。しかし、その実験結果には例外があった。犬の場合もそうだったが、人間でも、三人に一人は「あきらめる」ことを知らず、ショックやノイズを止めようとパネルのボタンを押し続けたのである。彼らはほかとどこが違ったのだろう？

セリグマンはこの問題を実生活に置き換えて考えてみた。恋人にふられても立ち直る人、人生をかけた仕事が水の泡になっても前進を続ける人は、どこが違ったのだろう？　打ちのめされてもすぐに立ち直る能力は、「意志の勝利」と美化されるようなものとは違う。彼らは、とくに生まれつき恵まれた資質をもっているわけではない。ただ、失敗しても、これがずっと続くとか、自分の価値観の根本がおびやかされるとか考えることなく、できごとを解釈する方法を身につけている。またこの特性は、「もっているか、いないか」という性格のものではない――楽観主義は習得可能な一連の技術から成っているのだ。

ニア大学で心理学教授を務め、「肯定的心理学」の流れの最前線に立つ。

肯定的説明スタイル

悲観的な人は、不幸を自分の失敗のせいだと考えがちだ。自分の災難も、世間のわざわいも、原因はずっと続くもの――愚かさ、才能のなさ、醜さ――だと信じている。だから、状況を変えようとしない。とことん悲観的という人はめったにいないとしても、たいていの人は過去の出来事をどう考えるか悲観主義に支配させている。心理学の教科書では、それが「正常」とされる。しかし、セリグマンは、悲観主義に支配される必要はないと言う。失敗に対して違う解釈のしかた（＝説明スタイル）を用いれば、危機に直面しても自分をうつ状態に追い込まずにすむ。彼によると、たとえ平均程度でも悲観的だと仕事、人間関係、健康、あらゆる人生の側面において成功しにくくなる。

セリグマンはメットライフ生命保険で、ある画期的な研究を行った。生命保険のセールスは、あらゆるセールスの中でももっとも難しく、まさに心がつぶれるような仕事だと言われている。同社は外交員の研修に毎年数千万ドル投じていたものの、ほとんどの者はすぐに辞めてしまっていた。そこで、セリグマンが提案したのは、一般的な基準（職務経歴など）でなく、楽観的「説明スタイル」をもっているとテストで判定された応募者を採用することだった。その結果、その基準で採用された外交員は、従来の基準で採用した者より、初年度は二十一パーセント、二年目は五十七パーセント上回る成績をあげた。十回に九回断られて、ふつうならあきらめるところを、彼らは明らかにうまく乗り切っていた。

楽観主義と成功

これまでは、成功こそが楽観主義を生むのだと考えられてきた。だが、セリグマンが示した研究結果によれば、実際はその逆である。保険外交員の例が示すように、楽観的であれば挑戦をくり返すことができ、成功を得やすい。悲観主義者がへこたれてしまうときも、あきらめずに見えない壁を打ち破る。

壁を打ち破れないのは、怠惰だから、才能がないから、としばしば誤解される。だが、セリグマンによれば、あきらめやすい人は、失敗に対する自分の解釈を疑わず、非難に決して反論しない。それに対し、いつも「壁を飛び越える」人は、心の中の対話に耳をすまし、視野の狭い考えを否定する確たる理由をすぐに見つけて反論する。

悲観主義の価値

しかし、本書は、ある分野については悲観主義者の方がすぐれていることを認めている。状況を正確にとらえる能力だ。一部の職業（財務管理、会計、安全管理技師など）や企業組織には、現実主義の悲観主義者が少数でもいるのが望ましい。『思考スピードの経営：デジタル経営教本 Business@the Speed of Thought』で、ビル・ゲイツはまさにこの資質を論じており、どこに問題があり、どう対処すればいいのかをすぐに指摘するマイクロソフト社の社員たちを賞賛している。

とはいえ、ゲイツがたぐいまれな夢見る人であることも忘れてはいけない。ごく若いうちから、世界中の家庭やオフィスでウィンドウズが使われる日を思い描いていたのだから。仕事でも生活でも、目の前の現実を正確にとらえると同時に、魅力的な未来を思い描くことができて初めて成功できることをセリグマンははっきりと認めている。多くの人は、どちらかが得意でどちらかが苦手だ。よりよい夢見る人になろうと思ったら、楽観主義を身につける一方で、現実を正確にとらえる能力も失わないようにしなければならない。両者がそろえば鬼に金棒である。

多くのうつ病は誤った考え方から

本書が多くのデータをうつ病についての研究から引用しているのは、少々皮肉なことである。認知療法以前は、うつ病は「閉じこめられた怒り（フロイト）」か、脳の機能不全と考えられるのがふつうだった。しかし、アルバート・エリスやアーロン・T・ベックといった認知療法のパイオニアが、否定的な考えはうつ病の症状ではなく、逆にうつ病を生むのだと証明しようとし始めた。たいていの人はこのことを感覚で知っているが、精神分析は、うつは自分の手におえないものだと信じ込ませてしまう。

セリグマンはうつ病の性差についての第一人者でもある。彼によれば、女性は男性の二倍、うつ病になりやすいという。軽いうつ状態になる比率は男女同程度だが、女性は困難な状況を過大視しやすい。くどくどこだわって、つねに困難を自分の「変えられない」部分のせいにしていたのでは、憂うつになるのも無理はない。うつ病（双極性障害をのぞく標準的なもの）は考え方の癖から生まれる、というこの着想を実証するため、アメリカ国立精神衛生研究所は莫大な資金を投じた。

セリグマンはその結果について、「実証された」とあっさり述べている。さらに、楽観的に考える心の筋肉を鍛えると、うつ状態に陥る可能性が著しく小さくなるという。

楽観主義を身につける

だが、そうだとすると、より大きな疑問にぶつかる。なぜこんなにもたくさんうつ病になる人がいるのか？　セリグマンは、昨今の行きすぎた個人主義が独特の心のしばりを生んでいると主張する。自分の無限の可能性を信じろと言われていれば、どんな失敗も痛烈にこたえる。さらに、かつては強固な精神的支えであったもの――国家、神、大家族――の崩壊もあいまって、うつ病は蔓延した。

たしかにプロザックのような抗うつ剤がうつ状態の除去に効果的なこともあるが、単に薬でうつ状態がなくなることと、楽観主義を身につけることには大きな違いがある。セリグマンが提唱する肯定的説明スタイルを用いれば、困難は、自分の失敗が招いたものではなく、一時的、例外的、外的な要因によるものだと見なすことができる。認知療法は世の中をとらえる基本的な方法を変え、その変化したとらえ方は永続的に自分のものになる。

人生を変える一冊に出会うために――

本書は一九六〇年代半ばに起きた心理学の大転換の産物である。その当時まで、人間の行動は、内なる衝動によって「押し出される」（フロイト）か、社会から与えられる報酬か罰で「引き出される」か（行動主義）どちらかだと考えられていた。

それに対して認知療法は、無意識の学習や社会による条件づけに関係なく、考え方は本当に変えられることを示した。本書の終わりにかけてセリグマンが述べているように、集団移民などの近代の大変革は、個人に急激な変化を強いたが今となってみればそれは望ましい結果を生んだ。今の文化が自己改革者の文化なのは、私たちが自分を変えることは可能だと知っているからである――経験だけでなく、心理科学がそれを証明した。

本書は自己啓発の分野においても重要な著作である。著者の主張の多くに科学的な根拠が示されているからだ。ふだんは自己啓発を「うわついた元気主義」と見なしているような読者を引きつけ、ベストセラーにもなった。したがって、単に楽観主義についての本というよりは（読者を楽観主義者に変える可能性も大であるが）、性格を変えること自体の有効性と、人間の本質が動的なものであることを示した本だと言えよう。『世界でひとつだけの幸せ　Authentic Happiness』は、本書で触れた発見や着想も多数折り込みつつ、「ポジティブ心理学」をさらに追求している。強く推薦したい。

04

1994

神経言語プログラミング

スティーブ・アンドレアス／チャールズ・フォークナー

人間は完璧に機能する。
新しい思考、行動、感情でプログラムを組めば、
新しい人生を手にできる。

未邦訳

この本はあなたの人生を変えるだろう。私たちにはそれがわかっている。すでに私たちを変えたのだから。

多くの人々がやる気を出すために何を思いうかべるか知ったら、あなたは驚くだろう。その心の眼に映っているのは、仕事が終わった場面の小さくぼんやりしたスライド写真や、報酬の無味乾燥な白黒写真である。やる気がでないのも無理はない。これからは欲しいもの、大切なものを、心をとらえる豊かなイメージで思い描くことができるようになる。そのイメージは、より大きく、豊かで、色彩にあふれ、立体的で、鮮やかであればあるほどよい。

❀

SF作家のアーサー・C・クラークはこう言った。

「高度な先進技術はみな、魔術と区別がつかない」

本書の冒頭にはこの言葉が引用されているが、それは、ここ二十年ばかり世界を席巻している心の科学NLP(= neuro-linguistic programming 神経言語プログラミング)を使った人の結論でもある。NLPによって、かねて

Steve Andreas & Charles Faulkner

スティーブ・アンドレアス

NLPのトレーナーとなり新しい技法を開発するようになるまでは、工業化学者だった。一九七九年、コロラド州に妻コナリーとともにNLPコンプリヘンシブ(NLPトレーニングの認可を提供する最初の機関)を設立。彼女とは『あなたの心を変え、それを持続させるChange Your Mind And Keep the Change(未訳)』、『心の扉をひらく 神経言語プログラミング実践事例集 Heart of the Mind』の二冊の共著がある。多数の記事を執筆、ビデオやオーディオ・プログラムの製作のほか、アメリカの先駆的な関係療法士の一人バージニア・サティアの伝記『バージニア・サティア：その魔法の様式 Virginia Satir : The Patterns of Her Magic(未訳)』も著す。ブランダイス大学で心理学修士を取得、出版社リアルピープル・プレスを運営。

からの恐怖症が数分で治ったり、長年の恐ろしい記憶の重荷をあっさり下ろせたりする人がいる。

私たちは、変化には時間がかかると信じ込み、何かを得るには痛みが伴うという哲学にあまりに慣れ親しんでいるので、それに反することは信じまいとしがちだ。著者たちも「あまりにも大げさで疑わしいので、けっして本気ではやらないからと言い訳しつつＮＬＰを使う人もいるだろう」と認めている。私たちは心理学のこととなるとまったく時代遅れで、百年前に発表されたフロイトの思想がいまだにその中心だと信じ込んでいる。だが、著者たちが問いかけるように、百年前の車で快適にドライブできる人がどれだけいるだろうか？

認知科学とＮＬＰ技法の進歩で、もはや自己変革は魔法ではなくなった。それは迅速・確実に実行でき、楽しくさえある。

チャールズ・フォークナー

語学学習加速法の一連の技法を開発。現在は、経済的意思決定についてのＮＬＰ技法と、成功する債券トレーダーのモデリングで知られる。『アイデンティティの暗喩 Meta-phors of Identity』、『ＮＬＰで成功する Success Mastery with NLP』などのオーディオ・プログラムを製作している。

NLPの始まり

七十年代初め、カリフォルニア大学の数学科の学部生だったリチャード・バンドラーはコンピューター科学と心理学に強い関心を抱いた。彼は言語学の助教授ジョン・グリンダー博士と出会い、二人でゲシュタルト療法の創始者フリッツ・パールズの様式を模倣しながら、週一回のカウンセリングを始めた。行動と手順を真似て、その相手の成果を再現しようというこの試みは、結果的に「優秀さのモデリング」という研究分野につながった（もっともパールズのドイツ訛りとひげ、チェーンスモーキングは真似なくていいということになった）。

彼らは恐怖症を研究し、怖れを自分から引き離せば（たとえば、心の中で距離を置いて恐怖症の自分を見るなど）、怖れを消すことができることを発見した。著名な催眠療法士のミルトン・エリクソンの技法についての研究からは、さらに多くの治療技法が生まれた。バンドラーとグリンダーの共著『魔術の構造』は、のちに大きな影響力をもつＮＬＰの最初の著作となる。

達成の新しい技法

ＮＬＰ（神経言語プログラミング）は、つきつめれば「考えについての考え方」を変える技法である。「神経」とは、神経系、五感の経路のことである。「言語」とは、私たちが内面を表すために用いる言葉、文章、ボディランゲージなどを指す。「プログラミング」はコンピューター科学の用語だ。これら三つを活用することによって生れたのが、思想、感情、行動が操作可能な習慣的プログラムであることを明らかにしたこの技法である。

本書はこの分野の最高の入門書である。特に素晴らしいのは数々のエクササイズと「思考実験」だ。最初の二章を読むだけで、すぐに効くいくつかの方法を身につけることができる。最後まで読み、エクササイズを実行し、心の道具一式を手に入れれば、気分や行動、記憶を変え、思考と行動を形にし、もっとも大切にしている価値にしたがって生きられるようになる。

章のテーマには次のようなものがある。

◆やる気を出す。
◆自分の使命を見つける。
◆目標を達成する。
◆親密で強固な人間関係を作る。
◆戦略的に説得する。
◆怖れや恐怖症を取り除く。
◆自信を築く。
◆自分を認め、自尊心を高める。
◆肯定的な精神的態度をもつ。
◆能力を最大限に発揮する。

NLPの原則

NLPを支える「前提」と呼ばれる原則は次のとおりである。

1　地図は現実の土地ではない

私たちはあるがままの世の中に反応するのではなく、自分の心の地図にしたがって行動している。現実を確認してつねに地図を修正していれば、望みのものを手に入れる可能性が高まる。世の中を自分の地図に合わせようとするよりも、ずっと高まる。

2　体験にはしくみがある

誰でもみな、考え方の型やしくみを持っている。これを変えることによって、過去の出来事のとらえ方など、自分の体験を文字通り変えることができる。

3　誰かができたことは、誰もが学ぶことができる

すでに同じ目的を達成した人の考えと行動を見本にするとよい。

4　身体と心はともに同じシステムの一部である

思考はつねに呼吸、筋肉などに影響を与え、呼吸や筋肉もまた、思考に影響を与えている。思考をコントロールすれば、身体をコントロールすることにもなる。

5 人間はすでに必要なものをみな持っている

記憶、思考、感覚の貯蔵庫にすでにある材料から、望みの結果をもたらす新しい心のあり方をつくることができる。

6 気持ちは必ずどこかに表れる

あなたの眼、身体の動き、声の調子、癖は、コミュニケーションの一手段である。相手の言葉が本心でないときは何となくわかるものだ。

7 コミュニケーションの意味は、相手の反応にある

人は心の地図のフィルターを通して情報を受け取る。伝え方をつねに調整し、伝えたいメッセージがそのまま伝わるようにしておかなければならない。

8 すべての行動の根底にあるのは、肯定的な意図である

暴力は、相手を受け入れていないことや怖れを隠したい気持ち、怒鳴ったり非難したりするのは、認められたいという気持ちの表れである。相手の肯定的な意図を見つけるため、行動の根底にあるものは何か考えてみよう。

9 人間はつねに自分に可能な最高の選択をする

私たちは経験にもとづいてものごとを決める。よりよい経験をつめば、より多くの選択が可能になる。

10 うまくいかなかったら、違うことをしてみる

何か違うことをやってみよう。同じことを続けるだけでは、同じ結果が続くだけである。

さらに以下の解説によって、右の原則はより説得力あるものとなっている。

◆人は、楽しみや目的を目指すか、苦痛からの逃避を目指すか、どちらかの「動機づけの方向性」をもっている。ほとんどの人の方向性は後者だが、前向きな動機づけに切り換えれば、怖れより、期待に集中することができる。バラ色の眼鏡をかけてものを見よ、ということではなく、自分自身とのコミュニケーション方法を変えればいいだけだ。たとえば、いつも通りに否定的なことを言ったあと、肯定的な目的に言い変えてみる。最初は否定的、あとが肯定的という順序は、単純だが、効果的な動機づけになる。

◆「職」と「使命」の違いを知る。「職」は人生のごく一部だが、「使命」を実現するには全人生を要する。「誰かができたことは、誰もが学ぶことができる」というNLPの原則を知っていれば、尊敬する人の態度や判断、行動を取り入れ、それを自分の使命達成のために使える。何のために生きているかを一点の曇りもなく把握している人物に、映画監督のスティーブン・スピルバーグ、芸術家のミケランジェロ、犬橇レースチャンピオンのスーザン・ブッチャー、メディアの大御所テッド・ターナーがいる。NLPのエクササイズで、自分の情熱や、もっとも大切なものが明らかになれば、そこから使命が見えてくる。

◆変化はすぐに起こり、それは必ず自然でたやすい。いくらコンピューターに何かさせようとして

も、適切なソフトウェアがなければ動かないし、ソフトウェアがあっても適切な指示を出すためにはマニュアルが必要だ。人間の脳はコンピューターよりずっと複雑だが、NLPは脳のソフトウェアのためのマニュアルで、脳独自の言語を使って神経経路を変えたり、新しくつくったりするためのものである。

だからNLPを使えば、意志の力に頼る必要はない。やり方さえ知っていれば、変化はたやすく起こせる。

◆新しい考えを持つ以外に、考え方を変えることによっても、心を変えることは可能だ。それがNLPの前提である。たとえば、自分の中のあらゆるイメージ、感情、記憶のあつかい方を変えれば、それらは私たちを邪魔するのをやめ、助けてくれるようになる。いやな記憶も、新しいものと関連づければ（思い出すたびに楽しい歌をかける、色や額縁を選んで絵にする、白黒映画にする、イメージの中の自分を悲しい顔でなく笑顔にするなど）、いともたやすく小さくなる。こうしていったん新しい関連づけができると、その記憶に対する感じ方は、すぐに変わるだけでなく、ずっと変わったままになる。いつ思い返しても変わることはない。嘘だと思ったら試してみるといい。

◆NLPによって二者択一の考え方から脱することができる。NLPにはこんな格言がある。「一つの方法しか知らないのは、ただのロボット。二つの方法しか知らないのは、進退きわまったとき。三つの方法があってはじめて、多少の柔軟性が生まれる」何よりNLPは、変わるための選択肢を与えてくれる。決まりごとはほとんどなく、あるのは成功した試みだけである。

◆誰にでも内なる声がある。それを邪魔者でなく励まし手にしよう。たとえば、すぐに自信が必要なとき、心の中で気分を高揚させる力強い音楽をかける。困難や難局にぶつかったら笑い声を思い浮かべる方法もおのずと身につく。そうすれば、どんなときにも自分の反応や考えをコントロールし、内なる声の批判を受け止めて建設的に対処できるようになる。

◆脳は否定的に考える方法を知らない。つねに「体重を減らしたい」と念じていると、脳は「減らす」よりも「体重」という言葉を強く刻み込む。やせたいと望む人には「目標体重」に集中するよう勧める。目指すのは目標体重で、何かをなくすことではない。

つねに前向きな言葉を使い、怖れていることではなく、望んでいることに集中するよう、NLPは教えている。

◆すぐに自信をもち、さらに愛にあふれた生活をおくり、何もしないうちから大志を「実現する」能力が身につく。それと知らずにNLPを活用している多くの勝利者たちは、その方法によって、実現するよりずっと前に、心の中で勝利を見、聞き、感じ、触れ、味わうことができる。勝利の感覚が勝利を引き寄せる。

心をとらえる未来を描けば、あなたはそれを実現するために必要な行動へと引き寄せられる。ものごとを創造的に視覚化することに長けている人は、このNLPの格言がよくわかるだろう。

「すべての夢見る人が目標を達成できるわけではないが、目標を達成した人はみな夢見る人である」

人生を変える一冊に出会うために——

心と身体を機械のように操作可能なものと見なす心理学は、現在のテクノロジー社会に適している。だが、NLPの総合的効果は、人生の質を高めることにある。コンピューターの演算方式と言語学を起源としながら、その実態はみごとに人間を変える技法なのだ。

従来の臨床心理学は、問題を記述して分析し、原因を探った。それに対しNLPは、可能性と、結果を出すための心の動きに注目する。NLPを一文にまとめることができるとしたら「人間は完璧に機能する」ということになろう。今日の自分をつくってきたのは、自分の考え、感情、行動である。この「入力情報」を変えれば、違う結果が出る。つまり違うあなたになる。

人間は一人一人が感情、行動、潜在力のかたまりだ。NLPが「コングルーエンシー」と呼ぶ、欲求や価値観が能力と完全に一致した状態を得るために、私たちは自分の感情や行動のすべてを受け入れるだけでなく、愛さなければならない。

05

1980

いやな気分よ、さようなら

デビッド・D・バーンズ

気分と事実は別のものだ。自分の感情が
実際の状態を正しく反映しているかどうか、
つねに問いかけよう。

邦訳
『いやな気分よ、さようなら』
星和書店　野村総一郎／夏苅郁子／山岡功一／小池梨花訳

あなたが深刻な抑うつ症状に悩んでいなくとも、ここに紹介する療法の恩恵を受けることができます。本書はだれにとってもその時に応じてメリットがあります。本書を読めば、憂うつな時にいったいどうすればいいかを示します。

気分の監獄から脱出するにはどうすればいいのでしょうか？　とても簡単なことです。今の気分というのは、あなたの考え方の産物です。ですから気分がそうであるからといって、考え方が正しいということにはならないのです。不愉快な気分は、単にあなたがものごとを不愉快に考えているという事実を示すにすぎません。ちょうど産まれたばかりのアヒルのひよこが母アヒルの後をついて歩くように、気分は考え方のあとをついてくるものです。

❀

本書が書かれたきっかけは、それまでのフロイト理論にもとづくうつ病治療に対する不満だった。バーンズの師であるアーロン・T・ベック

David D. Burns

デビッド・D・バーンズ

アメリカのアマースト大学で学び、スタンフォード大学で医師の資格を得る。ペンシルバニア大学で精神科のトレーニングを終え、同大学病院精神科の科長代理を務めた。現在、ハーバード・メディカル・スクールの客員研究員、スタンフォード大学医学部精神科の臨床准教授として研究と治療を続けている。スタンフォード大学では、一九九八年卒業生が選ぶ最高の教師として「ティーチャー・オブ・ザ・イヤー」賞を授けられた。世界各地で専門家グループのための講義も続けている。

ほかの著作には、『いやな気分よ、さようなら』の続編として成功した『いやな気分よ、さようならハンドブック　Feeling Good Handbook（未訳）』のほか、『自分を愛する十日間プログラム　Ten Days to Self-Esteem（ダイヤモンド社）』などがある。

は、うつ病者に精神分析をほどこしても、治療効果が実証できないと気づいた。実際にわかったのは、うつ病者は一様に自分を「失敗者」だと感じていることだった。しかしフロイトは「患者が心の深層で罪を認めるなら、おそらくその罪深さは正しい」というのである。

ベックは、うつ病患者と話をするうちに、うつ病患者自身の自己評価と、実際に達成されていることとのあいだに矛盾が見られることに気がついた。うつ病患者が自分を「役に立たない」と言い張っても、観察している側にはまったくそう感じられない。ベックは、うつ病の原因はまちがった考え方にあると結論づけた。

否定的な、またはまちがった考えは、人をあらゆる抑うつ症状の渦の中に巻きこむ。その結果として状態が悪化する。こうした理論が認知療法の基礎となった。認知療法では、患者がうつ状態にならないよう「自分を説得する」よう仕向ける。患者は、ゆがめられた自己認識から解放されるまで、自分の考えに反論を挑むのだ。

認知療法の研究結果は大きな関心を集め、認知療法にもとづく治療は、薬や他の心理療法と並び、現代のうつ病治療の柱となった。

喜びを育てる本書の価値

デビッド・D・バーンズは、ペンシルバニア大学にアーロン・T・ベックが設立した認知療法センターの一員として研究にかかわった。本書は、そこでの臨床治療と研究を、一般の人々向けにまとめたものだ。今の時代に新鮮さには欠けるかもしれないが、抑うつ克服のためのたいへんすぐれた本であることに変わりはない。そして、現在もベストセラーであり続けている。

自己成長と気持ちの問題についての、臨床研究を知りたいならば、この本を選んでまちがいはない。アメリカの精神衛生の専門家たちは、うつ病の自己治療のための多くの書籍の中で、本書を第一位にランキングしている。図表や、患者と医師の架空の会話を、読むのが面倒だと感じる読者もいるかもしれない。しかし、それは読み飛ばせばすむことだ。

本書は、うつ病に対抗するための単なる解説書などではない。この本が三百万部以上売れている理由は、一般の人が、より日常的な気分と感情の海を渡っていく方法を教えてくれるからだ。「無力感」の研究に端を発した古典『オプティミストはなぜ成功するか』（43ページ参照）と同じように、ベックとバーンズのうつ病の原因研究がこの本に結実した。うつ病と反対にあるもの、つまり「喜び」や「自制心」をどうすれば育てていけるのかを本書は示してくれる。

次に、本書のポイントについて、詳しく見てみよう。

うつ病のなぞを解く

◆これまでの精神医学の歴史を通じて、うつ病は情緒障害とされてきた。しかし認知という点から判断すると、あやまった考え方がうつ病を引き起こし、悪化させていることがわかる。うつ病は、本来かからなくてよい病の一つだ。

◆否定的な考え方は雪だるま式に影響をおよぼす。軽い憂うつに取りつかれたとしよう。しだいにそれが、ことごとくゆがんだ認識となって立ちこめ、すべて悪く感じられたり、意義が感じられなくなったりしてしまう。うつ病にかかっていると、自分が無価値であるのはまちがいないと感じられる。その自己イメージは、四つのD、すなわちDefeated（打ち負かされた）、Defective（欠陥がある）、Deserted（見捨てられた）、Deprived（剥奪された）で表すことができる。うつ病患者は、事実として、明晰な思考をする能力を失っている。抑うつの度合いがひどいほど、認知のゆがみも大きい。思考が明晰で、バランス感覚を持ち合わせているなら、健全な自尊心と自信を失わずにいられるはずだ。

◆バーンズは、真の哀しみと抑うつとを区別した。前者は人間性の一部であり、人生の幅を広げ、自己認識を深めることにつながる。後者は、人生の可能性を見失わせ、人を息苦しくさせる。

気分は事実と異なる

◆人はふつう自分の感情を、疑う余地のない明白な事実であると考える。感情は「正しい」と思いこんでしまうのだ。自分自身に抱く良くない感情は、そのまま受けとめられ、もうどうしようもないと感じさせる。

「自分の感情を信じなさい」と人は言われる。けれども、感情の土台となる考え方が非合理だったり、誤解や偏見があるなら、感情をそのまま信じることは非常に危険だ。

◆バーンズはこうたとえている。

「ちょうど産まれたばかりのアヒルのひよこが母アヒルの後をついて歩くように、気分は考え方のあとをついてくるものです。ひよこが後をついてくるからといって、母アヒルの行く方向が絶対正しいとは限らないのです」

感情を信じるのは、ほとんど最後の段階でよい。「気分は事実とは異なる」からだ。

◆「気分がとても良い」からといって、あなたが特に価値がある人間だと言えるだろうか。「言えない」というのが答えならば、必然的に、気分が悪くても、それはあなたの真の価値とは何のつながりもないことになる。

「あなたの気分があなたの価値を決定するのではないのです。気分はただ相対的なものにすぎません」と、バーンズは言う。当然のことだが、自分自身に「無価値だ」とか「軽べつに値する」というような言い方は決してしないようにと、彼は助言する。

人間は、そのように決めつけられるような、型にはまったものではない。だれもが発展の途中にあり、刻々と姿を変えるのだ。安易な断定は許されない。人の行動には良くない部分もあるだろう。しかし、だからといって、その人そのものを判断してよいという理論は成り立たない。

どうすれば怒りに対処できるか

◆怒りや短気への対処の仕方は、ふつう二通りある。怒りを内側に向けるなら、その怒りは内部から本人をむしばみ、抑うつや無気力といった状態を招く。そうでなければ、外側に表して「すべてを吐き出す」ことになる。

◆「怒りの表現は効果的な場合もある」と考えるのは短絡的だ。それに怒りを外に出したために思わぬ騒動に巻きこまれる可能性もある。認知療法はこうした考え方を超える方法で、怒りとかかわる必要性を取り除いてしまう。そもそも、怒りを感じる必要性などないのである。まず最初に認識すべきは、怒りの原因は、何らかの事実ではなく、「激しい感情」である点だ。何か悪いことが起きても、どのような対応をするかは自分の意思で決められる。コントロール不能となる必要はない。自分が怒っているのは、その状態を選んだ結果だ。

◆「批判への恐れ」を克服したくはないだろうか。さらには、冷静に、身構えることなしに、批判する相手に応答したいと思わないだろうか。もしそうできれば、自己認識が大きく変化するだろう。批判される時、それは正しいかもしれないし、まちがっているかもしれない。あるいは、どっちつかずかもしれない。それをはっきりさせるには、批評家となって質問してみることだ。

辛らつなことを言われたり、個人攻撃されたりしたら、何が批判されたのかを明確にしよう。そうすれば、相手の批判が正しい場合は、自分の行動を直す機会となり、相手が怒りにまかせて批判しているなら、その言葉は相手のいらだちの表れにすぎず、真の批判とは言えないことがわかる。いずれにしても、否定的な感情で対応する理由は見つからない。批判に対しては、批評家になるか、批判を却下するか、うまく折り合いをつけるか、そのどれでもよい。そうするうちに、相手の憤りを和らげることにもなる。

◆激しい怒りは、自尊心を失うまいとする気持ちの表れだ。怒りの感情をコントロールできるようになると、自尊心は揺れ動くことなく、どんな状況も感情的にとらえることがなくなる。

「人間でいるために必要な怒りはほんのわずか」だとバーンズは言う。感情をコントロールすることで、自分がロボットになるわけではない。むしろ、充実した人生を送るために、はるかに大きなエネルギーがわいてくる。

そのほかの部分について

◆ほかの章も読みごたえがある。罪悪感、「承認中毒」や「愛情依存」の克服、仕事（「仕事だけがあなたの価値を決めるのではない」）、目標を低く置くことの大切さ（「中ぐらいであれ！　完全主義の克服法」）、「『虚無主義』をいかにして克服するか」などについて書かれている。

◆意外に思われるかもしれないが、最後の章は、うつ病の薬物療法について考察している。認知療法と並行して薬が使用された場合、患者はより合理的な思考ができるようになるので、薬の効果が出やすい。逆に、認知療法の効果も高まるようだ。

人生を変える一冊に出会うために――

気分にはむらがあるのが当たり前だとか、自暴自棄な行為は人間らしいことだとかと信じている人は多い。本書が素晴らしいのは、そうした通念を打ち破り、簡単な原則と方法で、気分の浮き沈みや自己破壊的な行為をたやすく遠ざけられることを明らかにした点だ。

抑うつの原因を探れば、そのほとんどは、考えが型にはまってしまい、本来の目的を忘れてしまっているからにすぎない。以前なら「この切実な気持ちをなんとかしなければ」と思ったかもしれないが、この本を読んだ今は、その気持ちが実際は何なのかがわかる。時間の浪費だと。

感情を制御するからといって、あなたがロボットに変わるわけではない。結果として、むしろ人間性が増すことだろう。

『いやな気分よ、さようなら』は、その後人々に大きな影響を与えた『EQ　こころの知能指数』（27ページ参照）や『オプティミストはなぜ成功するか』（43ページ参照）などの先達となった意義が大きい。これらの書物は、理性を「感情という領土」を統一し支配する君主の座に就けようとしている。

06

1984

ライフヒーリング

ルイーズ・L・ヘイ

自分を愛する方法がきちんとわかってこそ、
人生を変えることができる。

参考文献・引用
『ライフ・ヒーリング』
たま出版　中西珠佳江訳

父親や母親のことをもっと知りたければ、幼年時代のことを話してもらうとよいでしょう。相手を受け入れる気持ちで聞いていると、相手がどんな時に恐怖を覚え、どんな時に厳格な態度をとるかがわかります。

自分を愛せないのは太っているせいだ、とよく聞きます。ある少女など「まるまると太っている」と表現しています。私は自分を愛さないから太っているのだと説明します。自分を慈しみ受け入れた時、いつのまにか体重が落ちているのですから驚きです。

自分の持っているものに感謝しましょう。そうすればそれが増えていくのに気づきます。私は生活に関わっているもの全てに感謝しています。私の家、暖房、水道、電気、電話、家具、配管工事、道具やガス機器、洋服、交通機関、仕事、さらに所持金、友人、視覚、感情、味覚、触覚、歩行能力、そしてこの偉大なる地球を享受していることに感謝しています。

❀

子どもっぽいと言ってさしつかえないほどの、虹色で描かれたハート

Louise L. Hay

ルイーズ・ヘイ

みずから設立したヘイライド・サポート・グループ（ヘイライドとは干し草を敷いた荷馬車で出かける夜間の遠乗り）を通じて、エイズを抱える人々の支援に時間を費やしている。一九八八年にヘイは『エイズの本――前向きにのぞむ The AIDS Book: Creating a Positive Approach（未訳）』を書いた。最初の著書は『からだを癒す Heal Your Body（未訳）』。その後の『感謝して生きる Gratitude: A Way of Life（未訳）』と『二〇〇〇年 Millennium 2000（未訳）』の執筆には、ディーパック・チョプラやシャクティ・ガワインなど多数の協力と知恵を集めた。そのほか『女性に力を――人生をうまくいかせるためのガイド Empowering Women: Every Women's Guide to Successful Living（未訳）』など多数の著書、CD、カセットテープ、ビデオがある。

が原書の表紙のデザインだ。『ライフヒーリング』が伝える、包容力あるメッセージを受けとったなら、どんな人でもそのデザインを好ましく感じるだろう。本書は三十ヶ国で五千万部が売れた。ヘイは、現在、自己啓発と、超自然や人間の自己治癒能力に注目するニュー・エイジそしてホリスティック・ヒーリング運動の大家である女性だ。ヘイは、この本がこれほど多くの読者を得たのは、「罪を着せることなく、人々の人生を変える手助けをする」ことが、自分にできるからにすぎないと説明する。

この本には、最悪の時期を乗り越えて生きてきた人間が持つ穏やかさが感じとれる。最後の章で率直に語られる筆者の生い立ちを読んではじめて、本の題名の意味がわかる。

ヘイは小さな農園と有機庭園で作業をしながら、講演旅行にも出かけている。ヘイが読者からの質問に答えるコラム記事「ディア・ルイーズ Dear Louise」は、アメリカ内外の三十誌以上に配信されている。

ヘイの半生

母親はまだ小さな彼女を里子に出そうとした。五歳で隣人にレイプされ、その後性的虐待を受け続けた。十五歳でヘイは家も学校も後にして、食堂のウェイトレスとして自立した。一年後、女児を出産するが養子に出すことになり、二度と会うことはなかった。ヘイはシカゴに向かい、そこで数年間地味な仕事をこなした。その後ニューヨークに拠点を移し、ファッションモデルになる。「洗練された立派な英国紳士」と出会い結婚、優雅で安定した生活を送るが、結婚十四年で、ほかの女性を愛した夫から離婚をきり出された。たまたま出席したレリジャス・サイエンス教会の集会が、ヘイの人生を変えた。アイオワ州のマハリシ国際大学で勉強したのち、公認教会カウンセラーとなり、続いて超越瞑想の指導者になった。

聖職者となり、自分が主導して人々にカウンセリングを行うようになってから、ヘイは『からだを癒す　Heal Your Body（未訳）』という本を書いた。ここでは、肉体の不調や病気には、超自然的な原因があると説いた。

この時点で、ヘイはガンと診断される。彼女は徹底した食事療法と精神修養によって自己改革を試み、病を克服した。それまで人生のほとんどを東海岸で過ごしてきたヘイは、ロサンゼルスに戻って母と再会、やがて最期を看取る。七十歳代となったヘイは、今もっとも有名な自己啓発の講演家であり作家である。ディーパック・チョプラ（195ページ参照）やウエイン・W・ダイアー（207ページ参照）、また『聖なる予言』のジェームズ・レッドフィールドなどとともに各地に講演に出かけることもしばしばである。

本書について

『ライフヒーリング』は、被害者である状況から這い出た人間の思いがこめられた本だ。こうした側面が同じ背景を持つ女性たちに強く訴えかける。ヘイの教えのもっとも重要な点は、自分を愛し、罪の意識を消すことだ。彼女が効果を確信する方法によって、人々の精神は解放され、肉体は健康になる。心理免疫学の研究が、それを裏づけている。

自己啓発の世界でよく耳にする方法が、同じく重視されている。思考の枠を取りはらう、恐怖を捨て信念を持つ、許す、思いがそのまま経験を創り出すと理解する、などだ。要点のいくつかを次に紹介する。

◆病気（ヘイはこの単語をdiseaseではなくdis-ease、すなわち「安楽がない」と書き表す）は、心の状態が生み出す。ヘイは、許せないことが、すべての病気の根本的原因だとする。

◆病気から回復するには、現在の状態を招いた思考パターンを手放す必要がある。「問題」が事実であることは少ない。自分自身が嫌いなのは表面的なことで、その奥に自分が「充分ではない」という思いが隠れている。心から自分を愛する（ナルシストになるのではない）ことが、自分を回復に導くための土台だ。第十五章では、ありとあらゆる不調と対応する、精神的「障害物」が一覧できる。疑い深い人も少し心を開けば、それが驚くほど的を射ているのに気づくだろう。

◆アファメーション（宣言）の目的は、ほんとうの自分を思い出し、その力を使うこと。だから、アファメーションのもたらす効果を信じ、自分が何を望んでいるのかはっきりさせる必要がある。アファメーションは、つねに前向きで、現在形でなければいけない。「私は健康そのものです」「すばらしい仕事の機会が私にやってきます」という言い方にしよう。

◆「意識を集中すると、それが何であれ増大します。請求書を気にかけるのはやめましょう」現在していることに感謝すれば、それが豊かさを増す。宇宙が無限に与えてくれるものを意識しよう。自然をよく見ればわかる！　収入は豊かさの源ではなく、それを運んでくる通路にすぎないのだ。

◆「人生を保証するのは、仕事でも銀行預金でも投資でも夫、妻でも両親でもありません。森羅万象を創造する宇宙の力と結びつく能力なのです」自分が孤独ではないと認識し、心を落ち着かせ、安らかな気持ちを呼びさませば、再び不安に襲われることは決してない。

◆ヘイの決まり文句の一つが「自己批判をやめてください！」だ。自己批判をやめ、自分自身に休憩を与えれば、生命を癒すためにもっとも重要な要因の一つである真の自己愛が芽吹きはじめる。

人生を変える一冊に出会うために――

『ライフ・ヒーリング』は万人向けの書ではない。この本はニュー・エイジそのものだ。典型的な「全体性への旅」として書かれている。最近はよく見るスタイルだが、ヘイがその草分けだ。数多くの自己啓発書を読んだ人にとっては、本書はシンプルで目新しさがないと感じられるかもしれない。しかし一方で、そこに表れている率直さと熱意によって、内容が心に残る。そして直観的に意味が伝わってくる。

本書は、問題を解決するだけでなく、問題の影響力すべてをぬぐい去ろうとしている。愚直にすぎるように感じるが、実際、非常に厳格な考えなのだ。

無数の人間がヘイと同じように困難な人生を歩んでいる。しかし問題を過去のものとして解決しようとしていなかったり、それができるということすら知らなかったりする人がいる。人は何かが欠けた状態にいると「これが今あるすべて」だと思いこんでしまう。苦痛も挫折も、それが自分を制限するものではないとヘイは自分自身に言いきかせ、心のブラックホールから抜け出した。この本には、とらわれの身から逃げおおせた人間だけが書ける真実がある。

07

1989

心の「とらわれ」にサヨナラする心理学

エレン・ランガー

心のこわばりは人生をつまらなくする。
考え方をコントロールする力を取り戻せば、
新しい人生を送ることができる。

邦訳
『心の「とらわれ」にサヨナラする心理学：
人生は「マインドフルネス」でいこう！』
PHP研究所2009　加藤諦三

よく耳にする風変わりな「意識変容状態（altered state of consciousness）」とは異なり、マインドフルネスとマインドレスネスはあまりに日常的であるため、その重要性を認識したり、人生を変えられるその力を利用したりしている人は少ない。本書は、マインドレスネスによって失われる心理的および肉体的な損失に関して記したものである。さらにもっと重要なことには、マインドフルネスによってものごとをコントロールできるようになり、選択肢がさらに広がり、今まで限界と思われていることを超えることも可能になる。そういうことに関して記したものである。

❀

店のマネキン人形に「失礼」と言ったり、年が明けたのにうっかり去年の日付を書いたりしたことはないだろうか？　ほとんどの人は「ある」と答えるはずだ。だが、エレン・ランガーによれば、このような小さな間違いは、実はマインドレスネスの氷山の一角にすぎない。ハーバード大学の心理学教授である彼女は、心のこわばりについて調べるうち、心のやわらかさ、つまり、マインドフルネスに注目するようになった。

Ellen Langer

エレン・ランガー

一九七〇年にニューヨーク大学において心理学で文学士号を、一九七四年にイェール大学で博士号を取得。ハーバード大学の心理学教授となり、いくつかの専門的著作のほか、多数の雑誌論文や全集を執筆している。

本書はおもに、高齢者を対象とした五十以上にもおよぶ実験をもとに書かれた。その結果、ランガーは、老人ホームで保護されて生活の自律性と責任が減ると、老化が速まると考えるようになった。本書は十三ヶ国語に訳されている。

その他のおもな作品として、『人をうごかすための手っ取り早くて確実な方法 Personal Politics（共著 未訳）』、『制御の心理学 The Psychology of Control（未訳）』、『ハーバード大学教授がこっそり教えるあなたの「天才」の見つけ方 The

自己啓発書の大きなテーマの一つは「無意識に受け入れている慣習や決まりから、いかにして自由になるか」ということである。ランガーのこの名著は、どうすればそれが可能になるかを実際に教えてくれる。正統派の科学的論考らしく、興味深い実験結果を豊富に紹介しており、『EQ―こころの知能指数』（27ページ）、『オプティミストはなぜ成功するか』（43ページ）を楽しんだ読者をも引きつけるだろう。

「マインドフルな人」とはどういう人だろうか？ ランガーがあげる特徴は、次のようなものである。

◆新しいカテゴリーをつくる能力をもつ
◆新しい情報に対してオープンである
◆いろいろなものの見方ができる
◆結果（成績）より過程（行為）に目を向ける
◆直感を信じる

Power of Mindful Learning（PHP研究所）』などがある。『心理学百科事典 Encyclopedia of Psychology（未訳）』では「マインドフルネス／マインドレスネス」の項を執筆している。マサチューセッツ州在住。

新しいカテゴリーをつくる

ランガーが言うには、私たちは考えの型の中で生き、現実を体験している。何かを見るとき、毎回、新たな目で見るわけではなく、すでにあるカテゴリーのどれかに当てはめる。世の中に対処するには、その方が便利だからだ。この花瓶は日本製、この花は蘭、あるいはこの人は上司といった細かいカテゴリーだけでなく、宗教、イデオロギー、政治機構といった、より大きなカテゴリーもあり、私たちはそのもとで生きている。そのおかげである程度の精神的安心感が得られ、私たちは四六時中自分の信念を疑っていなくてすむ。たとえば、動物は「ペット」と「家畜」に分類され、一方はかわいがり、一方は食べることに、何の問題も感じない。

ただ、それが単なるカテゴリーであって、よく考えもせずに使っていることがわかっていないと、マインドレス状態に陥る。新しいカテゴリーをつくったり、古いカテゴリーを見直すのは、マインドフルな行為である。ウィリアム・ジェイムズは言う。「天才とは……ふつうとは違う見方でものごとを見る能力だと言ってもいい。」

新しい情報にオープンでいる

ランガーは「とらわれ」についても語っている。それは、動きではなく意味を焼きつけた写真のようなものだ。あやまったイメージの静止画像を保持しつづける例として、彼女はディケンズの『大いなる遺産』の登場人物、ミス・ハビシャムをあげ、その危険に注意を喚起している。彼女は結婚当日に相手に捨てられたのだが、その日のウェディングドレスが色あせたカーテンのようになってもなお、老いた身体にまとい続ける。

もっと身近な例をあげれば、子どもは、一人しか知らない老人がたまたま無愛想だと、「お年寄りは無愛想」というイメージにとらわれ、大人になってもそう信じ続けることがある。その後もあえてイメージを改めなければ、その人は誤ったものの見方にはまり込み、それは自分の人生にも反映される。つまり、自分自身も無愛想な老人になる。

これはもちろん、ほかのことにも当てはまる。マインドフルであれば、自分のすることとやしないことの言い訳に「遺伝子」を使うことはない。親が中間管理職だったからといって、社長になれないとは思わないだろう。

いろいろなものの見方をする

背景にとらわれずに情報を解釈すると、マインドフルになれる。ランガーによれば、背景から自由になる能力はマインドフルネスと創造性の証である。

痛みのひどさは状況で変わる。フットボール中にけがをしても、家でけがするほどには痛くない。ものの見方を変える鍵は想像力だ。映画『終身犯』で知られるアルカトラズのバードマンは、四十年以上にもわたって独房で暮らしながら、傷ついた小鳥たちの世話をすることによって、豊かな人生を生きた。

これらの例が示す自己啓発的な意味は明らかだ。状況を肯定的にとらえさえすれば、私たちは何にでも耐えられるということである。確たるビジョンがないと、人生は不安と厄介ごとの連続に見える。だがビジョンが定まっていれば、すべてを適切にとらえることができる。「理由」があればどんな「状況」にも耐えられる、とニーチェも言っている。

結果より過程に目を向ける

マインドフルネスのもう一つの大きな特徴は、結果より過程、「何をなしとげたかより、何をしたか」への注目である。私たちは科学者の大発見を見て、その人があたかも一晩でそれをなしとげたかのように「天才」だと言う。だが、アインシュタインが立て続けに論文を発表した「奇跡の年」のような例外がまれにあるとしても、科学的偉業のほとんどは、何年にもおよぶ一歩一歩の積み重ねの結果である。大学生は教授の著作を見て畏敬の念を抱き、「自分にはとてもこんな素晴らしいものは書けまい」と思う。それを生み出したのは長年の研究だとは考えず、教授の高い知性に違いないと決めてかかる。だが、こういった見なし方はみな間違っている。

過程に目を向けると、「できるか？」でなく「どうすればできるか？」を考えなければならなくなる。すると、「判断力がとぎすまされ、もっと自信がもてるようになる」とランガーは言う。

直感を信じる

直感はマインドフルネスへの重要な道である。直感を充分に活用するには、古い習慣や思い込みを捨て、理屈に合わないようなことを試さなければならないからだ。最高峰の科学者たちは直感的で、瞬間的なひらめきの中に見た真実を何年もかけて検証していく。

マインドフルネスも、直感も、驚くべきことにあまり努力を必要としない。「どちらも、ふつうの生活にありがちな苦しい一途な努力から逃れることによって到達できる」直感は、私たちが生き抜き、成功するために大切な情報を与えてくれる。根拠がわからないからといって、無視すれば自分が損をする。マインドフルな人は、たとえ理に適ったことでなくても、うまくいくと思ったら取り組む。

人生を変える一冊に出会うために――

つきつめれば、マインドフルは個性を保持することである。新しい情報を無視したり、過程ではなく結果だけを見たり、他人と見当違いな比較をしたりでは、人間はロボットと大差なくなってしまう。真の個性は、新しいことにオープンで、知識と経験の意味をつねに分類し直す。そして、意識的に選んだ大きな視野から毎日の行動を見る能力をもつ。

ランガーは、自分の著作に東洋宗教に似た部分があることを認めている。たとえば、仏教徒は瞑想を、「正業」すなわち正しい行いに至るマインドフルな状態を味わうことだと考えている。マインドフルネスも瞑想と同じ効果をもつので、個人だけでなく、社会の健康にも大きな影響を与えることを、ランガーは期待している。マインドフルネスのよいところは努力がいらないことだ。実際自分の考えをコントロールしやすくなるので、何ができるようになるかと静かに期待が高まり（ランガーの言葉を借りれば）「胸がおどる」。

難しい内容に見えるかもしれないが、ごくふつうの読者を対象としており、長くもない。多くの自己啓発書より派手さはないが、その洞察は心に残る。

08

1963

眠りながら成功する

ジョセフ・マーフィー

潜在意識の働きを理解すれば、
夢を現実にする方法がわかる。

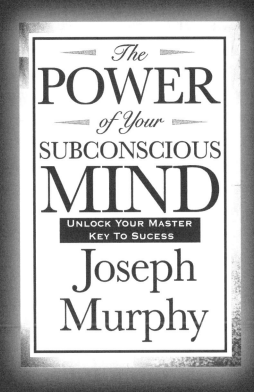

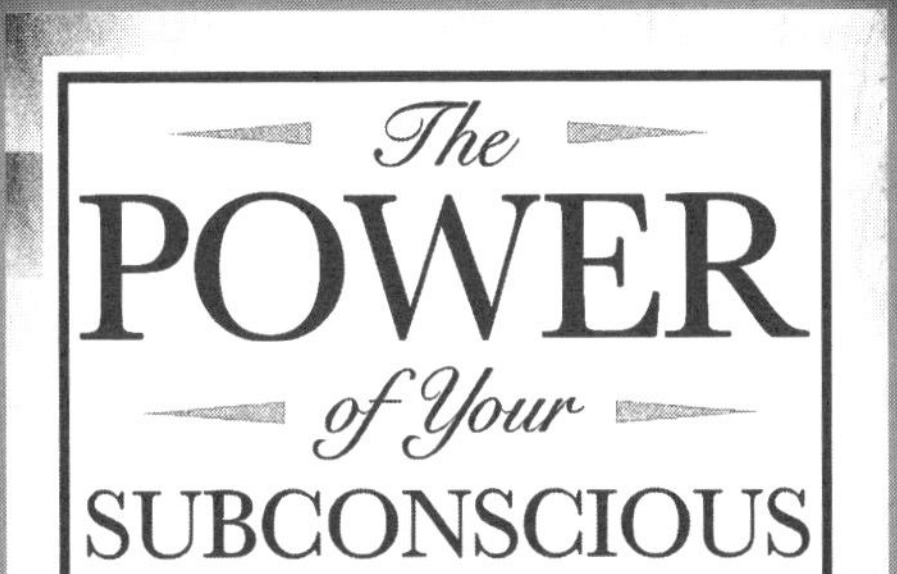

邦訳
『眠りながら成功する』
産業能率大学出版部　大島淳一訳

現象的なことに関係なく、生命の原理に対してあなたが一致しているか否かによって、祈りの肯定的作用の結果が違ってきます。数学の原理はあるけれどもまちがいの原理はないということをちょっと考えてみてください。真理の原理はあるけれども虚偽の原理はありません。知性の原理はありますが無知の原理はなく、調和の原理はあっても不調和の原理はありません。健康の原理はあっても病気の原理はなく、豊富の原理はあっても貧乏の原理はありません。

あなたの潜在意識に刻印されたものは何でも空間という映写幕の上に表現されるのです。モーゼもイザヤもキリストも釈迦も、ゾラスターも老子も、あらゆる時代の悟りを開いた予言者たちはみんなこれと同じ心理を述べております。主観的にほんとうだと感ずることは何でも状態、体験、事件として表現されます。外的な動きと内的な動きは釣り合いがとれていなければなりません。天における如く（あなたの心における如く）その如く他にも（あなたの肉体と環境においても）というわけです。これは生命の大法則です。

あなたの心の法則は信念の法則です。これは、あなたの心の働き方を信

Joseph Murphy

ジョセフ・マーフィー

マーフィーは経歴の公開を断り続けた。自分の人生は本の中に見出されるというのが彼の持論だった。マーフィーの著書は三十冊を超える。一部を挙げるなら『人生は思うように変えられる　The Amazing Laws of Cosmic Mind Power（三笠書房）』『マーフィー運命の法則　Secrets of the I Ching（産業能率大学出版部）』『マーフィー人生に勝利する　The Miracle of Mind Dynamics（産業能率大学出版部）』『マーフィーあなたも金持ちになれる　Your Infinite Power to be Rich（産能大学出版部）』『思い込みをすてなさい！　The Cosmic Power Within You（三笠書房）』などがある。『眠りながら成功する　The Power of Your Subconscious Mind』は、近年イアン・マクマハン博士が改訂を加えた『人生は「できる！」と思った人に運がつく！（三笠書房）』が出

ずること、つまり信念というものを信ずることです。

❀

ジョセフ・マーフィー博士は、長年にわたり東洋の宗教を研究する易経の学者だった。易経とは中国に伝わる占いの書で、その起源は歴史に埋もれている。彼はまた、ロサンゼルスのディヴァイン・サイエンス教会で、二十八年間牧師を務めた。この教会は、十九世紀アメリカに生まれたニューソート（New Thought）と呼ばれる新思想の流れを形づくり、通常の教義から離れ、精神性を実用に則して高めることをめざしている。

古代東洋とロサンゼルスのあいだにあるへだたりは大きい。だが、潜在意識について見出した秘密は、時代と文化を超え、多くの人々に伝えられるべきものだと、マーフィーは感じていた。

版された。

マーフィーは、いずれもニューソート理論についての著書で知られるアーネスト・ホームズとエメット・フォックスの影響を受けている。だが、彼の学究的な背景となったのはあくまでも東洋の宗教だった。マーフィーはインドで多くの時間を過ごし、インド大学の研究員（Andhra Research Fellow）を務めた。

潜在意識はどう働き、何を可能にするか

マーフィーは潜在意識を暗室ととらえた。そこで人は心の絵を現像し、現実化するのだと。意識が出来事を把握し、その情景を取りこみ、記憶する時、潜在意識が底のほうで働いている。何かが起こる前にそれを「見て」いるのだ。（これが直観に誤りはない理由である。）

潜在意識は、習慣や習慣的な考え方に反応する。ものごとの良し悪しについて、潜在意識は完全に中立だ。どのような習慣でもそれが「ふつうの状態だ」として受けいれる。道徳的に良いか悪いかは関係ない。軽い気持ちで、人は否定的な考えを潜在意識に落としこむ。そして、それが日々の経験や人間関係に現れ驚いてしまうのだ。本人が作りだしたのではないものもあるが、実際にはまれだ。起こってしまうよくないことのほとんどは、それ以前にそれぞれの人の中にあり、日の目を見るのを待っている。

これは過酷な現実だ。しかし、潜在意識を理解すれば、突破口も生まれる。つまり、みずからが養っている思考とイメージをコントロールしさえすれば、新たな自己改革ができるということだ。ここに、マーフィーの本の存在理由がある。書かれている指示と肯定的な考え方を実行すれば、解放の手段となる潜在意識に大きな影響を与えられる。潜在意識が自分のイメージを写す写真のような仕組みを持つとわかれば、感情を揺らしたり、もがいたりすることが原因で人生を変えなくてもすむようになる。現在心にあるイメージを別なものに置きかえればすむ問題だとすれば、気を楽にして対処できるからだ。

安らぎと安心が潜在意識を活性化する

潜在意識は、顕在意識とはまったく別のものだ。無理に働かせることはできない。くつろいだ気分でいると潜在意識が力を発揮し、もっともよく反応し働いてくれる。懸命の努力は、顕在意識には有効でも、もう半分の潜在意識にとっては失敗の原因となる。潜在意識に対して働きかけたいと思っても、それが裏目に出る可能性が少なくないのだ。

くつろいだ気分のほかに「安心」も潜在意識を活発にし、ものごとを達成する力を高める。さまざまなアイデアや発想は、顕在意識を刺激し、そして潜在意識も「感情をこめてもらう」と活性化する。ある思考が感情となり、空想が切望となる時、潜在意識は望みのものをより早くより豊かな形で届けてくれる。

マーフィーは、潜在意識の働き方を理解するより、潜在意識が働くと信じる気持ちを深めることのほうが重要だと述べている。アメリカ心理学の父と言われるウィリアム・ジェームズは、十九世紀のもっとも偉大な発見として、潜在意識の力が信じられたことを考えていた。心の持ち方を変えれば人生を変えることができるという考え方は、新大陸の発見、電気や蒸気の発明などとともに歴史書に記されることはなかった。だが、偉人たちはおしなべてそれを理解していた。

実現すると信じる

「心の法則は信念の法則そのもの」とマーフィーは語った。人間はみずからが信じている存在となる。ウィリアム・ジェームズの観察によると、人がそうなると信じることはすべて実際の出来事となる。信じる対象が存在しているかどうかは問題ではない。西洋社会では、「真理」にもっとも価値が置かれてきた。確かに重要ではあるが、「それが真理だから」というのでは動機としては弱い。人生を形づくっていく「信念」の強さとはくらべものにならない。

それが真実でも偽りでも、善でも悪でも、なんであろうと潜在意識はそれを事実として受ける。不運をたねにふざけてはいけない。潜在意識にユーモアのセンスはないのだから。

精神に支障をきたした人と健全な人とで、信念の力に差はない。正気と狂気を分けるのは、信念に客観性があるかどうかの一点だ。病院に収容されている人が自分をエルヴィス・プレスリーだと言う時、本人は「作り話をしている」わけではなく、自分がエルヴィスだと考えている。私たちはこの力を建設的な目的のために使うべきだ。望むのではなく、自分が完全な夫や妻である、ビジネスの天才だと信じるのだ。ばかげてはいるが、完全に狂っているというほどではないことを考えるのがこつだ。一年前には不可能に感じられた何か、そして、心からの願いによってかなう何かを。

健康と繁栄

太古の儀式は、奇妙な調合薬やまじないと共に行われた。これで人々の病が癒された理由は、潜在意識に暗示と承認の力が働いたからだ。今日でも、プラシーボ（有効成分のない偽薬）が奇跡的な回復効果を見せるとわかっている。「この薬は必ずきく」という疑いをさしはさむ余地のない説明がされると、それが現実となる。マーフィーはこう説明する。奇跡的な癒しは、潜在意識がとらえた「完全な健康」という考えに肉体がしたがったにすぎない。この時、通常の意識にある疑う性質は影をひそめていたのだ、と。

精神的治療には別の側面がある。個人の精神は、(エマソンが信じていたように)人類としてのより大きな精神の一部であり、その大きな精神は「無限の知性」につながっているという前提があることだ。マーフィーによれば、物理的に離れた場所にいる人々を癒すことができると考えるのはおかしなことではない。だれかを癒すためには、宇宙にある健康とエネルギーと愛のすべてが対象となる人に向かって放射され、躍動する生命力がその人の細胞の一つ一つをめぐり、浄化し活性化するようすを心に描く。

宇宙に健康と調和の原則があるように、そこには豊穣の原則がある。「残念なことに、たいていの人は目に見えない援助の手段を持っていない」とマーフィーは記している。豊穣の原則を知っている人なら、銀行口座が赤字になろうと、事業に失敗しようと、神経がまいることはない。それが、宇宙とふたたび調和し、再会するためのメッセージだとわかるからだ。

「富裕感」が現実の富を生み出すとマーフィーは言う。潜在意識は複利の概念を理解していて、それにしたがう。つまり、わずかな思いの預金を積んでいけば、時がたつにつれ、規則正しく、精神的な富が大きな利子となってもたらされる。マーフィーは読者に対し、正しい信号を潜在意識に送り、こうした富のイメージを確実に現実化するにはどうしたらよいかを、本の中で具体的に示している。

祈りがたいてい無駄に終わるのはなぜか

私たちの宇宙は法と秩序で成り立っている。そのため、祈りがかなえられるのに何ら「神秘的な」部分はない、とマーフィーは語る。その過程は建物の建築と同じく、何の不思議もない。潜在意識がどういう仕事をするか理解していれば、「科学的に」祈るにはどうすればよいかがわかる。

この意味を考えてみよう。一般的な祈りは神に向ける真剣な言葉だ。最後は「うまくいきますように」で終わる。その種の祈りはほとんど効力を発揮しない。なぜなら疑いに縁取られているからだ。願い、望み、期待などの通常の祈りには、信念が欠けている。これは非常に皮肉なことだ。

実際の信念とは単純である。何かが起こる、与えられる、という現在形でものごとを認識すればよい。祈りが、力を貸してもらった事実（まだ形となっていなくとも）に対して感謝を捧げる機会となるなら、それはもう神に気づいてもらうための神秘的な儀式ではなくなる。そして祈りは、具体的な結果をともに創り上げていくプロセスとなる。

人生を変える一冊に出会うために——

『眠りながら成功する』は平易な語り口で、また、特定の文化や宗教にかたよることなしに書かれている。やや繰りかえしが多いが、この点にこそ、潜在意識に働きかけ調整するという、この本の概念が映し出されている。前半では、潜在意識の働きがたいへんわかりやすく説明される。後半では、結婚、人間関係、科学的発見、睡眠、恐れ、許し、「永遠の若さ」といった領域で変化をもたらすために、潜在意識がどういう役割と効果を持っているかが明らかになる。本を十分に活用するためには、著者の助言にしたがって、最低でも二回読む必要があるだろう。

この本は、いささか「常軌を逸して」いると感じる人もいることだろう。一方で、多くの人々が、読後の人生が変わったと語っている。潜在意識の持つ力は強大だ。読者がマーフィーの本から学ぶのは、非合理的な心を理解しようとしなければ、合理的な願望や計画が妨害を受けたままになるということだ。

09

1952

積極的考え方の力

ノーマン・V・ピール

信じる心があれば、
どんなことでも成し遂げられる。

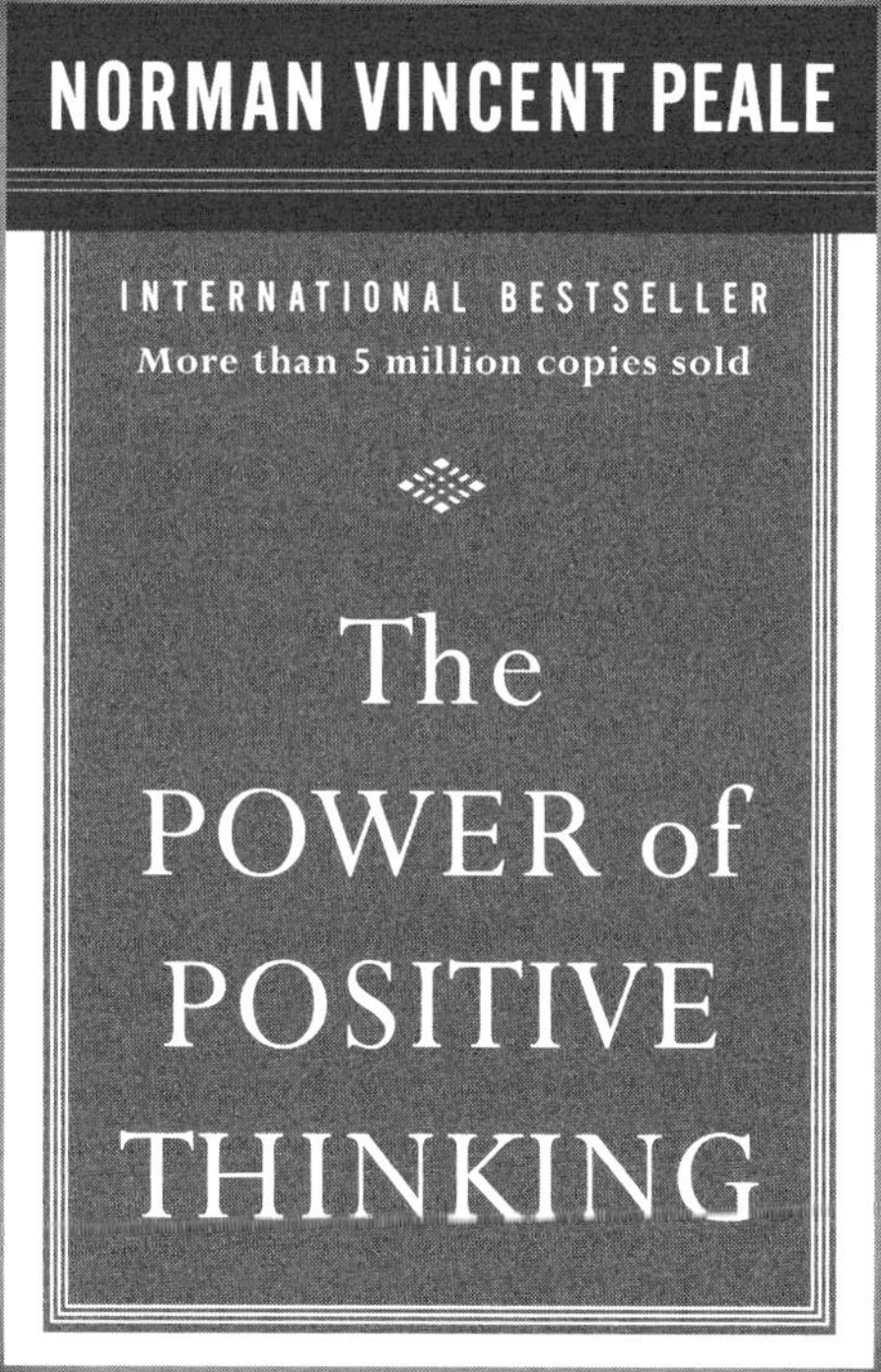

邦訳
『【新訳】積極的考え方の力』
ダイヤモンド社　月沢李歌子訳

信じる思いは、どんな時でも心配に打ち勝つことができる。信じる心は、心配が対抗できない強国なのだ。一日一日と信じる思いで心を満たしていく時に、ついには心配の入り込む余地がなくなってしまう。これは、誰もが覚えておくべき重大な事実だ。信じる思いを自分のものとしなさい。そうすれば、心配も思いのままに退治できるようになるだろう。

私も、信仰と社会的成功の間には関係がないという考え方にとらわれていた時代があった。信仰はビジネスとは無縁であり、道徳や社会活動などにしか関係ないものと決めつけていた。しかし今では、そういう考え方は神の力を制限し、人間の成長を抑えつけるものだと分かった。信仰を通して、宇宙には計り知れない力が存在し、この力が人間にも宿り得ることを教えられる。そしてこの力は、あらゆる敗北感を一掃し、あらゆる困難な状況から人を引き上げることができる。

✿

つねに自己啓発書ベストセラーリストに入り、潜在能力開発運動の祖となったこの本は、もしピールの妻のねばり強い努力がなかったら、世

Norman V. Peale

ノーマン・V・ピール

一八九八年、アメリカのオハイオ州バワーズヴィルで生まれる。オハイオ・ウエスレアン大学で学び、デトロイト・ジャーナル紙で働いたのち、ボストン大学で神学を研究した。

三十四歳の時、ピールはニューヨーク市のマーブル協同教会に移り、大恐慌や第二次世界大戦の時期を経て、一九八〇年代のはじめまでここで過ごした。ピールの説教は広く知られるようになり、観光客もやってきた。一九三〇年代に、ピールはラジオ放送番組「生きる技術　The Art of Living」を開始した。この番組は五十四年間にわたり毎週放送されることになる。一方でピールは、精神科医のスマイリー・ブラントンとともに、キリスト教にもとづく心理療法の診療所を開設した。一九四五年には霊感に導かれた雑

に出ることはなかったかもしれない。この本を書いたのはピールが五十代の時だった。出版を持ちかけても断りの通知が重なるばかり。落胆した彼は原稿をくずかごに投げいれ、そこから原稿を持ち出さないようにと妻に命じた。その言いつけに文字通りしたがい、翌日妻はくずかごに入ったままの原稿をある出版社に持ちこんだ。そこから成功へのとびらが開かれたのだ。

この本は四十二ヶ国語に翻訳され、約二千万部が売れた。カーネギーの『人を動かす』と並んで、二十世紀に新しい観点から書かれた自己啓発書古典の一冊に数えられている。

誌「ガイドポスト（道しるべ）」を創刊。この雑誌は現在も多くの読者を得ている。政治的には、ピールは保守派だった。ニクソン大統領の要請に応じてベトナムに出向き、ロナルド・レーガン大統領からは大統領自由勲章を授かった。

ピールはじつに多くの講演をこなした。九十代になっても年間百団体をまわって聴衆に語りかけた。一九九三年のクリスマス・イブに、ピールは九十五年の生涯を閉じた。現在は、ニューヨーク州にあるピール・センターが彼の仕事を受け継いでいる。ピールの人生を記録した本に、キャロル・R・ジョージ著『神のセールスマン――ノーマン・ヴィンセント・ピールと積極的考え方の力　God's Salesman: Norman Vincent Peale and the Power of Positive Thinking（未訳）』がある。

認識

『積極的考え方の力』に書かれているポジティブ・シンキングとは、良いものだけを見聞きする姿勢、そして幸せな気持ちでほほえめば、どんな障害も溶けてなくなると信じる姿勢だ。「日々、あらゆる面で、私はいっそう良くなる」とは自己暗示法の創始者エミール・クーエによるポジティブ・シンキングのための有名なとなえ言葉だ。この言葉は、ほとんどの人の耳には、うわべだけの言葉に響く。おろかしいとさえ受けとる人もいる。

スティーブン・R・コヴィーは『7つの習慣』の中で、ポジティブ・シンキングを批判している。積極的な気持ちになる前に、まず問題を直視し、自己責任において立ち向かわなければならない、というのが彼の言い分だ。でなければ、現実から目をそらしているだけではないか。

現実

ところが、ピールの本を開くと、すぐにこういう文章にぶつかる。

> この本を書いたのは、人間につきまとう苦痛、困難、葛藤に深い関心を寄せたためだ。

彼はこう続ける。

この本から学べる積極的考え方は、名誉や富や権力を手に入れる手段ではない。それは、失敗を乗り越え、創造的価値を持つ重要なことを人生で成し遂げるために、信じる力をうまく応用するということに通じる。

人生を非現実的にとらえているから、このように考えるのではない。ピールはニューヨークで牧師を務める日々の中で、人々の苦悩を目のあたりにしてきた。そして週ごとに人々に説教するだけでは、よしとしなかった。ピールが望んだのは、目の前にいる人々の人生に、はっきりとした変化をもたらすことだった。年月をかけて、ピールは「よい人生を生きるために実行するべき、簡単だが筋道立った方法」を編み出し、何千人もの人々にそれを試し、改良を続けた。『人を動かす』(121ページ参照)を書いたカーネギーのように、ピールも大人のための学習コースという形で実践に移した。その一部がこうして本の形にまとまったのは、それからだいぶあとのことだ。

積極的考え方のみなもと

ピールにとって、個人的な力と導きのもととして聖書をしのぐものはなかった。聖書からの引用がこの本の支柱となっている。そこにエマソン(467ページ参照)、ウィリアム・ジェームズ、マルクス・アウレーリウス(325ページ参照)から引かれた文が加わる。おそらくこうした不朽の知恵をいしずえとしているからこそ、ピールの古典には驚くべき力が備わっているのだろう。読者に向けて、次のような句が幾度となく引用される。それにもとづいたピールの考えに異議を唱えるのはむずかしい。

もし神がわたしたちの味方であるならば、だれがわたしたちに敵対できますか
（ローマの信徒への手紙八章三一節）

信じる者には何でもできる
（マルコによる福音書九章二三節）

あなたがたの信じているとおりになるように
（マタイによる福音書九章二九節）

ピールが言おうとしているのは、自分だけに頼る必要はないということだ。大きな力の源泉が、私たちに向かい開かれている。その存在を信じさえすればよい。人間は人生をつらいものにしている。ものごとをうまく運び、必要なものを与える宇宙の力を理解するなら、人生はあふれるばかりに豊かだと感じられるだろう。生きるのが困難だと思うのは、自分だけを信じているからだ。ピールが説く自己救済のための秘訣は、個人が力と平安を得るため、一個人を超えてより偉大な存在のほうへ歩みを進める必要があるというものだ。

本は多くの実例と実話を交えながら先へ進む。中には大きな感動に突き動かされる話もある。人間たちの苦闘に満ちた本である。それをここに載せる目的は、挫折は永久に続くものではないと示すことだ。要点をかいつまみ、次にいくつかの章を紹介する。

疲れ知らずの力を持つには

これまで会った偉大な人物には必ず、隠れた力の源泉があったとピールは明かしている。その源泉とは、宇宙の無限の空間だ。それと調和することによって、自分のしていることが、外側から支えられており、聖なるものの末端としての役割を担っていると感じれば、尽きることのない力がわいてくる。自分一人で自分だけのために何かをし続ければ、最後は燃えつきるだけだ。

祈りの力を試そう

祈りとは、ふつう考えられているものとは違う。それは、心にあるものを語ることだ。何かを求める代わりに、望みがかなえられたように前もって感謝を捧げ、すべてを神の手にゆだねるといい。そして良い結果を思い描く。ピールの方法は「祈る、イメージ化する、現実化する」だ。試せば、その効果にきっと驚くことになるだろう。

失敗を恐れない力で最善の結果を得る

私たちは恐れを知る生きものなので、最悪の状況を予想しがちだ。けれども、最善を予想すれば、ものごとが良い方向に進むようになる。出し惜しみすることが少なくなる。人間の行動の多くを規制している潜在意識は、信じていることをそのまま反映する。結果に対する思いこみを変えれば、達成をめざすための行動をとるようになるのを感じるだろう。ピールの言葉を記そう。
「疑いは力の流れをせき止め、信じる心はそれを開く」

人生を変える力は新しい心がまえから

二十四時間、前向きで希望に満ちた言葉だけを使うように。その翌日は「現実的」に戻る。これを一週間繰りかえせば、一週間前に自分が現実的だと考えていたことが、悲観的だったと感じられるだろう。ゴルフ用語を使うなら「ラフは単に気持ちの産物」だと気づこう。何が現実的かについての認識が、自分の中で、より高い、つねに積極的なレベルに上がっていくはずだ。

人生を変える一冊に出会うために――

『積極的考え方の力』を本当に理解するには、その背景を知る必要がある。ピールはアメリカ中西部の平凡な家系に生まれた。本人の言葉を借りれば、彼は「この世の平凡な人々のために」文章を書くという信念を持っていた。

読者の多くは、次の事実をおもしろく愉快だと感じるのではないか。一九五〇年代には、彼の文章を読んで、教会に通う人が急に増えたのだ。これは時代がかった本だが、不要なものと考えるのは皮肉屋だけだろう。本を貫く理念は、今の生活に当てはめても、何ら違和感はない。古典とはそういうものだ。読後が爽快なのは、小手先だけの方法など書いていないからだ。著者が語る方法が見かけだおしならば、読者は「使い古しの道具」だと見なすだけだ。そんな道具を使えば、最後に残るのは当てがはずれた無力感だろう。

本書には「セールスマンのための祈り」のようなことも書かれているが、キリスト教徒と資本主義者の規律が「ごった煮」にされた以上のものがある。ほとんどの自己啓発書の古典と同じく、正しい生き方の第一は、可能性を現実化することだと説かれている。「あきらめる」とは、当然受けとってよい精神的物質的報いのすべてを、自分に与えないのに等しい。

もし気分がめいっているなら、何ごとにも微動だにしない理論を備えたピールの本があるのを思い出そう。これを読めば、心の疑いが晴れ、何度でも人生に新しい力が満ちてくる。

10

1925

人生を開く心の法則

フローレンス・スコヴェル・シン

人生がゲームなら、
自分が幸せになるための法則を学び、
行動に移してみよう。

邦訳
『人生を開く心の法則』
たま出版　尾崎清一訳

あなたは人生は戦いだと考えていませんか。でも人生は戦いではなくゲームなのです。

言葉の力を知っている人は、自分の話す言葉にたいへん注意深くなります。自分の言葉の反作用を見ていさえすれば、決してそれが「空しく戻ってくることはない」ことがわかるからです。私たちは、話す言葉をとおして、つねに自分自身の法則をつくっていることを忘れてはなりません。

各人のための神の計画は、合理的思考による制限を超越しています。そしてそれは必ず、健康、富、愛、完璧な自己表現からなる、です。多くの人は、想像の中で、自分のための宮殿を建てているべきときに、山小屋を建てているのです。

❀

これまで、あなたは人生とは戦いだと考えていなかっただろうか。まわりのすべてに対する意志と力の表明、あるいは苦痛に満ちた絶え間な

Florence Scovel Shinn

フローレンス・スコヴェル・シン

画家であり、イラストレーターでもある。形而上学の教師として、ニューヨークで長年にわたり教えた。その堅実な語り口とユーモアによって、それなしでは精神的アドバイスになど耳を貸さなかったかもしれない多くの人々に慕われた。彼女には何冊もの著書があるが、『人生を開く心の法則』が代表作といえる。

い奮闘だと。

だが、人生をゲームとして見るなら、結果を思いわずらうことは少なくなり、自分を成功に導いてくれるルールや法則に気持ちを集中できる。これが、抵抗が少なく、時間をかけて、驚異に満ちたこの世界を旅するための道だ。この道を行くことは、すなわち恐れる人ではなく、信ずる人となることを意味する。

フローレンス・スコヴェル・シンは、成功への法則を、旧約および新約聖書の中に見出した。しかし、原書百ページほどのこの古典に書かれた内容の多く（たとえば無抵抗、カルマ、許しの法則など）は、東洋の書物に出てくるものだ。

彼女が本書の中で示した到達点は、生をつかさどる不変の原則にみずからの波長を合わせられさえすれば、人は、健康、富、愛、完璧な自己表現で構成される「人生の四角形」に達することができるというものだ。この全体的な幸福は、人間にとって「神権」、すなわち神から与えられた権利であると、スコヴェル・シンは信じた。

不変の原則のいくつかを、本の中から拾って紹介しよう。

「神の計画」のスナップ写真

霊感とでもいうようなものが、一瞬のうちに何かのイメージを運んできた経験がないだろうか。何をなすべきか、何になるべきかについてのイメージが心に広がった経験が。その時受け取ったのは、宇宙から発せられた「神の計画」のスナップ写真だ。そのイメージは実際は本人の中にある。プラトンはこのイメージを「イデア（原型）」と呼んだ。ほかのだれでもなく、自分自身がそこに座るべき場所だという意味である。

大多数の人々に追従してはならない。彼らは本当の自己と実際には何の関係もないこと、成し遂げたとしても不満を残すだけのことを追い求めている。神の計画を知らせてくる兆しやメッセージが、自分に届くよう願うことだ。そうすれば、それは姿を見せる。その内容が自分の望むものでなくても、恐れてはならない。自分のもっとも深い部分の願いを満たすものと考えて、まちがいないのだから。

神から与えられた権利と神の選択

「神から与えられた権利」がある時だけ、人は何かを求めてよい。ある女性がある男性に夢中になっていた。彼は、傍目から見ると彼女をあまり大切にしていなかった。スコヴェル・シンは、次のような言葉が効果があるといって、その女性に繰りかえし唱えさせた。

「彼がもし神によって私のために選ばれたのならば、彼は私のものです。もしそうでないなら、私は彼を望みません」

するど、彼女は理想そのものであるほかの男性を好きになり、たちまちはじめの男性のことは忘れてしまった。

また、別の女性は、知人の所有する家に住みたいという、とても強い願望を抱いていた。知人の男性の死により、彼女はその家に住むことができた。だが、その後彼女の夫が死に、家は無用の長物となった。この出来事は元来、神、すなわち無限の知性から与えられたのではない欲求が、因果をもたらしたといえる。望むことは悪くないけれども、「神から与えられた権利」によって自分のものといえる対象を求めるほうが良い。それならば手にした時、疑いのかけらもなく自分のものだとわかる。

無抵抗

人生というゲームを成功させるには、好きではないものと戦うのではなく、効果を発揮するものを追っていく必要がある。本書には次のように書かれている。直観的にすべてを理解できる内容だ。

人が状況に抵抗しているかぎり、その状況は去らないでしょう。もしそこから逃げようとしても、その状況は追いかけてきます。

人生を、勝利を得るための闘争として見るのをやめ、良い結果を単純に信じる姿勢を保つだけで、あなたの人生は本質的に変わる。

疑うことなく「心配なしに望む」ことができれば、つまり、あなたの願いがかなえられつつあると理解していれば、ほしいものは何でも手に入るだろう。それも、たぶんたちまちのうちに。

恐れは「罪」だ。恐れは自然に反している。信頼こそが真実であり、揺るぎない。そして、信頼は、無限の知性、すなわち神が、私たちの願望をかなえた時、私たちに求めるものだ。信頼は、人と宇宙とを結びつけるものだ。信頼することによって、自分と宇宙とのかかわりは増大する。恐れれば、自分が萎縮するだけだ。

周囲の人々、職場の同僚、そして自分の国にさえも、絶え間なく善意と祝福の気持ちを向けよう。こうすれば、自分の心が大きな平安に包まれるだけでなく、悪意や報復から自分が「守られている」と感じとれる。

恐れを超える信頼

聖書では、戦いは人間のものではなく、神のものであると、幾度となく説かれている。

「あなたの重荷を主にゆだねよ」

私たちが学ぶべきは、「ただ静観する」ことであり、神、すなわち自分の内部の超意識にことをゆだねることだ。これは『道徳経』（333ページ）の言葉と驚くほど似ている。『道徳経』には、「道」（神、宇宙的知性などと言い換えてもよい）と調和するならば、人は心配する必要も恐れる必要もなくなると示されている。静寂の中で、私たちはなすべき何かを知るのだ。

スコヴェル・シンは、「人間が重荷を担うなら、それは法に背く」という。気にかけたり、落胆したりするのは、実際のところ誤りだ。このような生き方は、偽りの現実を反映しており、災難や病気を引き寄せることになりかねない。そこで、いったん重荷を投げ捨ててしまえば、すぐにまた明瞭にものが見えるようになる。恐れではなく、信頼によって生きるべきだということに気づかされる。

真実の愛

ある女性が絶望してスコヴェル・シンを訪ねてきた。愛する男性がほかの女性のところへ去り、彼女とは結婚しないと言ったのだ。スコヴェル・シンの次の言葉を、彼女は素直に受け取れなかった。

「あなたはその人を愛してはいません。あなたは彼を憎んでいます。この男性に関して完璧でいなさい。彼に利己的でない愛を与え、彼がどこにいようと彼を祝福しなさい」

女性は立ち去り、状況はもとのままだった。だが、ある日のこと、彼女は以前より愛情を持って男性のことを考えるようになる。彼は船長だったので、彼女は「キャップ」という愛称で呼んでいた。彼女の口から言葉があふれた。

「キャップがどこにいようとも、彼に神様の祝福がありますように」

しばらくして、一通の手紙がスコヴェル・シンのもとに届いた。女性の心から苦しみが消えたとたんに、男性が戻ってきたということだった。二人はその後結婚し、幸せに暮らした。

その女性が学んだのは、人生というゲームで成功するために、だれもが身につけていなければならない無償の愛だった。

言葉の力

言葉の力を知らない人は「取り残されてしまう」と著者は言う。人はだれでも、つねに自分自身と対話している。そして、その内容が、良きにつけ悪しきにつけ、自分の人生のあり方に影響を与えていると気づきもしない。自分に投げかけた言葉はすべて、白紙の潜在意識の中に「事実」として沈んでいく。自分が発する言葉には、たとえ心の中であろうと、すべてに最大限の注意を払う必要がある。

スコヴェル・シンのもとを訪れる人々は、「言葉を告げる」ことを彼女に求めた。彼女は各人の状況に応じて、前向きな宣言であるアファメーションを考えて渡した。「良きもの」が形を現すまで繰りかえし唱えられるべき言葉として。彼女は聖書から箴言一八章二一節を引用している。

「死も生も舌の力に支配される」

「神は与える」

スコヴェル・シンに相談を持ちかける人々の多くは、絶望を抱えてやって来る。ある者は、その月半ばまでに三千ドルの借金を返さなければならず、またある者は、すぐアパートを見つけなければ、路上で寝るしかなかった。スコヴェル・シンは、きまって人々に「神は与える」ことを思い出させ、心配せず不安にならないように語った。

お金が必要な人々のために彼女が与えるアファメーションは、「精霊には決しておそすぎるということはありません。私が見えない次元ですでにお金を受け取ったこと、そしてそれが現実に間に合うことに感謝します」というものだった。ある女性は、支払い期限まであと一日という時、いとこが訪ねてきて、帰りぎわに「ところで経済的な面はどうですか」と聞いてくれた。彼女は翌日に借金を返済できた。

ここで注意したいのは、正しい言葉を唱え、信じるだけでは十分ではないことだ。自分が心底から受け取りたいと願っていることを、潜在意識に対して証明する必要がある。

「私たちは、自分が願ったことのために準備しなければなりません。そのかすかな兆候さえ見えていないときに……」

銀行口座を開き、家具を買い、一片の雲も見えなくても雨の備えをしておく。「あたかもすでに受け取ったかのように」行動すれば、受け取る瞬間への道が開ける。「豊かさの実感があってこそ、その後の現実化につながる」と理解していれば、神から与えられる力はいっそう強まるはずだ。

人生を変える一冊に出会うために――

一九二〇年代のニューヨークで書かれた、宗教色の濃い内容にもかかわらず、現在、この薄い本には熱狂的な読者がついている。うわさ話は忘れ去られても、知恵は時を超える。そして、この本は癒し効果をもって、人を正しい原則に立ちかえらせる力を発揮する。著者の言葉を借りれば、この本は人々の中の「神に敬意を表し」、方向感覚と信念を巧みに修復する。『人生を開く心の法則』を心開いて受け入れるなら、そこに示された知恵とアファメーションが大いなる効果をもたらすだろう。

2

Chapter 2

夢の追求

目標を設定し達成する

11

1936

人を動かす

デール・カーネギー

相手の目でものごとを見ようと真剣に努力してみよう。相手が感じていることを尊重すれば、どんなことでも真剣に聞いてもらえる。

邦訳
『人を動かす』
創元社　山口博訳

人を非難するかわりに、相手を理解するように努めようではないか。どういうわけで、相手がそんなことをしでかすに至ったか、よく考えてみようではないか。そのほうがよほど得策でもあり、また、おもしろくもある。そうすれば、同情、寛容、好意も、おのずと生まれ出てくる。すべてを知れば、すべてを許すことになる。

あなたの話し相手は、あなたのことに対して持つ興味の百倍もの興味を、自分自身のことに対して持っているのである。中国で百万人の餓死する大飢饉が起っても、当人にとっては、自分の歯痛のほうがはるかに重大な事件なのだ。首にできたおできのほうが、アフリカで地震が四十回起ったよりも大きな関心事なのである。人と話をするときには、このことをよく考えていただきたい。

❀

『人を動かす』というタイトルは、何となく胡散臭くも感じられる。自分の利益のために人を「動か」して得意になる人は世の中にかなり多く存在するのではないだろうか。そう考えると、このタイトルはあまり聞

Dale Carnegie

デール・カーネギー

一八八八年、ミズーリ州メアリービルの貧しい農家に生まれ、十二歳になるまで電車も見たことがなかったという。十代の時には、毎朝三時に起き、家の牛の乳搾りと、ウォレンズバーグの州立教員養成大学での学問とをみごとに両立させる。卒業後の最初の仕事は、農場主に通信教育講座を売り込むことだった。その後、アーマー&カンパニー社のセールスパーソンとなってベーコン、スープ、ラードなどを売り、オマハ南部で、会社随一の売上げを上げるまでになる。

だが、俳優への憧れからニューヨークのアメリカン・アカデミー・オブ・ドラマティックアーツに入学、舞台『サーカスのポリー』のハートリー博士役として国内巡回公演に参加したあと、セールスの仕事にもどって車を扱

こえのいいものではない。現代の読者にとって本書は、熾烈な競争社会のための心理的戦略を魔法のようにくり出す名著であると同時に、大恐慌時代のセールスマンが売り歩いた怪しげな商品でもある。だから、タイトルで中身を判断しても、あながちまちがいではない。しかし読者は、本書の側の言い分も聞くべきだろう。

う。YMCAを説得してビジネスパーソンのための話し方講座の運営を任せてもらい、大成功をおさめる。

最初の著書『ビジネスにおける話し方と人の動かし方 Public Speaking and Influencing Men in Business（未訳）』は、その補助教材として書かれたものである。ほかに『道は開ける How to Stop Worrying and Start Living（創元社）』、『知られざるリンカーン Lincoln the Unknown（ダイヤモンド社）』などの著書がある。訓練コース「デール・カーネギー・トレーニング」は、現在、世界中で運営されている。一九五五年、死去。

カーネギーを読む理由、好きな理由

1　タイトルの図々しさから見ると、意外にも中身はまともである。よく読むと、マキャベリの『君主論』のような人心操作の手引書とはまったく違う。カーネギーは、自分の目的のために「人を動かす」ことを心から嫌い、次のように書いている。

「自分を印象づけよう、興味をもってもらおうなどと思ったら最後、本当の誠実な友人をたくさんつくることなどできなくなる。友人、本当の友人は、そんなふうにしてできはしない」

本書をすぐれた読み物にしている力は、人間への愛である。それでもあさはかなうぬぼれ屋が本書を買うことはあるだろうが——現在の版など、人気とりのマニュアルとして売られている——そろそろこの古典も、もっと寛容な真実の光で照らされてもいい頃だろう。

2　カーネギーがアメリカで本書を書いたのは、一九三〇年代のことである。国はまだ大恐慌から必死で抜け出そうとしており、充分な教育を受けていない者にチャンスは乏しかった。カーネギーは、誰もが無条件にもっている「人格」を利用して、成功する方法を説いた。現代の基準から見れば、本書の主張はさほど驚くようなものではない。それはモチベーション理論が確立されているからである。しかし、第二次世界大戦後の大隆盛もまだ見ていない、一九三六年当時の衝撃を考えてみてほしい。多くの人にとって、それは黄金のように見えたことだろう。そして、その価値は今なお失われていない。

3　行動のための手引書をうたう本書は、「読者に秘密を伝授する」。理論書ではなく、「魔法のように」効く原則集だ。

語りかけるような文体は、学術的な心理学書を苦労して読み続けてきた人にとっては一服の清涼剤だったし、本をまったく読まない人には、それ以上に魅力的だった。アメリカ文化は省力化を旨としているから、何年も苦労することなく人生を変え、人格を形成できると約束する本が好意的に迎えられたのは当然のことだった。

本書は最初からベストセラーを当てこんでいたわけではなく、「効果的な話し方と人間関係」という自身の講義のテキストとして書かれたものである。初版はわずか五千部。人間の基本的本能に訴えて儲けようという大計画があったわけではなく、講義内容を読者に伝えることが目的だった。

4 『人を動かす』旋風

とはいえ、本書が旋風を巻き起こしたのは、当初はひとえにタイトルの力だったことは疑いようもない。これまででもっとも売れた本の一冊であり（世界の主要言語の翻訳版を合わせると千五百万部を超える）、自己啓発分野全体の中で今なお最大のベストセラーであり続けている。一九八一年版の序文では、妻のドロシー・カーネギーが、夫の考えが切実に求められ、いかにそれに応えたかについて、こう書いている。

「大恐慌後に起こった、単なる一時的な現象ではありませんでした」

事実、本書は「二十世紀のもっとも重要な本」というようなランキングにもよく登場するし、スチュアート・クレイナーとゲーリー・ハメルの『究極のビジネス書50選　マネジメントの原点

Crainer & Hamel's Ultimate Business Library : 50 Books that Made Management』でも、ヘンリー・フォード、アダム・スミス、マックス・ウェーバー、そしてピーター・ドラッカーらの著書とともに、その名を連ねている。

処世術でない教育を

講義の成功でカーネギーが知ったのは、リーダーとなり、意見を述べ、人にやる気を出させるための「人間関係の技術」を教えてほしいという強い要望があることだった。

専門知識や机上で学んだことだけでは仕事で成功できないということは、今ではよく知られている。だが、当時は、成功にはいろいろな要素が必要だという考え方がようやく研究され始めたばかりだった。人を扱う技術がすべてを変えうるのを知り、カーネギーは感情的知性（心の知能指数）の概念をどんどん広めていった。それが心理学で学問的に確立されるより何十年も前のことである。

「人をうまく扱う能力は、ほかのすべてを合わせた以上に価値がある」というジョン・D・ロックフェラー（彼の世代にとってのビル・ゲイツ）の言葉を、彼はつねに心に留めていた。しかし、驚くべきことに、当時、人を扱う能力について書かれた本は見当たらなかった。彼と助手の研究者は、人間関係の本を見つけた端からむさぼるように読んだ。そのジャンルは、哲学、家庭裁判所の判例、雑誌記事、古典、心理学の最新の研究、生物学にまでわたり、とくに優秀なリーダーシップで知られた人物の伝記には注目した。また、二十世紀のもっとも重要な発明家二人、マルコーニとエジソンにインタビューし、フランクリン・D・ルーズベルトや、映画スターのクラーク・ゲイブルやメアリ・ピックフォードにまで取材を行った。

彼の一連の基本的な考え方は、この調査から生まれたものだ。当初は簡単な講義の教材として書かれたものだが、受講者たちの「人間実験室」で徹底的に検証された末、十五年後に「原則集」として日の目を見ることになった。

カーネギーの原則

これらの原則は実際に有効なのだろうか？　カーネギーは本の冒頭で、無情にも三百人以上の社員を解雇した人物の例をあげている。部下に褒め言葉一つ言えない、いやな上司の典型のような男だ。だが、カーネギーの講義を受け「けっして批判したり、責めたり、文句を言ったりしない」という原則を実行すると、その男は「三百十四人の敵を三百十四人の友に」変え、それまではなかった部下の忠誠心を高め、その上、増益という結果を出した。それだけではない。家族はさらに彼を愛するようになったし、余暇は増え、彼は人生観が「がらりと変わった」ことに気づいたと言う。

カーネギーをもっとも喜ばせたのは、彼の講義によって実入りのいい仕事に就けたとか、金回りがよくなったという話ではなく、講義がいかに受講者の目を開き、人生をつくり直すに至らせたかという話だった。受講者たちは、人生はもっと楽しくなると考えるようになり、人生を苦しみや権力闘争だとは見なさなくなった。

本書の第二章は、アメリカの哲学者ジョン・デューイのある言葉を主題としている。それは「人間をかりたてるもっとも強い衝動は、重要な存在になりたいという欲求である」というものだ。カーネギーによると、フロイトは、性的なことをのぞけば、もっとも強い欲求は「偉くなりたいという思い」だと考えていたし、リンカーンは、「認められることへの渇望」だと言っていたという。

この認められたいという渇望を本当に理解している人は、人を幸福にする方法を知っている人でもあり「葬儀屋さえも彼の死を悲しむだろう」とカーネギーは述べている。そのような人は、人の長所を引き出す方法も知っている。

カーネギーは、当時の偉大な実業家たちのサクセスストーリーを語るのが好きだった。たとえば、チャールズ・シュワブは、アンドリュー・カーネギーのユナイテッド・ステーツ・スチールの経営者で、年に百万ドルを稼ぐ最初の人物となった。シュワブは、自分の成功の秘密は、部下に「心から賛同し、おしみなく賞賛」したことだと打ち明けた。高く評価されれば、部下は当然ながら自分は特別だと感じる。これは現在の経営の世界では広く知られている知恵だが、アンドリュー、およびデール・カーネギーの時代にはそうではなかった。

同時に、カーネギーはお世辞を否定した。お世辞は相手のうぬぼれを映してやるだけなのに対し、人の長所を心から賞賛するのは感謝の行為であり、そうしようと思ったとき、おそらく初めて相手を本当によく見ることになる。その結果、相手にはあなたがより価値ある存在に見えてくる。相手を評価すれば、必ず自分の評価も高まるからだ。また、相手の顔がぱっと輝いて、お金では買えない喜びが得られるし、退屈や不信に満ちた職場が、活気あふれる協力的な場に一変すれば、うれしい驚きだ。「心からほめる」原則とは、つきつめて言えば、人間の長所を見ることである。

本書中には二十七の原則が紹介されているが、以下に集約できるだろう。

◆相手の強い欲求を呼びおこす。
◆相手に心から関心をもつ。
◆議論に勝つ唯一の方法は、議論をしないこと。
◆人の意見を尊重する。「あなたは間違っている」などと言ってはいけない。
◆間違ってたときは、すぐにきっぱりと認める。
◆まず親しみやすい雰囲気をつくる。
◆相手に充分に話させる。
◆高潔な心情に訴える。
◆相手の心のよりどころとなるような、高い評価を与える。

人生を変える一冊に出会うために――

ふざけた模造品を生みやすいという面はあるが、この作品自体は実に楽しい。自己啓発書ではきわめてめずらしいことだ。飾り気のないユーモアは、読者を本の中へと誘い込む。それを示す有名な言葉を一つあげよう。

「名前は当人にとって、もっとも快い、もっとも大切なひびきを持つことばである」

本書は今後五十年たっても、読み継がれていくだろう。人間の本質という、私たちがよく知っていると思いながら、けっしてわかっていない問題について語っているからだ。かつては、人をあつかう能力は天分次第——もっている人もいれば、もっていない人もいる——と思われていた。だが、人間関係というのは私たちが考えているより理解しやすいものであり、人をあつかう技術は体系的に習得することができるという考えを、本書は人々の心にしっかりと植えつけた。

貼られたレッテルとは正反対だが、本書は、本当に好きになり、尊敬しなければ、人を動かすことはできないと訴えてもいる。

12

1993

アルケミスト

パウロ・コエーリョ

われわれはたやすく夢をあきらめてしまう。
しかし宇宙はつねに夢の実現を
支えようとしている。

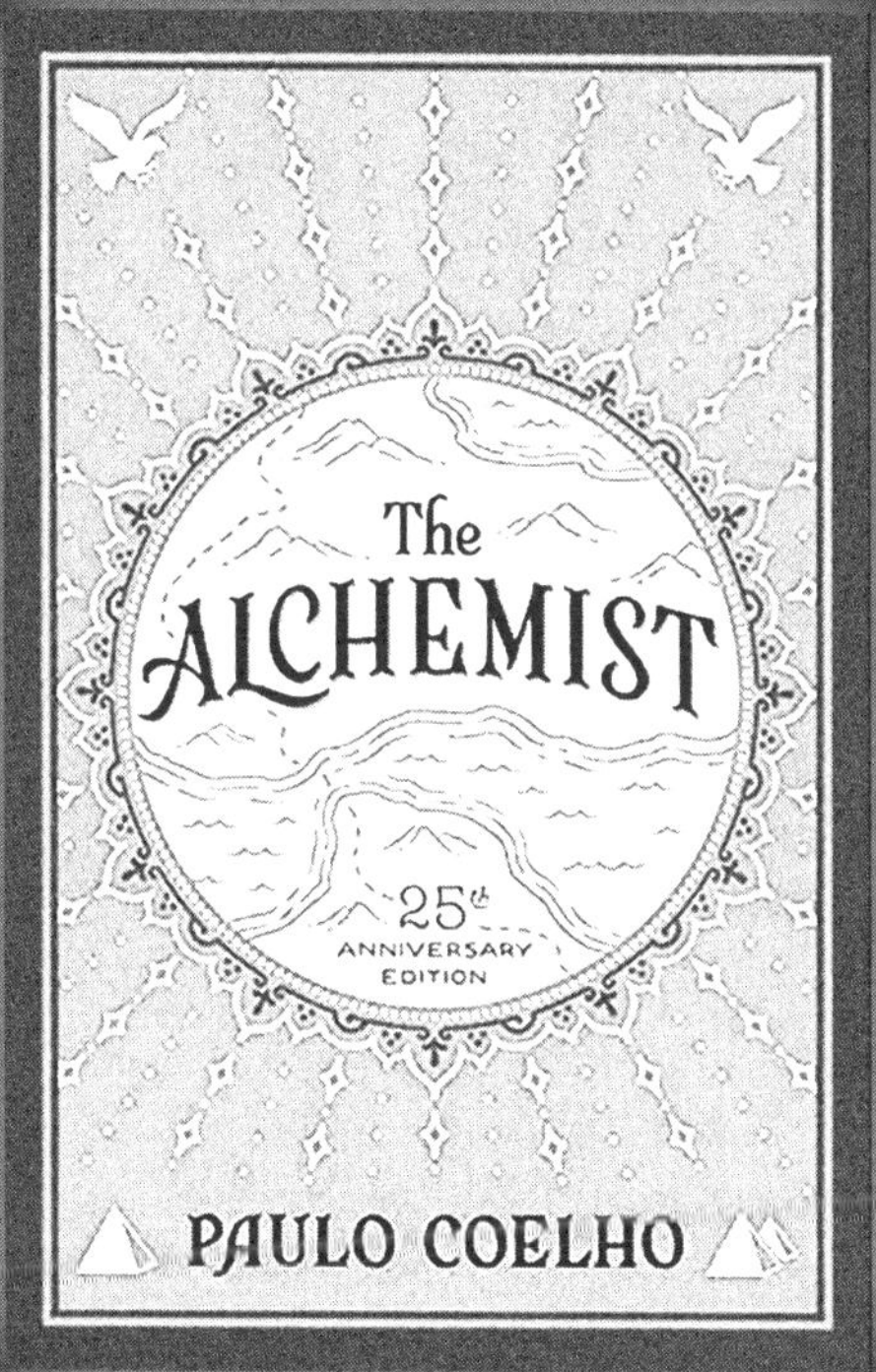

邦訳
『アルケミスト』
KADOKAWA　山川紘矢／山川亜希子訳

「その力は否定的なもののように見えるが、実際は、運命をどのように実現すべきかおまえに示してくれる。そしておまえの魂と意志を準備させる。この地上には一つの偉大な真実があるからだ。つまり、おまえが誰であろうと、何をしていようと、おまえが何かを本当にやりたいと思う時は、その望みは宇宙の魂から生まれたからなのだ。それが地球におけるおまえの使命なのだよ」

「したいと思うことが、旅行しかないという時もですか？　呉服屋の娘と結婚したいという望みでもですか？」

❀

本書の主人公サンチャゴは羊飼いの少年だ。彼は、自分の飼う羊たちに愛情を注いでいた。でも羊という存在には限界があると意識せずにはいられなかった。羊たちは食べ物と水を求めるだけで、頭を上げて、緑なす丘や沈む太陽の美しさに見とれることなどない。

サンチャゴの両親はいつも生活に追われて懸命に働き、夢も捨てるしかなかった。一家は美しいアンダルシアに住んでいる。旅人たちが、古風な村のようすやなだらかに広がる丘にひきつけられてやってくる。け

Paulo Coelho

パウロ・コエーリョ

ブラジルのリオデジャネイロで、中産階級の家に生まれる。父親は息子が自分の志を継いでエンジニアになることを望んだ。だが、コエーリョは作家になりたいと明言し、その後三年にわたり、精神病院への入退院を繰り返した。

彼はヒッピーとなって放浪し、イタリアでしばらく新興宗教の教団に加わった。あるロックバンドに提供した歌詞が「破壊的」だということで、ブラジル警察に拘束され拷問を受けたこともある。

彼は世界的なベストセラー作家の一人である。千夜一夜物語の中の話に触発されて書かれた『アルケミスト』は、二千万部が売れた（最初の出版社では売上が千部に届かず、絶版となったが、コエーリョは別の出版社を探しあてた）。

コエーリョはカトリック教徒で、巡礼路に特に関心を抱

れどもサンチャゴの両親にとって、ここは夢に描く場所ではない。

サンチャゴはといえば、字を読むことができ、旅をしたいと思っている。ある日彼は羊の一部を売りに町へ出かけ、さすらいの王と遊牧民の女に出会う。そのどちらも、少年が「前兆に従う」べきであり、いまなじんでいる世界を後にしなければならないと告げる。遊牧民は少年に、宝物を見つけるため、エジプトのピラミッドへ行くようにと言う。

熱に浮かされたように、少年は女の言葉を信じ、羊を売り、出発する。はたして、すぐに少年は苦難にみまわれる。アフリカのタンジェで持ち金を奪われてしまったのだ。冒険へと少し踏み出したばかりなのに、こんな大変な目にあうとは！　しかし不思議なことに、サンチャゴはくじけない。大いなる感覚——自分が正しい道を歩んでいるという安心感が彼の胸にあった。

少年はいまや別の人生を生きている。毎日が新しく、満足をもたらしてくれる人生を。少年は、エジプトに旅立つ前に市場で言われた言葉を忘れることがなかった。

「おまえが何かを望む時には、宇宙全体が協力して、それを実現するために助けてくれるのだよ」

いている。スペインの聖地サンチャゴ・デ・コンポステラが、二作品『星の巡礼 The Pilgrimage（KADOKAWA）』と『賢者の日記 Diary of a Magus（未訳）』の背景となっている。そのほか、『ワルキューレ——天使との出会い The Valkyries: An Encounter with Angels（未訳）』『ピエドラ川のほとりで私は泣いた By the River Piedra I Sat Down and Wept（KADOKAWA）』『ベロニカは死ぬことにした Veronica Decides to Die（KADOKAWA）』などが出版されている。画家の妻クリスティーナとリオデジャネイロに暮らす。

夢を追いかけて生きる

この信念は、たいへんに価値あるものだ。大きな仕事に挑戦しようとするすべての人にとって支えとなるだろう。望みの実現を助けてくれる「協力してくれる宇宙」とは、より正確に言うなら、何かを実現しようという決意の現れだ。『アルケミスト』を読むと、ゲーテの言葉を思い出す。「できること、できそうだと思うことがあれば、始めたまえ。大胆さが天才と力と魔法とをはらむのだ」

この本は、夢には代価を支払わなければならないという事実から目をそむけてはいない。だが、コエーリョがインタビューの中で指摘しているように、夢を追わずに生きることにもまた、代価が必要なのだ。同じ金額を支払って、似合わないひどい上着を買うこともできれば、ぴたりとして見栄えがする上着を買うこともできると彼は言う。

人生には困難がつきまとう。どうせなら、成し遂げようとするだけの意味のある問題を抱えるほうがよい。そうでなければ、困難の数々は、単なる挫折の連続に感じられるだけだ。それに夢を追うには、自分自身の自由も、自分の責任において背負わなければならない。それが大きな代価とは感じられないかもしれないが、それまでの自分にはなかった、あるレベルの気づきが必ず必要となるのだ。

サンチャゴが町の広場で出会う老人はかれにこう言う。人は自分の運命を操ることができないという「最大の嘘」を信じてはならない。運命は自分で決められる。だが必ず「前兆を読む」ことが必要だ、世界を一つのものとして考えられるようになるとき、それが可能になるのだ、と。

世界は一冊の本のように読むことができる。けれども、現状に甘んじ、危険を冒すことを避けて通るような閉じた生き方をしていては、けっしてそのことを理解できないだろう。

愛

『アルケミスト』は、情熱的な恋愛が人生の中心に置かれなければならないという考えを否定する恋愛小説でもある。人はそれぞれ独立して、追い求めるべき運命がある。たとえ必要な愛とお金のすべてがそろっているとしても、運命の下にあることをやりとげ、そうした存在になるように行動するものなのだ。

サンチャゴの探す宝物は、言うまでもなく人の夢や運命のシンボルである。彼は砂漠のオアシスで理想の女性と出会い、喜んで自分の夢を捨てようとする。しかし砂漠で会った錬金術師（アルケミスト）が、オアシスの娘の愛情は、彼女が少年の宝探しを応援することによってのみ、本物だと証明されるのだと告げる。

愛と自分の夢とがせめぎ合い、サンチャゴは板ばさみになる。恋愛関係に人生の意味を置くことがしばしばあるが、気持ちの高まりのままに相手と結ばれることにとらわれれば、世界の残りの部分に深くかかわる人生から、自分が切り離されかねない。

……夢を追究している時は、心は決して傷つかない。それは、追究の一瞬一瞬が神との出会いであり、永遠との出会いだからだ。

情熱的な恋愛は大切だが、義務ではない。義務は、自分の夢を追うことだ。夢に心身を捧げることを通じてのみ、「大いなる魂」は、孤独を打ち破り、力を与え、その知恵を明らかにしてくれる。

人生を変える一冊に出会うために——

多くの自己啓発文学が、運命の追求をテーマにしている。夢はそれ自体が力を出して私たちを引っぱってくれるわけではない。夢はたえず、静かに言葉を告げている。そうした静かな内なる声をもみ消すのに、そう多くの労力はいらない。まわりから見れば妄想でしかないことを追い求めるために、快適さ、日々の仕事、安心、現在の人間関係を、進んで危機にさらす者など存在するだろうか？　そうするためには勇気が必要である。自分の大きな夢に忠実であるために、日々、恐れを捨てて決断を重ねていく必要がある人々の座右の書としてコエーリョの作品がページの角を折られ汚されているのである。

13

1989

7つの習慣

スティーブン・R・コヴィー

自分自身の原則、価値、ビジョンを
明確にすることにより、ものごとは達成される。
変化した状態が習慣になってこそ、真の変化と言える。

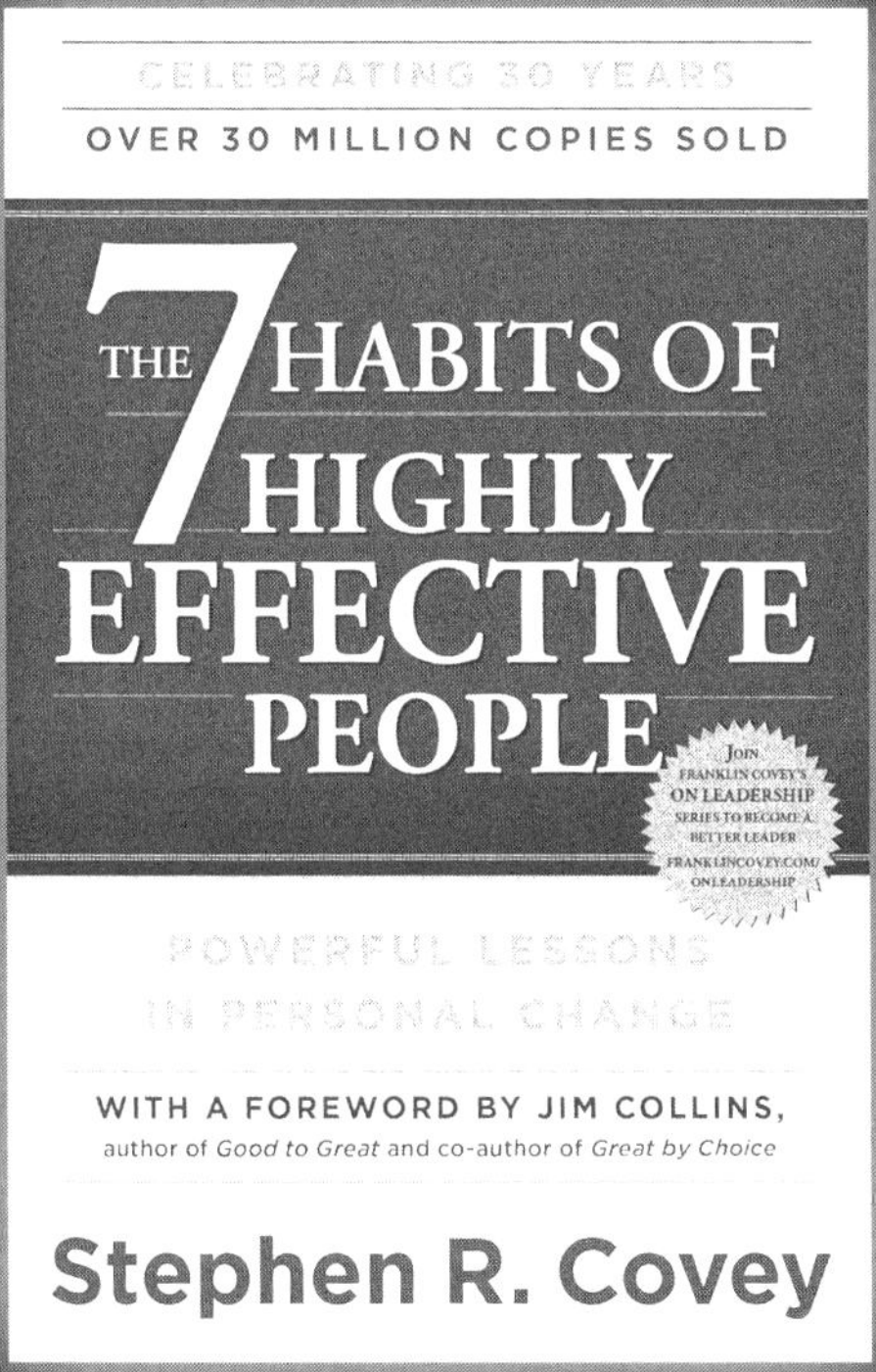
CELEBRATING 30 YEARS
OVER 30 MILLION COPIES SOLD
THE 7 HABITS OF HIGHLY EFFECTIVE PEOPLE
JOIN FRANKLIN COVEY'S ON LEADERSHIP SERIES TO BECOME A BETTER LEADER
FRANKLINCOVEY.COM/ONLEADERSHIP
POWERFUL LESSONS IN PERSONAL CHANGE
WITH A FOREWORD BY JIM COLLINS,
author of Good to Great and co-author of Great by Choice
Stephen R. Covey

邦訳
『7つの習慣』
キングベアー出版　ジェームス・スキナー／川西茂訳

人格主義は、私たちの人生を支配する原則が存在するという基本的な概念に基づいている。つまり、万有引力といった法則が自然界に存在しているのと同じように、人間の生活にも自然の法則があるということだ。それは地球上どこでも普遍であり、時間を超えて不変であり、つまりそれは絶対的なものである。

人は変わらざる中心がなければ、変化に耐えることができない。変化に対応する能力を高める鍵は、自分は誰なのか、何を大切にしているのかを明確に意識することである。

ほとんどの人は人生を、強いか弱いか、厳しいか甘いか、勝つか負けるか、食うか食われるかといった具合に、「二分法」で考えがちである。私はこの考え方には、基本的に欠陥があると思う。それは原則ではなく、力関係や地位などに基づいているからだ。Ｗｉｎ-Ｗｉｎの考え方は、全員を満足させるに十分な結果があるはずだ、というパラダイムに基づいている。ある人の成功は、他人の成功を犠牲にしなくても達成できる、という考え方である。

Stephen R. Covey

スティーブン・コヴィー

一九三二年生まれ。ハーバード大学でＭＢＡを取得。ブリガム・ヤング大学で長期にわたり教鞭をとり組織行動学と経営管理学の教授を務めた。

一九八四年、コヴィー・リーダーシップ・センターを設立。その十三年後に、フランクリン・クエスト社と合併し、フランクリン・コヴィー社となる。売上五億ドル規模のこの会社は、リーダーシップと生産性の分野で教育と能力開発のツールを提供し、年間七十五万人のトレーニングを行い、百五十以上の小売店を経営している。共同経営者のハイラム・スミスも、自己啓発書作家である（『人生を築く時間の刻み方 The 10 Natural Laws of Time and Life Management』（産業能率大学出版部）など）。コヴィーのそのほかの著作には、『原則中心のリーダーシップこの本は、現代の自己啓発書の中で傑出した一冊だ。発売以来、年に百万部を売り、三十二ヶ国語に翻訳され、おおくの大企業の経営指針ともなっている。デール・カーネギーの名著『人を動かす』（121ページ参照）が同じ社会的影響をもたらすまでには六十年かかった。

無数の本の中で、この一冊がこれほどまでの存在となったのはなぜだろうか。

❀

Principle-Centered Leadership（キングベアー出版）』『7つの習慣最優先事項　First Things First（キングベアー出版）』『ファミリー The 7 Habits of Highly Effective Families（キングベアー出版）』『7つの習慣を生きて　Living the Seven Habits（未訳）』などがある。最新刊は『リーダーシップ　Leadership（未訳）』という明快なタイトルだ。

コヴィーはいくつもの名誉博士号を贈られている。タイム誌では「もっとも影響力のあるアメリカ人二十五人」の一人に選ばれた。現在は妻のサンドラとユタ州プロボに暮らす。成人した九人の子どもと、三十四人の孫がいる。

内から外への成功

第一の理由は、タイミングだ。『7つの習慣』が世に出たのは、ちょうど一九九〇年代へ入ろうとする時だった。人々は、肩ひじ張って「大立者」になろうと躍起になることが、満足につながらないと感じるようになっていた。人生から本当に望むものを得るために、別の処方箋を求める気持ちが高まっていた。コヴィーの説く「人格主義の復活」は非常に「昔かたぎ」であるが、それがかえって革新的考えだと感じられたのだ。

博士論文を執筆するため、コヴィーは過去二百年に書かれた「成功するための本」を研究した。彼はみずから「個性主義」と名づけた二十世紀の本の多くに見られる一時しのぎの問題解決法および人間関係のテクニックと、「人格主義」という不変の個人的原則を中心にするものとを、峻別できるようになった。自分の内面が制御できているのでなければ、外面の成功は、成功の名に値しないというのがコヴィーの考えだった。彼の言葉で言うなら、「私的成功」が必ず「公的成功」に先立つということだ。

個人生活に向けたビジネスプラン

第二の理由は、実用性にかかわる。つまり、自己啓発書としても、リーダーシップとマネジメントの手引書としても、思わず引きこまれてしまう内容なのだ。本書がこの双方にかかわる立場であるために、読者の幅はやすやすと二倍に広がった。

個人の能力開発にしか興味のない読者には、本のあちこちに出てくるマネジメント用語とパラダイム（思考の枠組み）、ビジネス界の逸話が気に入らないこともある。パラダイムの変化を追求する本として、『7つの習慣』は、まさにビジネス思考のパラダイムを代表するものだ。

そのせいで、自己啓発を求める読者の気をそいだとしても、それは小さな代償にすぎないだろう。この本は人生を再構築するためにも素晴らしい指針となりうるからだ。本の力をさらに強めているのは、家庭生活も含めたコヴィー自身の体験だ。コヴィーは多くの点でデール・カーネギーの後継者と言えそうだ。コヴィーのこの古典的書物は、現代のどの自己啓発書より、体系的、大局的であり、人生の可能性を押し広げる力がある。

習慣、それは変化のいしずえ

変化の基本単位として、習慣を重要視していることが、本書の成功の大きな要因でもあった。真の偉大さは、時間をかけて人格を磨きあげた結果として現れると、コヴィーは考えた。つまり、偉大なものがつちかわれる土台となるのは、日々の考え方や行動の習慣なのだ。『7つの習慣』は、それを実行に移すことによる人生改革を約束している。ただし、その改革は急激で大規模なものではなく、無数の小さい段階的な変化が積み重なった結果だ。イギリスの小説家チャールズ・リードは、コヴィーの言おうとすることをこうまとめている。

思いをまけば、行ないを刈り取る。行ないをまけば、習慣を刈り取る。習慣をまけば、人格を刈り取る。人格をまけば、運命を刈り取る。

「効果的」対「能率的」

本のタイトルに「効果的な（effective）」という言葉が使われていることによっても、読者が大幅に増えた。一九八〇年代の終わりまでに、西側の文化では、能率を追求する経営管理論の時代が数十年続いていた。機械偏重文化の産物である時間管理の概念は、個人の領域にまで広がりをみせていた。人生に何らかの問題があるなら、それは「非能率的な資源配分」の結果だと考えることさえ、許されてしまう状況だったのだ。

一方、コヴィーは別の見方をし、こう説いた——何が自分にとってもっとも重要かを考え、それを中心に人生が動いているかどうかに注意せよ。能率は気にするな。自分の行いに、意味や価値が抜け落ちているのなら、「能率的」であっても無益だ、と。

『7つの習慣』は、業績より効果を尊重した。自分がもっとも重要だと考える目標と合致し、成し遂げたことに価値が見出せるものでなければ、どんな業績もうつろである。コヴィーの意見では、二十世紀に自己啓発の世界で主流であった個性主義が、みずからどこへ向かうかも知らない能率重視の社会が形成されるのを助長したのである。

責任を持つ習慣

「7つの習慣」を実行するためには、世界を新しい目で見る、つまり人生を真剣に受けとめる勇気を持つことが前提となる。この本が、読む者の神経を刺激するのはなぜか。それは、おそらくはじめて、ほんとうの責任とは何かを指し示したからだ。自分の抱える問題を「景気」や「どうしようもない雇い主」「家族」のせいにしても無駄だ。ものごとを実現し、自分の力を発揮したいのなら、何に責任を持つのか、何が自分の「関心の輪」の中にあるのかを明確にする必要がある。自分自身に働きかけることを通してのみ、みずからの「影響の輪」を広げる可能性を手にできる。

ではここで、「7つの習慣」を手短に見直してみよう。

1 主体性を発揮する

私たちは、つねに刺激に対する反応を選ぶ自由がある。もしほかのすべてが奪われてしまったとしても、その自由だけは残る。その前提に立てば、家族や社会に押しつけられた筋書きにしたがって生きる必要はないことがわかる。単に「生存する」のではなく、自分の人生の責任をすべて引き受け、良心が命じる生き方をしよう。私たちはもう刺激に反応する機械ではなく、主体的な人間なのだ。

2 目的を持って始める

自分の葬式の時、人からどういう言葉をもらいたいだろうか。自分に対する賛辞を書いたり、ミッション・ステートメント（個人的な憲法、または信条）を作成したりすれば、究極の目的や人物像をまず明らかにすることができる。そこから立ちかえって、するべきことをしよう。私たちには、何が正しい選択かを示すことができる自己管理システムが備わっている。今日することのすべてが、最終的に形づくられる自分自身のイメージにつながっている。

3　重要事項を優先する

これは、第二の習慣による将来の見通しを、日常の行動に取りいれるものだ。最終的な図を心に描くと、効果的に、そして大きな喜びを持って、日々の計画を立てることができる。ほんとうに重要な人々やものごとに、自分の時間を費やすことになる。

4　Win-Winを考える

誰かが成功するために、ほかの人の成功が犠牲になる必要はない。Ｗｉｎ‐Ｗｉｎをめざすなら、自分の原則が侵されることはない。結果として、相手や自分の考え方に限定されないより良い関係を築くことができる。真に相手の立場に立ってものを見ることでそれが可能になるのだ。

5　相手を理解してから理解されることを求める

共感がないところに、どんな影響も生まれない。人間関係の感情口座にプラスの残高が何もなければ、信頼は生まれない。相手の話に誠実に耳を傾ければ、相手の心を大切にしていることが伝わる。すると、相手の心の奥に通じる窓が開かれる。

6　相乗効果を発揮する

相乗効果は、ほかのすべての習慣を繰りかえし実行することから生まれる。相乗効果により、双方の案を超えた「第三案」、つまり単なる総和からは予測することができない最高の結果が引き出される。

7　刃を研ぐ

肉体、精神、知性、社会という四つの側面のバランスをとることが、人間には必要である。生産力を高めるために「刃を研ぐ」には、自分を更新する努力を規則正しく続けなくてはならない。

人生を変える一冊に出会うために――

本書に登場する偉人たちは、著者の考えの案内人である。ベンジャミン・フランクリンは、行動における人格主義の完璧な典型として例に引かれている。フランクリンの自伝は「ひとりの人間がいくつかの原理原則を自分自身の人格に深く内面化させようとする努力の物語」であったと、コヴィーは記している。中東和平条約を実現させた元エジプト大統領アンワル・サダトも、みずからの「脚本を書き直す」ことに成功した人物として、コヴィーは高く評価している。強制収容所から生還したヴィクトール・E・フランクル（305ページ参照）の話は自己責任原則を裏づけるものとして、ヘンリー・D・ソロー

（361ページ参照）の話は独立した精神を説明するものとして、コヴィーは取り上げている。

コヴィーの説く「7つの習慣」は単なる常識にすぎないと言われてきた。確かにそうかもしれない。だが、こうした習慣がコヴィーの示す順番で一つのまとまりとなり、原則中心の考え方に裏打ちされる時、著者コヴィーが最高の価値を置く「相乗効果」がもたらされる。

自己啓発に関する批判としてよく言われるのは、セミナーや本に大いに感銘を受けても、人はじきにそれを忘れてしまうということだ。「7つの習慣」を日常の行動や変化のための小さな単位として活用するなら、読者がその教えを日常生活に取りこむ推進力が生まれる。「7つの習慣」は、大きな変革に向かう、小さな変化を生むための方法なのだ。

14

1991

小さな自分で満足するな!

アンソニー・ロビンズ

今日という日をぞんぶんに味わい、
思い描く人生を生きる時が来た。
この本が扉を開く鍵だ。

邦訳
『小さな自分で満足するな！』
三笠書房　邱永漢訳

心の底から真剣に自己変革を願うなら、まず第一にしなければならないことは、自分の中にある目的基準を高めることである。私はよく、八年前にあなたの人生を変えたものは何だったのか、という質問を受ける。その時には必ず、自分に課す目的基準を高めたことが何よりも効果的だったと答える。その意識を高めるために私はまず、今後、自分の人生の中で二度と受けいれたくないと思うことをノートにすべて書き記した。次に、それを行えば二度と自分自身を許せなくなると思うことをすべて書き記した。そして最後に、自分が大志を抱いて憧れている理想の姿をすべて書き記した。

アンソニー・ロビンズは自己変革の教祖的存在の代表格だ。少なくともアメリカでは、彼の名はおなじみだ。ロビンズが発信するコマーシャルをテレビで目にするまいとしても、それは無理な話だろう。

ロビンズはこれまで、大統領、王族、有名スポーツ選手、企業トップたちのコーチとして個人指導してきた。彼の発する伝説的なエネルギーと、卓越したマーケティング能力が功を奏して、膨大な数の人が新たに

Anthony Robbins

アンソニー・ロビンズ

一九六〇年生まれのロビンズは、ロサンゼルスのうらぶれた郊外で育ち、十七歳で母親に家から追い出された。「性格が激しすぎる」というのがその理由だった。その後彼は、ほかの自己啓発家が開催する集会への参加券などを売り、凄腕セールスマンという評判を得た。自称「七百冊の自己成長関連本を読破した」ロビンズは、一九八三年にNLPと出合い、自分自身のNLP理論を売りこむための地方まわりを始めた。彼は十五分で恐怖症を治すと断言して活動し、二十四歳で大富豪となった。その後財産を失い、ふたたび富を築いた。こうしたいきさつも含め、前の共同事業者であるマイケル・ボールダックが『アンソニー・ロビンズの半生 The Life Story of Anthony Robbins（未訳）』を著した。

彼の話にひきこまれている。

ほかの自己啓発指導の巨人たち、たとえばディーパック・チョプラ（195ページ参照）やウエイン・W・ダイアー（207ページ参照）は、ロビンズに比べれば地味だ。ロビンズの週末セミナーに千ドル以上もかけて参加を希望する人々は多い。そこでの呼びものは焼けた石炭の上を素足で渡ることだ。人気歌手のコンサートやゴスペルが響く福音派の集会で見られるような興奮に包まれた参加者たちで、会場はあふれている。

『小さな自分で満足するな！』は、ロビンズが満員のセミナー会場にジェット・ヘリコプターで向かうところから始まっている。下を見る彼の目に、十数年前に守衛として働いていたビルが飛びこんできた。ロビンズは当時の自分を思い起こす。太りすぎで金はなく孤独だった。それにひきかえ今の彼は、ひきしまった肉体と幸せな家庭を持つ、海辺の豪邸住まいの大富豪だ。ロビンズが、夢そのままの人生を生きていると実感した瞬間だった。

こうした話はこの本を読む楽しみの一部にすぎない。自分の売りものを宣伝するためには、これまでの人生を語ることが一番だとロビンズにはわかっている。まずはそもそもの始まりにさかのぼるとしよう……。

ロビンズはいまやアメリカでもっともよく知られた「最高業績コンサルタント」だ。顧客リストにはＩＢＭ、ＡＴ&Ｔ、アメリカン・エキスプレス、アメリカ陸軍とともに、プロのスポーツチームやオリンピック選手の名が連なる。彼はビル・クリントン（モニカ・ルインスキー事件の渦中、ロビンズに頼っていたらしい）、アンドレ・アガシ、ミハイル・ゴルバチョフの個人コーチも務めた。故ダイアナ妃と何度か面談したこともあった。

アンソニー・ロビンズが経営するいくつもの会社は、リゾート地で長期にわたり開催される「マスタリー大学」をはじめとして、世界中でセミナーやイベントを開催している。また、彼の財団は、若者、高齢者、路上生活者、獄中の人々を援助する活動を行っている。ロビンズは妻子とともにカリフォルニアに在住。

ロビンズとNLP

ロビンズの最初の本は、まだ二十代半ばで書いた『あなたはいまの自分と握手できるかUnlimited Power』だった。ベストセラーとなったこの本は、後を追う人々のための基礎となった。ここでは彼の多くの手法のみなもとが明らかにされている。つまり、NLP（神経言語プログラミング）だ。

NLPの創始者はジョン・グリンダーとリチャード・バンドラーだ。非言語も含めたコミュニケーションの手段としての言葉が、神経系に与える影響を調べるところから、NLPの概念が生じた。人間は神経系をコントロールすることができる、したがって、たとえ反応や行動が「自然」に見えても、実際は裏でプログラムが働いている、という考えがNLPの前提だ。もう一つ前提として重要なのは、もし成功者の行動ややり方を「モデル」とするなら、少なくとも彼らと同じ成果を達成することができる、というものだ。

ロビンズは、NLPの内容をわかりやすく整理し、一般大衆に向けて発信することに才能を発揮している。キャッチフレーズの「変化はたちまち起こる」にしても、動機を苦痛と喜びに結びつけて説明するのと同じように、NLPの内容をそのまま借用している。

『小さな自分で満足するな！』の要点

この本が投げかける質問と、読むことで心に芽吹いてくる可能性に後押しされ、読者の想像力は広がっていく。ロビンズは無限の力を具現化する達人だ。だが、目的達成のために、実際にどういうやり方と内容を選ぶかについては慎重であり、原書は五百ページにもなる。次に、とりあげられているテーマのいくつかを紹介する。そのすべてが、実に多くの資料と挿話と事実とを添えて説明されている。

苦痛と喜び

この二つは人生でものごとを生み出していく鍵となる力を持つ。これらにふりまわされるか、これらを理解して自分に合わせていくか、人には二通りの道がある。何を喜びと結びつけるかには、注意が必要だ。喜びがすなわちヘロインである人間もいれば、ほかの人々を助けることである人間もいる。才能の話は抜きにしてあなたはジミ・ヘンドリックスのようになりたいか、それともマザー・テレサのようになりたいか？　大量の苦痛や大量の喜びを行動や思考に結びつけることで、私たちは自分のあり方を変える。

信念の力

二人の男が牢の壁に鎖でつながれている。片方は自殺し、もう片方は人々に人間の精神の力を説き続けている。人間を形づくるのは、出来事よりも、そうした出来事がどういう意味を持つかについての信念だ。世界規模で信念（私たちが総体として世界と人々をどう見るか）が変われば、私たち全員の残りの人生を事実上まるごと変えることができる。偉大な指導者たちは例外なく、確信する力を打ち立てている。今の問題が永久に解決されないなどとは、決して信じないのだ。CIAは、非常に短期間に人間の信念の中核部を変える手法を持っている。変えることがむずかしい自分自身の信念に、同じ手法を試してみよう。

質問の力

人類の進歩はすべて、現状を打破するためにぶつけた質問を通じて達成された。答えが用意されていなくともよい。内容のある問いを投げかければ、必ず内容のある答えが得られる。

言葉の力

思考と行動を変革するために、言葉の力と幅広い語彙を駆使しよう。「指導する者は読書する者」という言葉も正しく受けとめよう。読書によって、他人の経験をもとに、重要な識別能力を身につけることができるのである。

明確にすることの効果

成し遂げたいことを明確にして、紙に書き出すこと。そうすれば、それを現実化せざるを得ない力が働いて、驚くような未来が創りあげられていく。「恐れの対象ではなく、目的地に気持ちを集中」させるべきだ。十年間の計画を立て、地道に努力しよう。たいていの人は一年でできることを過大評価し、十年ぐらいの時間をかけてできることを過小評価している。

目的基準を高め、規則を変えよ

自分がどうありたいかについて、単に望むだけではなく、決断しそれを実行しよう。現在の生活の土台となっている自分の隠れた規則を見つけ出そう。そして、自分の真の目的を実現する方向へ向かうための、新しい規則を創り出すのだ。

すみをつければ……

『小さな自分で満足するな！』は心理技術についての聖典として人気が高い。誰もがロビンズを読み、自分にあてはめたなら、世界は格段に活力に満ち、充実した幸せな場所になるはずだと感じるだろう。

だが中には、ロビンズの世界はあまりに白黒の区別をつけすぎるようだと感じる読者もいるはずだ。本書では、消極的な状態からとにかく抜け出し、不機嫌や憂うつなどを潔癖なまでに取り除く方法が示されている。一方、トマス・ムーア（421ページ参照）やロバート・ブライ（381ページ参照）など、ほかの自己啓発書作家は、憂うつやさらには悲嘆にまで大きな価値を見出している。そうした感情は私たち自身について教えてくれる、人間の深い魂の一部なのだ、と彼らは言う。『小さな自分で満足するな！』の原書には「あなたの精神、感情、肉体、そして経済状態の宿命をまたたく間にコントロールする方法」という副題がつけられている。宿命をコントロールすることがほんとうに可能だろうか。ロビンズがわれわれに描きあげるように言う目標は、ほんとうにわれわれにとって無二のものなのだろうか。彼自身の人生は夢物語そのもののように感じるが、だからといって、私たちの願望もすべて達成されるのだろうか。ロビンズが用意している方法は、確かに比類ないものだ。ただ、それらがほしい理由については、何の説明もない。

本書が発する超人ロビンズのエネルギーと、空想は現実化し得るという強い訴えかけは、読者の生き方を変えるに充分だ。言ってみれば、「目的達成」のみに目が向けられているのだ。エーリッヒ・フロムは「市場的性格」の人間について書いている。これは、資本主義経済の単なる反映に堕している人間、社会的地位が高まるという条件のもとでのみ自己改革に励む人々のことだ。本書もそのような人間のために書かれているのだろうか。

ロビンズの弁護をすると

確かによくある物質主義的な目的を達するために、ロビンズの技術を使う人々もいるだろう。しかし実際には、彼の話の内容は、人生がまさにその物質主義に支配されることに、異議を唱えている。ロビンズ哲学の中心にあるのは、周囲を取り囲む文化への挑戦だ。まわりと足並みをそろえるために職場という穴に逃げこんだ、単なる一匹のモグラなどにはなってはいけない、ということだ。

ロビンズの世界では、一人一人が素晴らしい存在であることが当然とされる。そして読者は自分の成功というもののとらえ方を再考することになる。ロビンズは問いかける。あなたの考える成功は、創造性の深奥、ビジョンの高みから生まれてきたものだろうか、と。夢を追うことによってのみ、真に生きることができるという彼の信条にゆるぎはない。そして富はつねに夢の実現についてくる。

ロビンズは人々に「外に踏み出す」力を与える。つまり、自分についての思いこみを変え、本当に大切なものを明確にし、意味のない仕事や人間関係から脱して前進し、限界だと感じることがたいがいは幻想だと証明するよううながすのだ。

人生を変える一冊に出会うために——

ロビンズのメッセージは大衆の気持ちをつかむ。誰もが他人の評価以上のものが自分にあると信じているからだ。誰かが何かを発案すると、世間はそれを「非合理的、非現実的」と言う。心が望むままのことをするのは無理だと人は教えこまれ、ついにはそれを事実として受けいれる。しかし、ロビンズの説く本当の成功者は、合理的であろうなどとしない。

『小さな自分で満足するな！』は「心の整形手術」の本と言われてきた。自分の姿に不満なら、変えればよいというわけだ。この考えがあまりにも強引で不快だと感じる人もいれば、変えられるという認識を持つことが心の支えになる人もいる。「革新」はアメリカ文化の土台であることを思い出してほしい。本書はほかの国から生まれることは考えられない。文章の世界における自由の女神として、この本をとらえるのが妥当だろう。

15

1791

フランクリン自伝

ベンジャミン・フランクリン

たゆまぬ自己改革と学ぶことへの愛情は、
類まれな成功へのチケットだ。

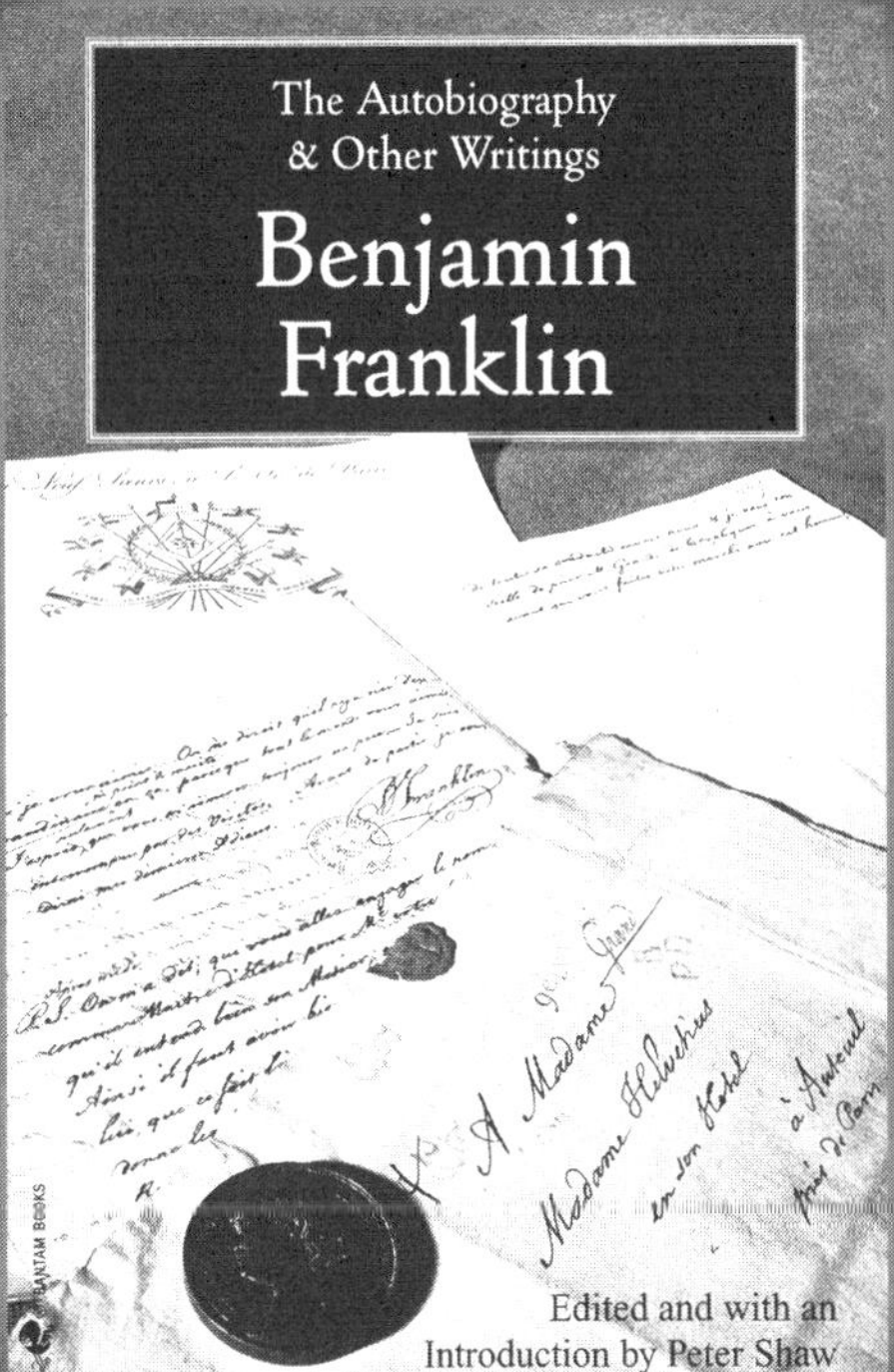

邦訳
『フランクリン自伝』
岩波書店　松本慎一／西川正身訳

またこの企ての規模が一見ばか大きいからと言って、私は少しも圧倒されはしなかった。なぜかと言って、相当の才能のある人物ならば、最初によい計画を立てて、自分の注意を脇にそらすような娯楽や他の事業などには一切眼もくれず、その計画の遂行を唯一の研究とも仕事ともするかぎり、かならずや人類に偉大な変化を与え、大事業を成就することができると私はつねづね考えているのだから。

間違いだと思われることを人が主張した時でも、頭から反駁したり、いきなりその主張の不当を指摘して快を貪るようなことはやめ、これに答えるにも、まず最初に、時と場合によっては君の意見も正しいだろうが、現在の場合はどうも違うようだ、自分にはそう思えるが、などと述べるのであった。かように態度を変えた効果は、たちまち現れ、人と話をしても以前より気持よく運ぶようになった。

❀

ベンジャミン・フランクリンは、アメリカ独立で果たした役割と、電気の実験によって、もっとも有名な歴史的人物となっている。しかし、フ

Benjamin Franklin

ベンジャミン・フランクリン

一七〇六年、ボストンの油類製造業者の家庭に、十七人兄弟の末っ子として生まれる。正規の教育を受けたのは十歳まで。十二歳で、のちにアメリカ最初期の新聞の一つを創刊する兄の印刷所の見習い印刷工となり、十七歳でフィラデルフィアに引っ越す。やがて自分の印刷所をもち、二十代後半には、今日も使われている多くの警句を掲載し、いろいろな実用情報を集めた『プアーリチャードの暦 Poor Richard's Almanacks（ぎょうせい）』で大成功を収める。四十二歳のときには、仕事を引退できるほど裕福になっていたが、市民活動や電気の実験を続け、避雷針を発明した。

ペンシルバニア議会で代表を務めたことで、イギリスと植民地アメリカ間の交渉に関与することになり、独立宣言

ランクリン研究家のオーモンド・シービは、本書の序文で、十八世紀の西洋社会のビジネス、政治、科学の各分野における出来事に彼が大きな影響をおよぼしたのは、文筆家としての能力に負うところが大きいとしている。歴史書の中では、彼はアメリカ独立宣言書や合衆国憲法の起草者の一人として大きく登場するが、本書も、伝記作家のリチャード・アマチャーによって「アメリカで書かれた最初の偉大な本」と絶賛されている。

本書は自伝という現代文学の形式をつくることにも貢献し、未完できちんとした編集も行われていないのに、二世紀にわたってベストセラーであり続けている。著作に対するフランクリンの態度は、彼自身が述べた警句に凝縮されている。

> どうしても忘れ去られたくなかったら、死んで朽ち果てる前に、読むに値するものを書いておくか、書くに値することをしておくかだ。

書を起草した委員会にも参加した。七十三歳で駐仏アメリカ大使となり、六年間の在職中、フランスの対米支援や、対英講和条約を取り決めた。一七八七年には、憲法制定会議の州代表に選ばれた。

一七九〇年に死去したときには、世界でいちばん有名なアメリカ人と言ってもよかった。直後に出版された『自伝』には、一七五八年のことまでしか書かれていない。執筆は一七七一年から一七九〇年の間で、ときどき思い出したように書きついでいったようである。

彼はアメリカ最初の起業家だとも言われている。さまざまな輝かしい業績のほかにも、メキシコ湾流の海図をつくり、家庭用暖房器具を設計し、公共図書館をつくり、消防署を考案し、催眠術を研究するフランスの委員会に参加するなど、多方面で活躍した。

名作の中の名作

本書はフランクリンの輝かしい経歴の年譜ではない。絶え間ない自己評価によって、人間の人生と人格がいかに高貴なものになりうるか示すことを目的とした書だ。彼は科学者として、あたかも人生における実験の失敗と成功を論文にするかのごとく、本書を書いている。

また、人生の達人であることはおくびにも出さず、そこそこの成功を確実におさめることができる方法を見つけることに専心する姿勢を見せている。そのため、本書はあらゆる自己啓発の起源となる古典的一冊となった。

フランクリンはけっして自分のすぐれたところを見せびらかさない。率直に読者に語りかけ、巧みなユーモアを交え、炉端のおしゃべりのような親しみを感じさせる。旅行の話や新しい事業を始めようと試みた話に加え、家族、友人、上司、職場の同僚らとの体験を詳細に語った前半は、今日の読者の心の琴線にも触れることだろう。

可能な限り最高の自分をつくる

よい行いは、神の栄光に捧げられたものであろうとなかろうと、それ自体に価値があるとフランクリンは信じていた。ピューリタニズムの影響から、自己反省、自己改革などピューリタン的な修養を実践し続けた。マックス・ウェーバーは、有名な『プロテスタンティズムの倫理と資本主義の精神　The Protestant Ethic and the Spirit of Capitalism』で、この倫理の代表的人物としてフランクリンの名をあげている。フランクリンは印刷業者だったから、自分のそういう性格は、完璧への到達の邪魔をする「誤植」を訂正してきた結果だと信じていた。人生は苦しみ抜くべきものではなく、絶え間なく手を加えられるのを待っているものなのである。

だからこそ、フランクリンは自己啓発文学において、のちに大きな影響をもつことになる。彼は、人間は生まれつき善だとか悪だとかいう宗教的考え方をすべて無視し、人間は成功するようにつくられた白紙だと考えた。

シービは言う。「フランクリンにとって、新しい自分を試すことは、新しい服を試着するようにいつもごく自然なことだった」。個人は決して不変のものではなく、自分の手で創造していくものだと見ていた点で、彼は実に現代的だった。

自己改革というフランクリンの行動原則

本書を書いたとき、フランクリンはすでに老い、偉大な人物と見なされていた。彼は二人の兄弟とともにボストンからフィラデルフィアにやって来た。もっていた三つの丸パンのうち二つは、いかにも彼らしく、貧しい女性にあげてしまった。平凡な人生から抜け出す切符となったのは、自分が読み書きが得意だと直感的に知っていたことだった。友人を説得して書店ではたらかせ、一晩、本を「貸して」もらい、その日の仕事を終えてから翌日の仕事を始めるまでの間に、むさぼるように読んだ。一年にせめて十二冊ぐらいのノンフィクションを読めば、あなたの人生ははかりしれないほど豊かになり、向上するだろう。

とはいえ、若かった頃のフランクリンは、独立運動のリーダーや、駐フランス大使になろうなどとは夢にも思っていなかった。本書を読む際にも、彼の業績にこだわるべきではない。彼が書いている自制心を得るまでの努力に比べれば、それらはあまり重要ではない。

偉大でいることは、少数の人だけではなく、すべての人の義務だというフランクリンのメッセージは永遠だ。自分はそんな特別な人間じゃない、それだけの才能も気力もない、と言いたくもなるが、彼はたゆまぬ自己改革の意欲こそ、人間を大きく膨らませるイースト菌だと知っていた。

フランクリンと自己啓発的倫理

フランクリンの自己啓発的倫理の有名な例に、「徳の技法」として知られているものがある。そこには、人間の持つべき十二の資質があげられている。

日々の自己評価を表に記録することにより、彼は自分の望む資質をほとんど身につけた。三番目の規律、つまり、現在私たちが時間管理と呼んでいるものは、身につけるのが少々難しかったようだ。しかし、自分が独自の基準にしたがって生きてきたと驕りすぎていることに気づいた彼は、十三番目の資質、謙虚をつけ加えた！

1　節制　飽きるほど食べない。酔うほど飲まない。

2　寡黙　人のためにも自分のためにもならないことは話さない。くだらないおしゃべりはしない。

3　規律　すべてのものをあるべきところに収める。どんな仕事も時間を区切って取り組む。

4 決意 やるべきことをやろうと決意する。決めたことは必ずやりとげる。
5 倹約 人のためにも自分のためにもならないことにお金を使わない。つまり、一切無駄使いはしない。
6 勤勉 時間を無駄にしない。つねに有益なことに取り組む。不必要な行動はすべてやめる。
7 誠実 有害な嘘をつかない。悪意をもたず正直に考え、話す。
8 正義 不正を行ったり、義務である援助を怠ったりして、人に損害を与えない。
9 中庸 極端を避ける。たとえ怒って当然の場合でも怒りを抑える。
10 清潔 身体にも、服にも、住まいにも、不潔を許さない。
11 沈着 ささいなことや、ありふれた出来事、避けられない出来事で動揺しない。
12 貞節 健康と子ども以外の目的でみだりに性行為をしない。夢中になって頭がぼんやりしたり、疲れきったり、自分や相手の安心や評判を傷つけたりすることがないようにする。
13 謙虚 キリストとソクラテスにならう。

フランクリンはまた「朝の問い」と「夜の問い」の実行を提唱してもいた。朝は「今日はどんないいことをしよう？」、そして夜は「今日はどんないいことをしただろう？」と自問するのである。

本書はさまざまな自己啓発書にも影響を与えている。アンソニー・ロビンズは『小さな自分で満足するな！』(147ページ参照)で、この朝晩の問いを成功のための日課とすることを勧めている。生きているうちに何をするかを定めるために、早いうちに自分の墓碑銘を書いてしまうという、いささか奇妙なアイディアも、現在では自己改革の一手段として確立されている。スティーブン・R・コヴィー（137ページ参照）は、自分がフランクリンから受けた恩恵を隠そうとしない。その生涯を「道義を生きることの基準としようと英雄的に努力した一人の人間の物語」と評している。

影響力の秘密

友だちをつくり、人を動かすフランクリンの生来の才能は、もう一人、デール・カーネギー（121ページ参照）の目を引かずにはおかなかった。フランクリンは若い頃、議論の技術にたけていると自負していたが、その「技術」が実際には、ものごとをやりとげる妨げになっていることに気づいた。そこで、「間違いなく」などという言葉を言ったり、相手の意見をただそうとしたりは決してしないようにし、「おずおずと謙虚に」自分の意見を言うにとどめる習慣をつけた。そして、「私にはこう思えるのだが……」、「これは間違っているかもしれないが……」といった控えめな言葉を使うようにした。その結果、彼はすぐれた論客ではなくなったが、人々は彼の考えに関心をよせ、すぐに彼を信用するようになった。

人生を変える一冊に出会うために――

本書は自分で自分をつくる物語である。自由を創造し、繁栄させるべきであるというアメリカ的道徳の本質を象徴している。しかし、素晴らしいユーモアのセンス、かいま見える多彩な横顔、独特な自己改革技法を考えれば、「徳の技法」や本書全体を自己改革のバイブルと見なすのは単純に過ぎる。崇め奉られるのはあまり似合わない本で、それがフランクリンらしい。

彼が提唱する人生への処方箋は、批判にもさらされてきた。ソローはそれを、立ち止まって自然や時間を楽しみもせず、富を築くために時間と退屈な競争をするためのものと考えていた。フランクリン研究家のラッセル・B・ナイは「倹約の第一の使徒にして普通預金の創始者」という名をフランクリンに与えた。この見解はおそらく、お金と倹約についての警句を集めた『富に至る道 The Way to Wealth』に向けられたものだろう。しかし、彼の生涯にしみったれたピューリタンのイメージはない。品格をもって生きたことは明らかだからである。自己啓発的倫理は、努力だけを重ねることではなく、より豊かな生活を期待してわくわくすることだということを、フランクリンはよく理解していた。

16

1978

理想の自分になれる法

シャクティ・ガワイン

人生は、良かれ悪しかれ、その人が抱いている思いやイメージに沿って形づくられる。それならば、自分が望む未来を思い描こう！

邦訳
『理想の自分になれる法』
廣済堂出版　宮崎伸治訳

クリエイティブ・ヴィジュアライゼーションは、つきつめれば一種の魔法です。それは自然の姿を理解し、そこに隠されている法則を、もっとも創造的に使うことを学ぶことです。

たとえば、ある人が、奇跡としか思えないような美しい光景（美しい花や壮大な日没など）を目にしたとします。しかし、その人がいったんその中に「自然の法則」が含まれていることを知り、それを当然のものとして感じるようになれば、もはやそれを奇跡だとは思わなくなります。

クリエイティブ・ヴィジュアライゼーションのプロセスについてもこれが言えます。合理的に考えて、常識では不可能だと思えることも、ひとたびこのテクニックを修得すれば、完全に理解できるようになるのです。

❀

クリエイティブ・ヴィジュアライゼーション（以下CVと省略）は、超自然的でもないし、ニュー・エイジに染まりきった考え方でもない。だれもが日々「想像すること」に多くの時間を費やしている。絵や映画のように、起こってほしいことや起こったら困ることを思い描いている。心

Shakti Gawain

シャクティ・ガワイン

アメリカのオレゴン州にあるリード大学およびカリフォルニア大学で、心理学とダンスを学ぶ。卒業後、二年間ヨーロッパとアジアを旅し、東洋哲学、瞑想、ヨーガの知識を深めた。帰国後、潜在能力開発運動にかかわり、膨大な量の書物を読み、さまざまな指導者とともに仕事をした。

著書はほかに『マインド・トレーニング――リラクセイションの奇跡　Living in the Light: A Guide to Personal and Planetary Transformation（たま出版）』、ガワインの半生記『リターン・トゥ・ザ・ガーデン――エデンの園へ還る心の旅　Return to the Garden（たま出版）』、『変革の道　The Path of Transformation（未訳）』、『豊かさの人生術　Creating True Prosperity（ＰＨＰ研究所）』、『クリエイティブ・ヴィジュアライゼーション・ワークブック　The

はつねに何かを描いている。ただ、それが無意識に行なわれているだけだ。ＣＶでは、想像するだけでなく、自分で責任をもって、人生で何を現実化したいかを意識的に決定することになる。

ＣＶ実践のためには、想像と現実、つまり世界を動かしている目に見えない法則とその物理的な影響力とが、どう結びついているかを正しく理解する必要がある。人生で望んだことが現実にならないのは、単に宇宙の法則を十分に理解していないからではないのだ。特に今までは「流れに身をまかせる」タイプだったが、もっと自分の将来にむけて人生をコントロールしていきたいと感じている読者には、この本が役に立つはずだ。

Creative Visualization Workbook（未訳）』などがある。

CVのテクニック

自分が人生に望むものを考えてみよう。新しい仕事、事業の立ち上げ、素晴らしい人間関係、安らかで落ち着いた心境、知的能力やスポーツの技能――。

CVを成功させるための鍵は、心を静め、脳波をアルファ波にすることだ。この状態になりやすいのは、眠る直前、朝目覚めてすぐ、瞑想中、川や森のそばでくつろいでいる時などである。自分の直観が、自分の望む素晴らしい「ものごと」を描き出そうとしている時には、真の目的意識が、通常の反応に凝り固まった自己の層を引きはがし、高次の自我に通じる意識の流れを開こうとしているのだ。この状態になれば、何が自分にとって最善なのか、何があれば本当に幸せなのかについて考えられるようになる。

たとえば、もし職場の誰かともめごとがあるなら、いつもどおりの悪意や嫌悪感のかわりに、肩の力を抜き心を開いて相手と話をしている自分を想像してみよう。これまでのやりとりは水に流し、心の中で相手にとにかく祝福を贈る。次にその人物に会った時、事態が急速に良い方向に変わっていくのに驚くことだろう。

CVの目的は、自分の心で人を「コントロールする」ことではない。悪意や、心を操作するためにCVを利用しようとしても効果はない。目的は「自然の調和に対する心のバリアーを取りのぞく」ことだとガワインは言う。

CVの科学

CVはどのように効果を発揮するのだろうか？　要点を見てみよう。

◆物理的世界はエネルギーでできている。すべての物質は、より小さな部分へと分解していけば、エネルギーの粒子の集まりとなる。それがある一定の形で結合すると、「固まり」として見える。

◆それぞれの物質が、粒子として、異なるレベルの波動を持っている。岩、花、人間は、別々の波動を持つエネルギー体だ。ある特質、すなわち波動を持つエネルギーは、同じ波動のエネルギーをひきつける傾向がある。そして思考も光と同様に、すばやく動き、物理的に形を現すエネルギーだ。

◆想像力を働かせたり、望ましい結果や状態を宣言にして表したりする時、人は思考のエネルギーを宇宙に向かって放っている。宇宙はそれに対して、物質や出来事という形をとって応える。CVはまさに、望む人生の「種をまく」行為だ。

そのほかの重要な点をいくつか挙げよう。

◆宣言（アファメーション）

イメージを実際に「見る」ことができなければ、CVが実践できないというわけではない。イメージ化が苦手な人でも、願望について考えたり、アファメーション（例「私は最善のものを受け取るのに値する人間です。最善のものが私に近づいてきています」）として宣言しただけで効果はある。

「アファメーションはイメージの内容を確かなものにする」とガワインは言う。アファメーションは、現在形であり、動詞を含んでいなければならない。神、無限の知性、つまり宇宙が、願いの実現を助けてくれると信じることで、アファメーションの力も高まりやすい。

◆自分のすばらしさを受け入れる

自分には人生で望むものを受け取る価値がないと感じている人がいる。ＣＶを実行する前には、自分のところにやってくるものを進んで受け入れるのだという気持ちをもつ必要がある。まず、自分自身を愛することだ。

◆信じること

スピリチュアルで極めて抽象的なこの理論を信じていないからといって、ＣＶの効果が上がらないということはない。ＣＶを成功させるのに必要な力はすべて、すでに自分の中にあるのだ。

◆健康と幸福

完全な健康をイメージすることによって、自分や他人を癒すことができる。また、すべてが限りなく生み出されているとイメージすることによって、宇宙の真の豊かさを実感できる。

人生を変える一冊に出会うために――

『理想の自分になれる法』は薄めの一冊だ。最初にざっと目を通してがっかりする読者もいるかもしれない。だが、ガワインの説く法則とトレーニングの数々によって、多くの人々の人生が変わったことは事実だ。考えてほしい。これまでに三百万部以上が売れ、二十五カ国に翻訳されている。「クリエイティブ・ヴィジュアライゼーション」という言葉は広く一般に使われるようになり、これ自体を主題として扱う分野も現れた。

「神聖な愛が私の中にあり、私の人生に奇跡を創り出しています」というようなアファメーションをするのは、最初は妙な気持ちがするかもしれない。だが、その一方で、こうしたアファメーションが安らぎと自信をもたらすのに気づくだろう。あるイメージやアファメーションが、いったん自分の一部となってしまえば、奇跡が事実となって現れる。この本には読者の導き手となる多くのアファメーションが記されており、それだけでも買う価値があるだろう。

ガワインによれば、CVの実践と理解が深まれば、その分テクニックとしての意味が薄れ、自分の世界をどれだけ作りだせているのか、それを確認する意識の状態になっていく。そうすると、何かを心配したり、計画したり、細工したりする必要性がなくなる。これらの方法には、実際にものごとを変化させる力はあまりない。自分にとっての高次の目的を反映している結果を、ゆったりとした気分でイメージ化するCVの影響力に、遠くおよばないからだ。

17

1987

とにかく、やってみよう!

スーザン・ジェファーズ

不安を感じるのは、成長し、
人生の試練を受けとめているあかしだ。

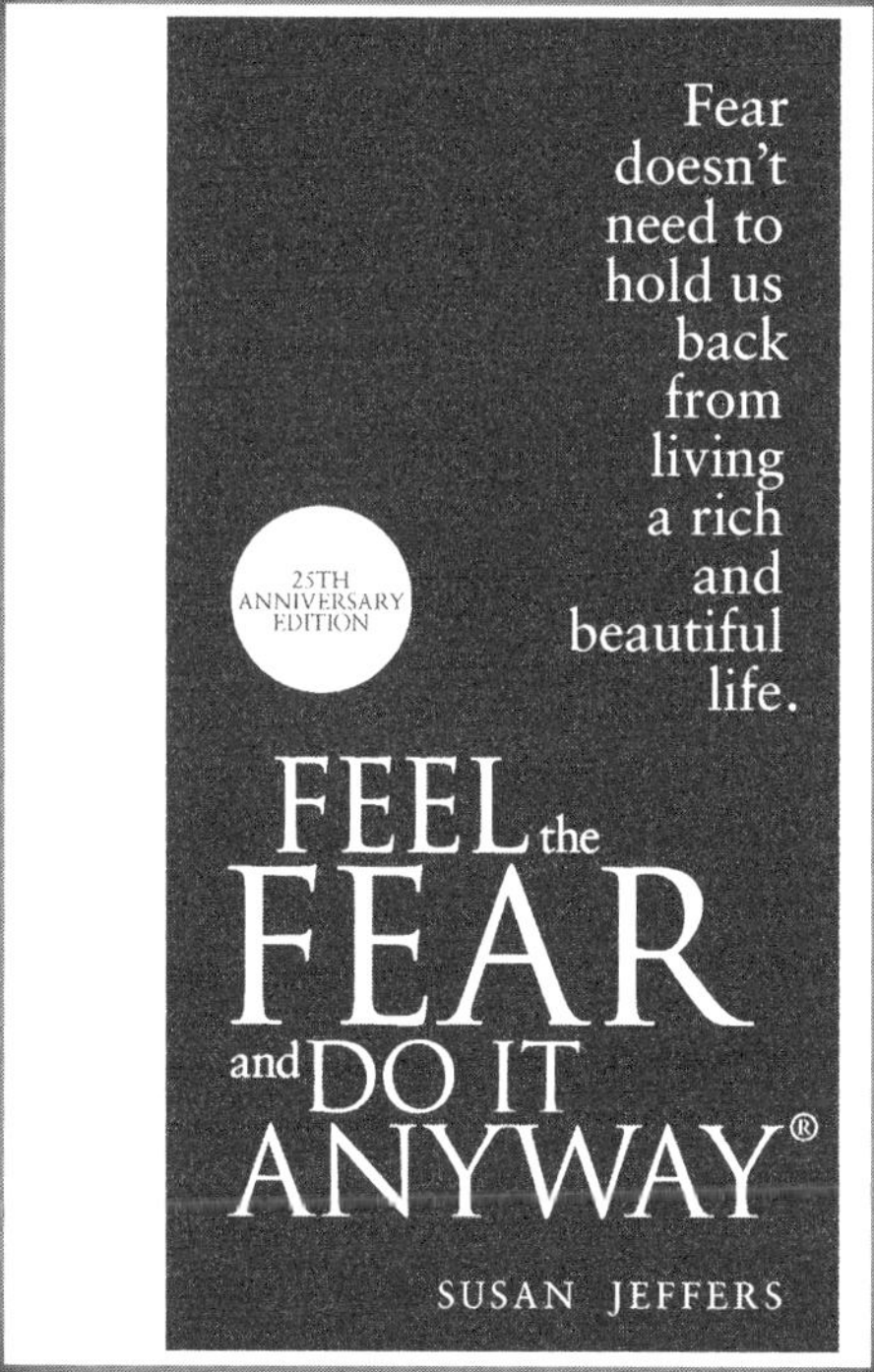

邦訳
『とにかく、やってみよう!』
大和書房　佐藤綾子訳

私にも、あらゆることに対して不安を感じていた時期がありました。夢を実現させるための挑戦がことごとく失敗するのではないかと恐れていたのです。家にこもって、自分のあらゆる弱さの犠牲になっていました。意識を目覚めさせてくれたのは、ある古代の禅僧だったと言いたいところですが、実際はイースタン航空の宣伝用の「世界へはばたく」というキャッチコピーでした。これを見たとき、自分が世界にかかわり合うのをやめていたことに私は突然気がつきました。

あなたは「被害者」ですか、それとも自分の人生に責任を持っていますか。多くの人たちは、実際そうではないときでも、自分は責任を持って人生を歩んでいると「考えて」います。「被害者意識」はとてもあいまいで、さまざまな姿であらわれます。

❀

自己啓発の世界は、「可能性」の幅を拡げてくれる。夢の実現を信じ、大きく考えるようになる。「これをする！」「あれをする！」と目標を立てる。自分を過小評価することはもうするまいと誓う。

Susan Jeffers

スーザン・ジェファーズ

二人の子を抱える若い母親だったジェファーズは大学で学ぶ決心をし、最終的にコロンビア大学で心理学の博士号を取得した。卒業からまもなく、ニューヨーク市の船上の病院である「フローティング・ホスピタル」で運営責任者となり、約十年そこで仕事をした。

本書は、成人教育のための大学として名高い、ニューヨーク市のニュースクール・フォー・ソーシャル・リサーチでの講義から生まれた。出版社に原稿を送っても、断られるばかりだった。中でもひどい相手からは「ダイアナ妃が裸で自転車に乗って、町にただで配ってまわったとしても、だれも読まないだろう」と言われたという記事が、ジェファーズのウェブサイトに載っている。

ほかの著書には、『不安を感

それでも、変化の少ない毎日と「現実」の重みに気がついたとたんに、「夢」が自分の人生とはかかわりない絵空ごとに思えてしまう。二分もあれば、今の生活を正当化してしまうのだ。そして、ほんの短い休暇が終わったかのように、不安が戻ってくる。

どうすれば、夢を追うことを日課にできるところまで行けるのだろう。今日の自分とめざす自分の姿とのあいだには、不安と恐れの断崖絶壁があり、そこで私たちは立ちすくんでしまう。向きを変えて、安心できるもとの日常へ戻ったほうが、よほど楽だと感じる。

これに対し、スーザン・ジェファーズは、不安のとらえ方がまったくまちがっていると言う。不安は、限界に近づいていることを知らせるものではなく、そのまま前進せよと教えている。何も不安がないのならば、その人は成長していないのかもしれない。不安を否定せず、とにかく前へ進みなさい。船は港に留まるために造られたのではないのだから！

不安にふりまわされないジェファーズの考え方について、いくつかの要点を挙げよう。

じ……それを越えて　Feel the Fear...and Beyond（未訳）』『もがくのはやめて人生と踊ろう　End the Struggle and Dance with Life（未訳）』『引っこみ思案な自分をラクにする本　Dare to Connect（大和書房）』『男性に心を開こう　Opening Our Hearts to Men（未訳）』『旅立ち　愛の喪失。そして……　The Journey from Lost to Found（柘植書房新社）』などがある。不安を追い払うための彼女のセミナーやコースは広く知られ、参加者に力を与えている。アメリカではたいへん人気のオプラ・ウィンフリーのテレビ番組にもジェファーズは出演した。現在、ロサンゼルス在住。

不安をコントロールする

不安の種類はさまざまだが、致命的なものが一つある。自分ではどうすることもできないという、単純でしかも揺るぎない思いこみだ。パートナーが自分のもとを去るのは、どうすることもできない、ある一定の収入がなければ、どうすることもできない、といったたぐいのことだ。

まず必要なのは、どんなことが起きても、自分はそれに対処できると理解することだ。うわべだけの決まり文句に聞こえるかもしれない、しかしジェファーズが言おうとしているのは、不安が心理的な問題ではなく、教育的な合図だということである。不安を成長に必要なものとして受けとめられるよう、学び直さなくてはならない。そして、前進するのだ。

あなたの宇宙に「イエス」と答える

ほかの自己啓発書ではあまりないことだが、「あなたは自分の世界を完全にコントロールできる」とジェファーズは言わない。ものごとは、それ自体に何か理由があって起きる。不安にはまりこんで動けなくならないようにする鍵は、今の状態を肯定することだ。財布をなくすような日常的な出来事だけではなく、もっと深刻な苦痛をともなう問題でも肯定するのだ。肯定的に考えるようにしても苦痛が消えることはないかもしれない。けれども、苦痛を自分の世界の一部ととらえるなら、つまり、苦痛の存在を否定しなければ、それに対する恐怖はなくなる。

ヴィクトール・E・フランクルの強制収容所での経験をもとにした古典『夜と霧』（305ページ参

照）は、人間が耐えなければならなかったもっとも醜悪な状況について記している。ジェファーズはこの本について触れ、鉄条網に囲われた中でも、その状況に「イエス」と答え、あきらめる代わりに責任を引き受けることを選んでいた人々がいたと報告する。

私たちは「責任」を、大学に行く、仕事を得る、住宅ローンを組む、結婚するなどと解釈する。しかしジェファーズの理解は、エマソン（467ページ参照）の理念である自己信頼に近い。すなわち、自分自身の体験をどう解釈するかに責任を持つということだ。仕事がいやなら、続けることを意図的に選択して何か意味のあるものを生み出す（断固として「イエス」と答える）か、さもなければ辞めるべきなのだ。

肯定的な考え方がよい結果をもたらす理由

ポジティブ・シンキングに対するよくある反対意見はこうだ――肯定的に考えるのは、悪くはないが、現実を見ていないし、楽観的すぎる。これに対しジェファーズはこう応じる。心配の九十%は実際には起こらない（研究報告の裏づけがある）。否定的なものの見方は、肯定的な見方と比べて、どの程度「現実的」だろうか。実際は、何が現実的かは各人の問題。どういう考え方をするかにかかっている、と。

肯定的なものの見方をしていても、それで良くない出来事が避けられるわけではない。しかし、対応の仕方を変えることができる。「たいへんなことになった！」ではなく、「学ぶための機会だ」と考えよう。

もっと、深刻な事態についてはどうだろうか。たとえばガンになったら？　肯定的なとらえ方でこの場合もすべてが変わる、とジェファーズは自分のガン体験に照らして書いている。そのような極限状態においても、肯定的にとらえる道を選択すれば、日々の生活の中で過剰反応をする余地はない。人は往々にしてなぜこんなことがと嘆き、悲劇の主人公になろうとする。これがどんなに自分の力を弱めるかに気づくべきだとジェファーズは言う。

肯定的に考える鍵、そして、もっとも基本的なことであるにもかかわらず、もっとも見過ごされがちな側面は、「肯定的に考える訓練を欠かしてはならない」ということだ。スーザン・ジェファーズという自己啓発の大家でさえ、肯定的精神を補給することなしに一日を過ごすことはできない。生活に不可欠なものはいろいろある。朝食かもしれないし、朝のジョギングや、子どもを抱きしめることかもしれない。それなら、積極的なエネルギーを高めるプログラムが日課だと考えないのはなぜだろう、とジェファーズは問いかける。

活力を与えてくれる本やテープを集め、毎日読んだり聴いたりすることを彼女はすすめる。その効果は、想像よりも大きい。自分自身だけでなく、とりまく世界を変える。示唆を与えてくれる言葉で好きなものを書き出し、コンピューターのそばや、車の中や、ベッドのわきにはっておこう。みずから生み出す肯定的姿勢によって、ものごとが「実際」にあるべき状態に近づいていくのを感じはじめるはずだ。同時に過去は遠ざかっていく。以前の生活は、濃い霧に覆われていたかのように思えてくる。

潜在意識を調節する

潜在意識にあることは、現実の生活にも表れてくる。だからこそ、意識に取りいれるものごとをコントロールすることが重要だ。変化を引き起こし、不安を乗り越えるために重要で、しかも非常に手軽な方法に、アファメーションがある。自分に対して前向きな宣言をすることだ。

アファメーションでは、ものごとがすでに起こっていると宣言する。「私はこれからは自分をさげすまないようにしよう」というようなアファメーションは効果がない。「前向き」であると同時に「現在形」で断言しなくてはならないからだ。「私はどんな状況でも自信を持って臨んでいる人間だ」とするのがよい。アファメーションの効果を信じている必要さえない。ただマントラのように口癖にすることだ。

心は入力されたものに反応する。それが真実かどうかは問題ではない。否定的な考えをまきちらす「おしゃべり屋」と寛大で豊かな「高次の自己」、心の中にいる両者のうちどちらに耳を傾けるかは、自分しだいだ。

そのほかの大切なこと

本書にはほかにも素晴らしいメッセージが含まれている。そのいくつかを紹介しよう。

◆つねに時間はたっぷりある。生きていくうえでの最大の落とし穴は「焦り」だ。焦りは自分への懲罰でしかなく、ストレスと不満と不安のもととなる。今自分のしていることはどんなことでも、すべて過不足なく、時機を得ていると信じよう。

◆「何も失わない」選択をするにはどうしたらよいか。「正しい」か「まちがっている」か、その二つの道しかないと考えるのをやめよう。たった一つの結果にとらわれない自分になる必要がある。世界には無限の機会が用意されている。

失敗を恐れてはいけない。打者として最高の野球選手でも、打率四割だ。十回のうち六回は失敗している！　元気を出して、経験したことを楽しもう。たとえ今回うまくいかなかったとしても。やってみた、ということが一つの成功だ。

◆人間関係の責務（コミットメント）についての不安に、どう対処すべきか。自分が約束しているのは、相手に対する誠実さ、相手の進歩や幸福のために努力することであるのを再確認しよう。それが、つねに変わることのない結びつきである必要はない。

人生を変える一冊に出会うために——

最初のほうの章で、いくつかの「不安の真実」についてジェファーズは書いている。もっとも深い意味を持つのは第五の真実だ。

無力感から生まれてくる底深い不安と共に生きるより、不安の壁を打ち

破るほうが、ずっと怖くない

言いかえるなら、皮肉なことに冒険しない者は何かがうまくいっていないという不安を抱えて生きることになる。そうした人は何よりも安心を求めているけれども、結果的につねに不安から逃れられない。実際により簡単なのは（そしてどこまでも人生に充足をもたらすのは）、新しいことに取り組むことだ。生きるうえでより多くの課題に挑戦しようと決めれば、心が安らかになる。自分がどんなことにでも対処できるとわかるからだ。

こうした率直なものの見方が、本書の特徴だ。共感に満ちていて、自分が一人ではないことを実感させてくれる。孤独感が不安を生むのだから、これは重要なことだ。本の世界に一歩入れば、著者の快活な語り口に元気づけられる。

新しい自己啓発書を買うのにあなたは尻込みしていないだろうか？　不安を感じても、とにかくレジのカウンターに向かってみよう……。

18

1960

自分を動かす

マクスウェル・マルツ

身体と脳は、目標達成のための
すばらしい自前のシステムである。
利用しない手はない。

THE INTERNATIONALLY BESTSELLING CLASSIC
Psycho-Cybernetics
UPDATED AND EXPANDED
TAP INTO THE POWER OF YOUR SUBCONSCIOUS MIND TO:
Improve your self-image
Learn to use your positive past
Set and achieve worthwhile goals
Develop compassion, self-respect, and forgiveness
Cultivate the power of rational thinking
Discover the key to a happier, more successful life
MAXWELL MALTZ, MD, FICS
New introduction and commentary by MATT FUREY,
president of the Psycho-Cybernetics Foundation

邦訳
『自分を動かす』
知道出版　小圷弘訳

わたしたちの心と体は、目標を追求する仕組みにできています。だから個人的な目標がなくなると不安になり一種の「喪失感」を覚えるのです。そして人生自体を「無目的」なものと考えてしまいがちです。達成すべき目標がないと、人間はほんとうの満足や幸せを見つけることができないのです。

人間の脳と神経系は「目標のある行動」向きにできているのです。だから、あなたがどんな目標を自分自身に与えるかによって「成功の【仕組み《システム》】」が作用したり、「失敗の仕組み」が働いたりするのです。それは一種の「自動誘導システム」で、サイバネティックスの原理で作用するものです。

❀

サイコ・サイバネティクス財団によれば、全世界での本書の売上げは、アメリカの五つの出版社から出ているそれぞれの版と多数の翻訳版を合わせると、一九六〇年以来、二千五百万部におよぶという。

この膨大な読者数だけでも本書が研究に値することはわかるが、マルツ博士がデール・カーネギーやノーマン・V・ピールのような形で有名

Maxwell Maltz

マクスウェル・マルツ

生まれも、教育を受けたのもヨーロッパだが、成人してからはほとんどの歳月をニューヨークで過ごし、再建形成外科の経験を積む。『新しい顔、新しい未来 New Faces, New Futures（未訳）』は顔面手術によって人生が変わった人の症例集である。続いて人生があまり変わらなかった数名の患者を研究し、それがきっかけで心理学者プレスコット・レッキーの「自己統一」についての著作に触れる。『自分を動かす』が出版されたのは、六十代に入ってからのことである。

この成功により、マルツは一九六〇年代から七〇年代初期にかけて、人気の自己啓発講演家だった。幅広い読者の中にはサルバドール・ダリもいて、「サイコ・サイバネティクス」という作品の献呈を受けている。一九七一年、七十六

にならなかったことを考えると不思議でもある。人々をこの目立たない本に引き寄せたものは何だったのだろう？

才で死去。

本書に比べて影が薄いが、ほかの著作に『ガラッと一変、あなたの人生：サイコ＝サイバネティクスの驚異 The Magic Power of Self-Image（きこ書房）』、『サイコ・サイバネティクスで自由に生きよう Live and Be Free through Psycho-Cybernetics（未訳）』、また、三つの小説と自伝『ピグマリオン博士 Dr.Pygmalion（未訳）』がある。ボッベ・サマーとアンナ・マルツ編集の『サイコ・サイバネティクス二〇〇〇 Psycho-Cybernetics 2000（未訳）』は、本書の新訂版である。

サイバネティクスとは？

この単語はギリシャ語で「操舵手」を表す言葉に由来し、現在ではふつう、機械や動物の制御および伝達システムを指す。たとえば、コンピューターなりネズミなりが、目標を達成するために自らを体系的に機能させるしくみである。しかし、マルツは高度に複雑化した機械に着想を得ながらも、人間をただの機械ととらえる考え方を猛然と批判している。サイコ・サイバネティクスは、人間の脳機能を機械だとする考え方（「脳は素晴らしいコンピューターだ」という決まり文句に見られるような）と、人間は機械以上のものだとする認識とのへだたりに橋を架けるものだ。

人間には「本質」、つまり、物質的な脳と肉体だけの存在にはなりえない「生命力」があるとマルツは言う。ユングはそれを「リビドー」、ベルグソンは「エラン・ビタル（生命の躍動）」と呼んだ。物質的な脳と肉体だけで、人間を語ることはできない。電線だけで電気を語ることができないのと同じである。人間はむしろ、つねに変化するシステムだと言った方がいい。

一部の読者は、このように脳と心を分けて考えることに違和感を覚えるかもしれない。しかし、「人間は機械ではないが、内に機械をもち、それを利用している」というマルツの基本的な主張を考えれば、よく理解できるはずだ。この区別は、目標設定と目標達成という、より大きなテーマを理解するためにもきわめて重要である。

誘導ミサイルの技術を人間に

サイバネティクスという概念を考案したのは、アメリカの数学者、ノーバート・ウィーナーである。第二次世界大戦中、誘導ミサイルの技術の改良を重ねていた人物だ。機械、動物や人間の脳、社会のしくみは似ていると強く主張していた彼は、機械が人間のように「考える」ことを妨げるものは何もないと予言し、時代をはるかに先取りしていた。コンピューターも人間の脳も、どちらも低エネルギーのデータを取り込み、外界との相互作用に用いる新しいつながりをつくるシステムだと彼は考えていた。外界からのフィードバックは、以後の外界との伝達を向上させるために使われる。

この制御、伝達、フィードバックの好循環こそ「サーボ機構」の重要な特徴で、あらかじめ設定した目標にたどり着くためにはこれが必要だ。誘導ミサイルは、ひとたび標的がどこに向かっているかを感知すれば、つねにフィードバックを感じ取って自分自身に伝え、的確に撃ち落とす。

マルツは考えた。この技術を人間の目標達成に応用できないものか？　彼は、好循環がはたらくようにしておけば、標的や目標を明確に設定するだけで、あとは自動的に動くということに気づいた。運転を覚えたての頃は、すべての車や道順、前方の標識一つ一つを気にかけなければならない――その結果、運転は遅くなり、道にも迷いやすい。しかし、やがて上達してくると、最終目標がよくわかっているので、運転席に座るだけで頭と身体がそこに着くために必要なことを自動的にやってくれる。

マルツにとって、サイバネティクスはきわめて画期的だった。目標を達成できるかどうかは選択の問題だということを示していたからである。目標達成の力学でいちばん重要なのは、「どのように（方法）」ではなく、「何を（目標）」だ。脳の意識的思考を司る前頭葉は、目標を考え出したり、理想の人物像をつくったりすることができる。その目標を達成するのは潜在意識の仕事だ。誘導ミサイルの「設定したら、あとは忘れる」機構は、人間の心の奥底の欲求についても有効なのである。

自己イメージの大切さ

マルツは形成外科医だった。その分野では著名な存在だったが、容姿を損なうような傷や不具合が手術によってなくなっても、少しも幸福にならない人が少数ながらいるのはなぜだろうと途方に暮れていた。そして、いつの間にか自己像心理学という新しい分野に関心をもつようになった。人間は多くの場合、心の奥底の自己イメージにしたがって行動し、思考すると考える学問である。この内なる自己イメージを変えなければ、どんなに手術の仕上がりがすばらしくても、患者は自分が醜いと感じたままだ。

彼は、自己イメージこそよりよい生活への「黄金の鍵」だと考えるようになった。このことを理解していないと、自己イメージの核でなく、「自己の周辺」ばかりを永遠にいじり回すことになる。たとえば、前向き思考をするにしても、自己イメージを顧みずに特定の外的な目標だけに目を向けていたのでは、効果はない。「この仕事に就こう」と思ったところで、その仕事に就くことと、心の奥底の自己イメージが一致していなければ、どうにもならないからである。

自己イメージのはたらき

私たちは自分についての信念から自己イメージを得る。その信念は、過去の成功や失敗の体験や、他人の評価から形成される。だが、それらはどれも心理的基礎を定めるには力不足、とマルツは言う。自己イメージの重要かつ魅力的なところは、もともとそれ自体は良くも悪くもない、つまり、有益な自己イメージも、有害な自己イメージも、与えられる心理的栄養次第で決まるという点だ。幸運や平和、偉大さに恵まれる自己イメージを築くこともできれば、朝、ベッドから出ることさえできない不毛な自己イメージにしがみつくこともできる。夢を実現できる前向きな自己イメージは、偶然生まれるのではない――じっくり考えてつくり上げなくてはならないものだ。

とはいえ、自己イメージはどうすれば変えられるのだろう？　失敗ばかりしている人も、よい自己イメージをもてるのか？　この問題はマルツにとって厄介だった。自己イメージは、知的手段でなく、体験によってしか変わらないとされていたからである。しかし、それは事実ではなかった。なぜなら――これは本書のもっとも重要なところの一つなのだが――実験心理学と臨床心理学の双方が、すでに証明していたように、脳は、現実の体験と、手に取るようにいきいきとした空想を区別するのがあまり得意でないからである（このことは、何年も前に心理学者ウィリアム・ジェイムズも理解していた）。つまり、過去の出来事をすべて否定してしまえば、否定的な自己イメージを成功する自己イメージに変えることができる。成功か失敗かを決める最大の要因でありながら、きわめて融通が利くのが、自己イメージの素晴らしいところである。

自己イメージを生き抜く

望ましい自己イメージを意識的につくることができれば、脳と神経系は、自分がその自己イメージに「したがって生きて」いることを確認するためのフィードバックを、たえず自動的に提供し続ける。ある有名な実験では、バスケットボール選手のグループがシュート練習をし、もう一つのグループはただシュートを決めたところを思い浮かべるよう指示された。二番目のグループは身体を使った練習はまったくしなかったにもかかわらず、一番目のグループとほぼ同数のシュートを決めた。

脳、神経系、そして筋肉は、頭の中の映像の忠実なしもべだ。だが、身体と脳が望みの自己イメージを実現できるかどうかは、その自己イメージがどれだけ強固かにかかっている。理想の自己イメージは脳に刻みつけられなければいけない。自己イメージがそれだけ強固であれば、否が応でも自己イメージを立派に生き抜き、示すことができるだろう。単に「目標をもつ」のではなく、自ら目標になるのである。

人生を変える一冊に出会うために――

自己啓発書の多くは目標について述べているが、目標設定はどうすればうまくいくのだろうか？　また、それはどうしてうまくいくのだろうか？　マルツはその実際のしく

みについて最初に探求した人物であり、そのことによって、成功哲学を提唱する作家たちの登場になくてはならない影響を与えてきた。

肯定的な自己イメージの強調は、その後、自己肯定とイメージトレーニング技術の効果を謳う、何百もの著作を生むことになった。

本書がベストセラーとなったのは、夢を実現するための科学的根拠を示したからである。大衆的でわかりやすい文章だが、実際の内容は教科書と言っていい。科学やコンピューターについての記述は今日では時代遅れだが、サイバネティクスの原理は影響力を増す一方だ。計算量理論や人工知能、認知科学は、非物質的な「機械の中の幽霊」がどうやってものごとを処理するかを、サイバネティクスが解明したことから生まれた。したがって本書は、科学技術の発達した今日の社会にうってつけの自己啓発書と言える。

これは賞賛すべきことだ。なぜなら、これが書かれたのは行動主義や作業効率の研究が全盛の時代で、人間を機械のようにとらえる傾向があったからである。マルツが非凡なのは、人間が「機械」の部分をもち、目標設定や自己イメージの力学を説明するには機械学用語がもっとも適しているとしながらも、願望の素晴らしい多様さと、新しい世界をつくる能力は人間だけのものだと認めているところである。想像力、大望、意志の炎は、決して機械で置きかえることはできない。

19

1994

人生に奇跡をもたらす7つの法則

ディーパック・チョプラ

人生から望みのものを受けとるための
簡単な方法がある。
大自然と宇宙に波長を合わせることが必要だ。

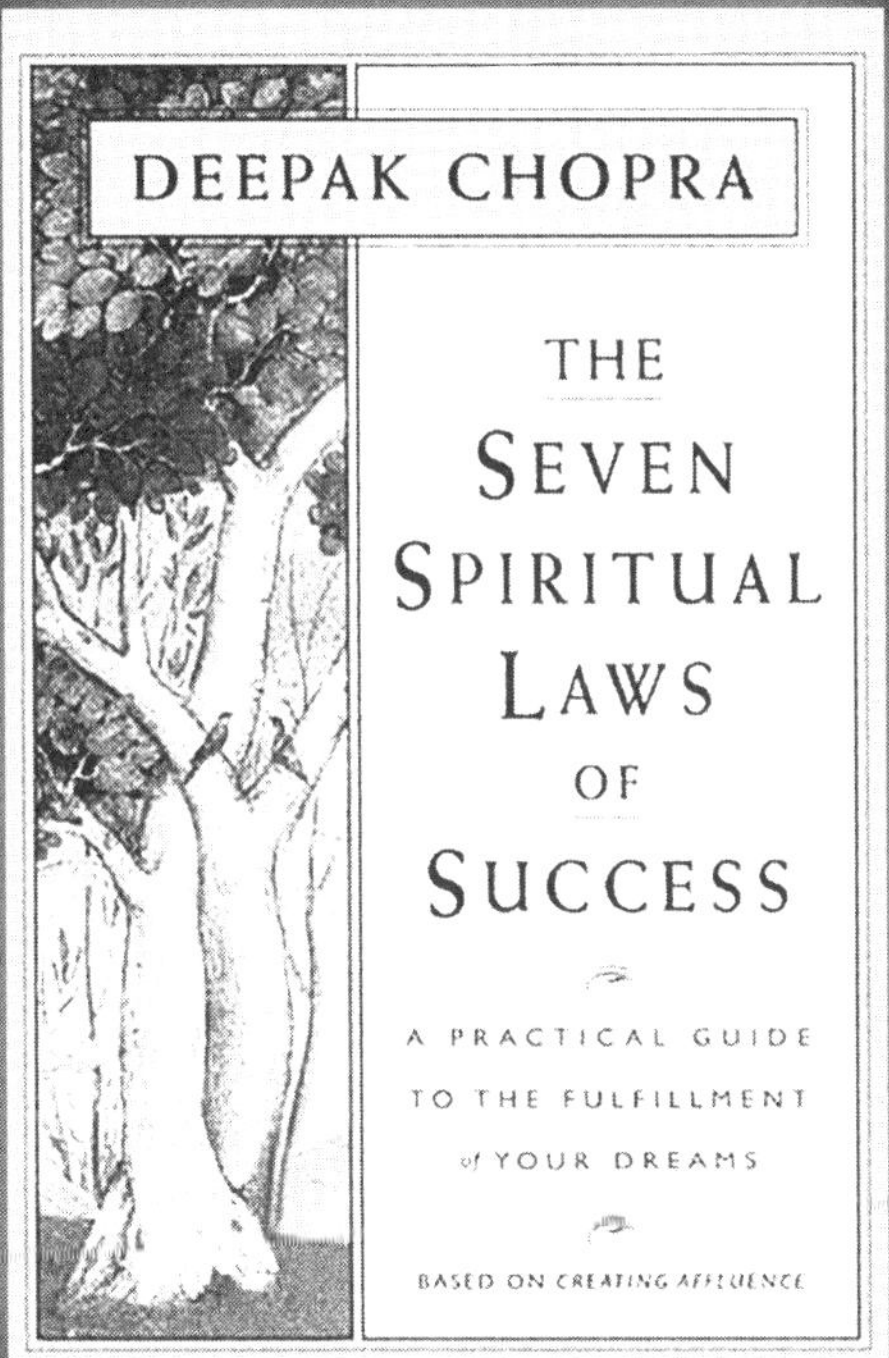

邦訳
『人生に奇跡をもたらす7つの法則』
PHP研究所　岡野守也訳

私たちがこうした法則を理解して、自分の人生に応用すれば、望むものは何でも創り出せるのです。なぜなら、自然が森や銀河や星や人間の体を創り出すのと同じ法則は、私たちのもっとも深い願望の実現をもたらすこともできるからです。

「与えることの法則」を機能させる（中略）最善の方法は、あなたと関わる人が誰であれ、いつもその人に何かをあげると決めることです。それは、物のかたちでなく、花でも、ほめ言葉でも、あるいは祈りでもいいのです。思いやり、注目、愛情、評価、そして愛といった贈り物は、あなたが与えることのできるもっともすばらしい贈り物であり、それにはお金はまったくかかりません。

人生に奇跡をもたらす法則の第四は、「最小限の努力の法則」です。この法則は、自然の英知は何の努力もなくやすやすと、思うがまま何の煩いもなしに働くという事実に基づいています。これは、最小限の行動と無抵抗の原理です。（中略）私たちがこのことを自然から学べば、自分の願望を容易に実現できるようになります。

Deepak Chopra

ディーパック・チョプラ

一九四七年、インドのニューデリーの有名な心臓内科医の息子として生まれる。医学を学んだのち、一九七〇年にアメリカへ渡る。ボストンで内分泌学者としての地位を確立し、ボストン大学、同じマサチューセッツ州内のタフツにある医学校や医学部で教えた。州内のニューイングランド記念病院の主任も務めた。

専門医から教祖的存在へと変わるきっかけになったのは、マハリシ・マヘーシュ・ヨーギーとの出会いだった。彼はヨーガ行者であり、一九六〇年代に、瞑想を普及させようとアメリカへやって来た。その後、「超越瞑想」運動にかかわったことで、チョプラは、当時新たに注目されてきたアーユルヴェーダ（古代インドに伝わる治療の科学）と出会い、米国アーユルヴェーダ医学協会を設立した。

簡単で努力なしに力が手に入るという点では『人生に奇跡をもたらす７つの法則』は、現代の自己啓発書の最高位にいる。ほかの本はすべて投げ出して、この本にしたがって生活する人もいるかもしれない。

成功と繁栄を重要視するのは、原題の「スピリチュアル」という言葉にふさわしくないと感じる読者もいるだろう。だが、これこそが、この本でもっとも重要な点だ。

自給自足の世捨て人でもないかぎり、だれもが経済とかかわりを持って活動している。富の生成とのあいだに折り合いをつけなければならない。これを認めたうえで、信心の書であると同時に繁栄のための手引きとして、本書は書かれている。今の時代を象徴する一冊であるゆえんだ。

成功の不変の法則を明らかにすることは、自己啓発書にとって大きな課題だ。カルマ（原因と結果の法則）とダルマ（人生の目的の法則）は、人間にとって永年の問題だ。チョプラの七つの法則のうちでも、二つを占めている。それ以外の五法則について簡単に見てみよう。

✽

一九九九年、雑誌「タイム」は、チョプラを「今世紀の象徴と英雄一〇〇人」の一人に数え、「代替医療の詩人・預言者」と表現した。チョプラは国連や世界保健機構（ＷＨＯ）、ソ連科学アカデミーなどで講演した。『クォンタム・ヒーリング　Quantum Healing（春秋社）』、『エイジレス革命　Ageless Body, Timeless Mind（講談社）』、『豊かさを創り出すCreating Affluence（未訳）』（一九九三年）、『神を知る方法　How to Know God（未訳）』などの二十五冊を超える著書は、三十五カ国語以上の言語に翻訳されている。チョプラはまた、ラビンドラナート・タゴールの詩集の編さんに関わり、小説『光の王者たち　The Lords of Light（未訳）』を執筆した。

現在はカリフォルニア州ラ・ホーヤ「健康のためのチョプラ・センター」を拠点に活動している。

純粋な潜在力の法則

純粋な潜在力が働く場は、静けさに満ちた領域だ。そこからすべてがあふれ出し、そこを通って「顕現されないものが顕現されたものへと変わる」。この状態においては、私たちは純粋な意識とともにあり、純粋な知覚と完全な調和を宿し、何も恐れない至福の中にいる。この場に入ると、人は高い次元での純粋な自己を体験する。そうすると、エゴをよりどころにする生き方が、無益であり無駄であることがわかる。エゴは恐れを土台にしているが、高次の自己は、安らかさを大切にしてこそ存在する。

それは、非難にも動じることなく、どんなチャレンジも恐れず、誰の下にもあると感じません。といっても、謙虚であって誰の上にあるとも感じないのです。それは、他のすべての人が同じ「自己」であり、装いは異なっていても同じスピリットであるとはっきり知っているからです。

エゴという覆いが取りはらわれると、知があらわになり、ものを見抜く大いなる力がつねに備わるようになる。チョプラは、カルロス・カスタネダの文章を引用している。カスタネダは、自分自身が偉大だという思いにしがみつくのをやめることができれば、人間は宇宙の壮大さに気づきはじめると記した。純粋な潜在力の場に入るには、まず瞑想と沈黙が必要だ。価値判断をしないよう自分をつねに制したり、自然を心の奥底から感じたりすることを通しても、それは可能だ。

一度でも純粋な潜在力の場に触れられたなら、いつでもそこに戻れる。周囲の状況、感情、他者、さまざまなことがらに左右されることがなくなる。豊かさと創造性のすべてが、その場からわき出している。

与えることの法則

より多く与えれば、それだけ受けとるものも多いということに気づいているだろうか。どうしてそうと確信できるのだろうか？　チョプラによれば、人間の精神と肉体が、つねに宇宙と与えあう関係にあるのでそうなるのだという。創り出し、愛し、育てるなら、流れは止まらない。そうした行為がなければ、流れはよどみ、血液と同じく固まってしまう。

与えれば与えるほど、人は宇宙のエネルギーの循環に取りこまれ、与えるものが多いほど、受けとるものも増える。とりかわされるのは、愛情かもしれないし、物質的なものや、思いもよらない素晴らしい経験かもしれない。金銭は世界を動かす力を持っている。だがその力は、与えるのと同じだけの量が受けとられてこそ、発揮されるものだ。

与える時は、喜びをもって与えよう。自分が祝福を受けたければ、肯定的な思いを束にして他の人々に送り、心の中で祝福しよう。お金がなければ、何かできることをしよう。与えるということに関して、限界はない。人間の本質は豊かさと富なのだから。自然は必要なものすべてを与えてくれる。純粋な潜在力の場は、さらに豊かになるための、知性と創造性を与えてくれる。

最小限の努力の法則

魚が泳ぎ、太陽が輝くのと同じように、人間が夢を実現するのはごく自然なことだ。本来は苦もなくそうするものなのだ。古代インドの聖典ヴェーダが伝える、努力の経済原理とは「行いは少なく、得るものは多く」だ。このような考え方は画期的だろうか、それともばかげているのだろうか。懸命に働き、計画を立て、奮闘することは、時間の無駄なのだろうか。

チョプラによれば、エゴが望んだのではなく、愛から発した行動をとるならば、それは望みを実現するのに役立ち、さらに余りあるだけのエネルギーを生み出せる。反対に、人々を支配しようとしたり、人々の賛同を得ようとしたりすれば、相当な量のエネルギーを消耗する。私たちはいつも何かを証明しようとしているが、高次元の自己に導かれて行動する時は、どこでどのようにしてものごとを進展させ、豊かさをもたらすかを、選択しさえすればよい。

最初にするべきは、受け入れることを学び実行に移すことだ。努力する必要のない宇宙の力に道を開きたいのなら、それに戦いを挑んでいてはいけない。困難な状況のさなかでも「この瞬間は、あるべき状態にある」と自分に言いきかせよう。

次に必要なのは、無防備であることだ。絶えず自分を弁護して、他人をとがめていては、条件にぴたりと合うものが出番を待っていても、それをほんとうに受け入れることができない。

意図と願望の法則

これは、もっとも複雑で、そしてもっとも魅力を放つ法則だ。チョプラはこう語る。樹木の目的はただ一つ、根を下ろし、成長し、光合成を行うことだ。人間には知性が宿っているので、自分で精神の方向づけをすることができる。そして自然の法則によって、人間は、自由に思い描いた望みを達成することができる、と。

これは、注意と意図の働きにより実現する。何かに注意を向けると、その対象がエネルギーを増し、より拡大していく。一方で、意図がきっかけをつくり、エネルギーと情報が動き「完成へと状況がまとまっていく」。

なぜこうしたことが起こるのだろうか。チョプラは静かな池をたとえに挙げている。もし心が静まっていれば、そこに、ある意図を小石として投げ入れると、さざ波が立ち、時間と空間に広がっていく。心が荒れ狂う海のようであれば、高層ビルを放りこんだとしても、何の影響もないだろう。意図が、受け入れ態勢にある静けさの中に招き入れられるなら、私たちは宇宙の持つ無限の力の影響下に入り、その力を表すことができる。「細部は宇宙の手にゆだねる」のだ。

執着しないことの法則

ある意図があったとしても、それがみずから形を現すまでは、実現にこだわる気持ちを捨てなければならない。結果を出すことだけにとらわれるなら、それがかなわなかった場合への恐れと不安がわき起こる。高次の自己に通じることができる者は意図や願望を持っても、彼ら自身はその結果とは離れたところにいる。そうした人々は、何ごとにも動じない。チョプラの言葉を引用しよう。

ただ執着のない取り組みによってのみ、喜びと笑いを得ることができます。そうすると、豊かさのシンボルは、自ずから努力なしに生み出されるのです。執着しない心がなければ、私たちは、救いもなく、希望もない、俗世間の要求、つまらない関心、ものもいえないほどの失望、そして重苦しさ――それが毎日の平凡な生き方であり、貧しさの意識ですが――の囚人です。

執着したままだと、問題に無理やり解決をつけなければならないと思う。執着から離れれば、混乱の中から自然に浮かび上がってくる完全な形の解決を、ゆとりを持って見ていられる。

この概要だけ読んで、それで充分だと思わないでほしい。より詳しく書かれており、そしてまた読む喜びを与えてくれるチョプラの文章に触れるために、本書を手元に置いておこう。チョプラの考え方を理解し、言葉使いに慣れるまでには時間がかかるかもしれないが、読みこもう。そうすれば彼の法則が実際の力を発揮する時が来るだろう。読みかえすたびに、内容が新たな意味を帯びていると気づくこともあるだろう。それが古典的名作の特徴だ。

人生を変える一冊に出会うために――

この百年に世に出た自己啓発書の特色を挙げるなら、物質的な成功に力点を置いた教えを通じて、スピリチュアルなメッセージを届けているということだ。人は成功につい て書かれたある本を買い、宇宙が持つ恵み深く完全な知性が、その中で説かれているのを知る。成功の法則を教えるという別の本を手に取れば、自分の行動に良いカルマを保つように、成功の見返りから自分自身を離れた立場に置くように、と示されているのを読んで驚く。

チョプラは、スピリチュアルな知性を高めるほど裕福になると説いていると、よく非難される。しかしそれは真実ではないだろうか。宇宙の本質は豊かさにあるのだから、貧しいという意識で生きるのは、人生の無駄ではないか。

この本の主題は、宇宙の中ですべてが一体となることだ。「成功」を中心にすえていることは明らかだが、本当に取り上げようとしているのは「力」である。心を開き完全に宇宙と一体となれば、宇宙の力を自分のものとすることができる。ところが、宇宙と隔絶されれば、人は世界と戦う姿勢になり、力を失う。『人生に奇跡をもたらす7つの法則』をはじめとする、自己の向上のための最良の書は、成功の概念を、「世界を支配する大立者」になることから「世界と一体となること」へと変革している。

Chapter 3

3

幸福の極意

好きなこと、うまくいくことをする

20

1992

自分の中に奇跡を起こす!

ウエイン・W・ダイアー

自己、より高度な自己、そして、
人生の目的が一直線上に結ばれていれば、
奇跡のような素晴らしいことが起こる。

邦訳
『自分の中に奇跡を起こす！』
三笠書房　渡部昇一訳

これまでの自分の人生をタペストリーを見回すように振り返ると、現在の視点からは、すべての面に必然性があり、完全であるように見える。一歩一歩少しずつ高いところに登ってきたわけだが、当時はそのような一歩も、苦難か悲痛な体験のように思ったものだった。

病から健康へ、肥満からスリムな身体へ、中毒からその克服へ、貧困から富裕へ、不器用から機敏へ、不幸から幸福へ、不満から充足へ、自分を変える能力は、誰もがもっている。それを覚えておこう……前例のないことも——一九五四年以前のポリオ治療、一七四五年の飛行機飛行のように——たった一人の人間の思いつきから始まったことを思えば、人間の可能性を信じることができるはずだ。

❀

ウエイン・W・ダイアーは、人気のベストセラー作家だ。講演活動にも精力的であり、人生変革を現代の大きな社会現象にまでした人物である。『自分のための人生 Your Erroneous Zones』の成功によって、彼は名誉ある学究生活を去り、トークショーや朗読の世界へ移ることになっ

Wayne Dyer

ウエイン・W・ダイアー

一九四〇年、ミシガン州デトロイトに、三人兄弟の末っ子として生まれ、子ども時代の多くの年月を孤児院で過ごす。高校卒業後、海軍に入隊し、四年間グアムで暗号専門家として任務に当たる。デトロイトの大学を卒業して、教師となったあと、学校カウンセリングの修士号を取得するが、大学教授たちが授業の時間をほとんど持たないことをうらやましく思い、心理療法の博士課程も履修する。

ニューヨークのセント・ジョンズ大学で助教授を務めるなど、六年間、大学で教鞭をとり、その間、テキストを三冊著す。『自分のための人生 Your Erroneous Zones』は、ミシシッピ州のビロクシで父親の墓を「精神的に発見した」（この経緯については『小さな自分で一生を終わるな！ You'll See It When You Believe It（三笠書房）』で語ら

た。この最初の著書が彼のいちばんおもしろい本だとするなら、いちばん完成度が高く、最高の本と言ってよいのは本書だろう。内容は洞察に満ち、東西のすぐれた思想家の思想が自在に取り入れられ、実生活のための自己実現の指南書となっている。

れている）あとに書かれた。プロモーションのための旅に費し、本書をベストセラーにしている。

　これまで書いた本の総売上げは五千万冊を超えると言われ、その中には、『どう生きるか！　自分の人生！　Pulling Your Own Strings（三笠書房）』、『わが息子、娘のために父親は何ができるか　What Do You Really Want for Your Children?（三笠書房）』などがある。

　忙しく講演活動を続けており、熱心なランニング愛好家でもある。結婚して八人の子どもがいる。フロリダ州在住。

本物の奇跡とは？

「本物の奇跡」は、脱出魔術で有名な魔術師のハリー・フーディーニの言葉から取られたものだ。現役時代の終わり頃、フーディーニはこんなことを言った。自分の離れ業のほとんどは錯覚を利用したものだが、一部には自分でもなぜできたのかわからないものがある。彼はそれを「本物の奇跡」と呼んだ。

ダイアーの言う本物の奇跡は、日常生活において誰もが魔術師になれるという逆説的な真実を指す。この考えには一見、無理がある。だが、実はダイアーが言うように、自分に対する見方を変えるだけのことだ。彼はテイヤール・ド・シャルダンのこんな言葉を引用している。

「私たちは精神的な体験をする人間的存在ではなく、人間的な体験をする精神的存在である」

本書は私たちの生活から「不可能」を取り去り、単なる目標設定や強い信念でなく、私たちが何者で、何ができるかについて、強固な「認識」を築く方法を示す。この状態にまで意識が高まると、人生の目的はくっきりと明確になり、人間関係は精神性の高いものになり、仕事の努力は「フロー（255ページ参照）」状態になり、決断するのがたやすくなる。

ダイアーが見るように、人生に偶然はない。一つ一つの体験は、いかにつらいものであっても、最終的にはより価値の高い何かへ私たちを導いていく。振り返ったときはじめて、すべてが意味をなし、次々と展開していく計画の一部だったということがわかる。

目的による啓発

本書全体を通して流れているのは、自分なりの人生の目的に気づくべきだ、という思想である。人間は、人生や自分自身について、おもに以下の三つの方法で学び、「啓発され」る。

1 苦しみによる啓発

「なぜ自分がこんな目に？」と問う道だとも言える。不幸な出来事が起こったときは、苦しむことによって何かを学ぶことができる。だが、苦しむことだけに気を取られていると、奇跡の可能性を閉め出してしまう。

2 結果による啓発

この道にある人は、人生を意味あるものにしようという目標と野心をもっている。「なぜ自分が？」と苦しむ状態よりは一歩進んでいるが、まだ受身でもがいている状態で、奇跡を生む意識の高みには至っていない。

3 目的による啓発

宇宙のすべてのものには目的がある。自分の真の目的にしたがって生きることにより、私たちは宇宙の目的とともに歩み、人生と戦うことなく、奇跡のように望みのものを生み出すことができる。

自分が「目的に向かっている」かどうかは、仕事をしているとき時間を忘れているかどうか、億万長者になるとわかっていてもやりたいと思うほど楽しいかどうかでわかる。ダイアーは、読者にモンテーニュのこんな言葉を思い起こさせる。

「人類の偉大で輝かしい傑作は、目的をもって生きることである」

あなたは、ただ生きているだけだろうか、それとも、傑作をつくっているだろうか？

奇跡を生む考え方を身につける

目的をもって生きることのほか、奇跡は以下のような心構えから生まれる。

1　ものごとを決めつけない。
2　直感をみがく。
3　現実は心構え次第で変わることを知る。
4　必要なものをすべて与えてくれる宇宙に身をゆだねる。

大切なのは、行動そのものと、そこから得られる報酬を分けて考えることである。欲求に満ちた文化に身をおいて暮らしていると、これは難しいことだ。だが、ダイアーは「野望がすぎれば成功を逃す」という真実をうがったことわざに注目する。奇跡は起こそうと思って起こせるものではない。だが、報酬でなく、行動そのものに徹底的に集中していれば、自分の中に奇跡が生まれてくる。未来のことは必ずゆとりをもって考え、現在の行動の妨げにならないようにしよう。

目的と人間関係

目的は私たちの恋愛にも影響する。ダイアーによれば、人間関係はすべて神聖な必然性の一部だという。つまり、運命づけられたものだから、充分に重んじなくてはいけない。精神的なパートナー同士は、表面的に似ているだけではなく、互いの関係が魂の進化をもたらすと考える。この根源的な洞察から、私たちは相手を所有物ではなく贈り物としてあつかう。正しくあろうとするよりは、やさしくあろうとする。相手が望むだけともに過ごし、それが互いの関係を新たにする。

最後には、お互いが素晴らしい神秘であることがわかり、それ以上、相手を知らなければならないと感じなくなる。「理解できないことを尊ぶ」ようになるのである。

目的と豊かな自分

ダイアーの思想でとりわけ有益なのは、豊かさに関することである。私たちの心配ごとのほとんどはお金の有無に関することだが、彼の考えによれば、人間は何も「手に入れ」ようとしてはならない。「豊かさに至る道はない。豊かさこそが道である」。豊かさとは、欠乏感と同様、本質的に心のあり方である。「もっと欲しい」でなく、「ありのままでいる」ということだ。自分がすでにどんなに豊かかを知れば、豊かさを意識することができる。聖書の言葉にもこうある。

「もてる者にはさらに与えられるだろう」

逆に、貧しいという意識は、環境に現れた欠乏感を言う。ダイアーは、環境は人をつくるものではなく、人を表すもの、というジェームズ・アレン（35ページ参照）の言葉を引いている。このあたりはきわめてあつかいにくい問題だ。貧しい人は貧しいのがふさわしいと言っているようにも聞こえるからである。だが、ダイアーはそこを厳密に区別している。単にお金がないという状態ならほとんどの人が経験することだが、「貧乏」というのは、窮状を環境のせいにするたびに強められていく一連の信念なのだ。

目的を生き抜くことは、それが絶え間なく何かを与えるものである限り豊かさへの流れに乗る確実な方法である。たとえ少額でも、収入の十パーセントを自動的に何かに寄付するのもいい。

私はどんな人間になる？

本書はまた、人格の本質についても触れている。人格は確定したものではない、人間は自分をつくり直すことができると考えて初めて、奇跡に満ちた生活を送ることができる、というのがダイアーの主張だ。かすかな直観や口うるさい内なる声は、自分の可能性について、あなたが自認するよりあなたをよく知っている。それを尊び、育てよう。人間の成長は、ないものに目を向けることからでなく、「私たちにとってはすでに完全である」という認識から得られる。人格をつくり直すことは、より大きな真実の自分を、もっと表に出すということにすぎない。

人生を変える一冊に出会うために――

本書には、肉体的な健康を論じた素晴らしい章もある。あなたが「精神的存在」となり、「精神的革命」の先駆けとなるのを助けるためだ。ダイアーは精神的なテーマを、深刻になりすぎたり、魔術がかったりせずに語る才がある。自分の見解を証明するために、心理療法の体験、洋の東西の宗教的偉人の思想、哲学、量子物理学などを駆使していながら、決して学術的にはなっていない。

きわめて独特な語り口は、多くのファンを獲得してきた。彼はまた、精神的な指針を説く中で、家族からの要求に手を焼くビジネスマンに心安らぐエピソードも提供してくれる。十代の愛娘がぐったりとドアにもたれて「学校で、パパは子育ての本を書いてるって言われたの。嘘だと言って！」と言ったという話を披露するなど、このテーマについて実に楽しく語っている。

彼の思想の極意は瞑想にあり、彼はパスカルのこの言葉を好んで引用する。

「すべての人間の苦しみは、一人で部屋にじっと座っていられないことから起こる」

一人で部屋にじっと座っているなど不可能な人は、本書を読んでみるといいだろう。

21

1998

人生を変える80対20の法則

リチャード・コッチ

得意なことを見つけ、
もっとそれに力をそそげば、
成功はたやすく手に入る。

"The 80/20 principle is the cornerstone of results-based living. Read this book and use it." —Timothy Ferriss, #1 New York Times bestselling author of The 4-Hour Workweek
Now with Four New Chapters
The 80/20 Principle
Third Edition
The Secret to Achieving More with Less
Richard Koch

邦訳
『[増補リニューアル版] 人生を変える80対20の法則』
CCCメディアハウス　仁平和夫訳／高遠裕子

すべての卵を一つの籠に入れてはいけないというのが、従来の投資の鉄則である。それに対し、一つの籠を慎重に選び、その中にすべての卵を入れ、あとは鷹のようにそれを見守るというのが、八〇対二〇の投資の鉄則である。

八〇対二〇の法則は人間を自由にしてくれる。真実とはそういうものだ。楽をしながら、もっと儲け、もっと楽しむことができるようになる。

❀

　この魅力的な本は、あなたの生活を激変させるかもしれない。効果あるいは結果の八〇%は努力全体の二〇%から得られるという著者の紹介する法則は、充分な裏づけがあるとは言うものの、実感としてはなかなかぴんとこない。だが売上げのほとんどは、全品目の二〇%の製品から上がる。カーペットの摩耗も、ほとんどが全体の二〇%に集中する。個人の人生に当てはめると、幸福の八〇%は、全時間の二〇%を費やした事柄から生まれるという。

　個々の正確な数字は少々違うかもしれないが、この法則が伝えようと

Richard Koch

リチャード・コッチ

　成功した起業家であり、ベストセラー作家でもある。本来は経営コンサルタントであり（ベイン&カンパニー、ボストン・コンサルティング・グループを経てLEKパートナーシップの共同創立者となる）、欧米の著名企業のコンサルティングを多数手がけてきた。ホテル、高級ジン、レストラン、手帳、もっとも新しいところでは、スポーティング・エクスチェンジ社を通じた個人対個人の賭けなど、幅広い事業を手がける。イギリスや南アフリカのベンチャー投資グループにもコンサルティングを続けている。

　おもな著書には『脱マネジメント企業：収益力4倍を実現する80：20パワーをつかめ Management Without Management（共著 ダイヤモンド社）』、『戦略について知っておきたいこと Smart Things to Know about Strategy（未訳）』、また、資本主

しているのは、世の中の動きが基本的に不均衡だということである。本書はこの法則だけをテーマとして書かれた最初の本であり、この法則を個人の人生に応用したという点でも最初のものである。法則自体は、もともとはイタリアの経済学者パレートが指摘したもので（「パレートの法則」として知られている）、戦略的経営コンサルタントたちの拠りどころ、よりよい経営の極意ともなってきた。

法則が示す結果は、知らない者には魔法のように見えるだろう。従来の経済法則をくつがえすものだからである。驚くにはあたるまいが、それは「最小努力の法則」とも呼ばれてきたのである。

とはいえ、八〇対二〇の法則は単なる法則ではなく、現実を観察した結果そのものである。数ある自己啓発の名著が提唱する精神的、哲学的法則と違い、コッチの言うように、あなたが信じようと信じまいとこの法則は機能している。

義と民主主義の関係について論じた『第三革命　The Third Revolution（未訳）』がある。『人生を変える80対20の法則』は十八ヶ国語に訳され、アメリカ、アジア、ヨーロッパでベストセラーとなった。続編としては、科学の法則でビジネスの成功を解説する『人生を変える成功へのパワールール　The Power Laws : The Science of Success（TBSブリタニカ）』、富と幸福を築く手引き書『80対20の革命　The 80/20 Revolution（未訳）』などがある。

ロンドン、マルベーリャ、ケープタウンに居を構える。

五〇対五〇の信念VS八〇対二〇の法則

ふつうの知識で考えれば、費やされた努力と得られる結果の関係は、五〇対五〇が理に適っている。「充分な」努力をすれば、「充分な」結果が得られる。「一生懸命努力」すれば、それ相応の結果が期待できる。これが何世代にもわたって社会を動かしてきた考え方であり、社会の調和を維持するという点で、ある程度のメリットがあった。労働と報酬の均衡が明確であれば社会は安定し、凡庸であっても受け入れられ、周囲に順応することが得になる。だが不幸にして、コッチが示すように、このような考え方はもはや通用しない。

新しい世の中では、「現状維持」だけでは足りないし、何かの能力があるというだけでも成功を得ることはできない。簡単にでき、しかも好きなことをすべきだ。そうすれば、他人よりずっと有利になり、その分野の頂点に立つことも可能だ。

ふつうの人がやっていることに比べて「仕事」らしくないかもしれないが、大きな報酬をもたらすのは、この種の努力だけだ。八〇対二〇の法則で動いている世界では、旧来の世界と違い、その論理を活用した者が、投じた労力よりもぐんと大きな成果を期待できる。しかし、その投じられる労力は、比類なく高度で、提供者の独自性を反映したものでなければならない。

八〇対二〇の法則から見れば、マイケル・ジョーダンが半ダースのバスケットボール・チームを集めたよりも稼ぐのは、実に理にかなったことである。彼は最高の技術を見せ、相応の楽しさを提供してくれるからだ。スターたちは以前より高収入になり（トップクラスの俳優たちを見よ）、そのありさまはほとんど常軌を逸しているようにさえ見えるが、コッチに言わせれば、彼らは「いかなる非凡な価値も、自己実現からしか生まれない」という彼の法則の妥当性を万人に示しているだけなのだ。

時間革命

私たちが価値があると思うもののほとんどは、費やした時間のごく一部から得られる。大いに効率を高め、より幸福になり、より稼ごうと思ったら、その「ごく一部」を一〇、二〇%と言わず最大限に増やさなければならない。私たちの社会は時間に対する評価が低いとコッチは指摘する。

「時間管理など必要ない。必要なのは時間革命だ」

従来の時間管理は、作業の効率を高め、仕事に適切な優先順位をつけることを主眼としていた。時間管理がどれもこれもうまくいかないのは、まず第一に、自分が時間の使い方の良し悪しを知っていると思い込んでいるせいだとコッチは見る。第二の間違いは、時間は足りないものであり、やらなければならない大切なことはたくさんあって、自分はつねに時間に追われているという思い込みだ。

八〇対二〇の法則で時間を飛躍的にうまく使うためには、自分の「優先順位」を再確認し、それが本当に自分の人生全体のいちばんいい使い方なのか検討する必要がある。コッチはこの点について率直に言っている。「ほとんどの人は的外れなことを一生懸命やりすぎている」。八〇対二〇の法則は、現実のものごとのいとなみで自然に起こる不均衡を反映している。だから、時間について合理的に考えようとしても無駄なことだ。時間管理手帳がうたうように時間効率を十五―二十％改善するなどということは、「重箱の隅をつつく」ようなことでしかない。意外で非合理に思えるが、重要な二〇％のことに使いさえすれば、実際には時間は豊かにある。コッチが言うには、時間は足りないのではなく、あふれるほどあるのに、私たちはそれを「湯水のように使っている」というのが、危険な真実なのである。

よく知っていることなら怠けても大丈夫

たえず何かをしようと奮闘しているのに、結局、何もしていないということはないだろうか？コッチは、フォン・マンシュタイン・マトリックスというものを紹介している。フォン・マンシュタインはドイツの将軍で、「最高の将校とは、ミスが最少で、もっとも先見の明があり、有能でありながら怠惰な傾向がある者」と定義した人物である。コッチはその見解をもとにつくったマトリックスに現代の経済をあてはめ、スターになるために不可欠なのは、「怠ける能力を磨く」ことだと述べている。困難なことや、いかにも尊敬されそうなありふれた目標を選ぶのでなく、簡単にできることに集中すべきなのだ。

驚くべきことに、資本主義では、個人が自分自身であるということだけで成功し、豊かになれるようになっている。自分の能力を最大限に発揮すれば、ごく小さいながらもきわめて価値のある独自の得意分野をおのずと築くことになる。このことは、さらなる専門化が求められている情報経済の動きとまったく一致している。誰かがやっていることを、まったく同じようにやっている人はどこにもいないからである。俳優業やスポーツ選手のような、無尽蔵の供給に対してわずかな需要しかないように見える市場においてさえそうだ。プロのテニス選手が何百人いても、アンドレ・アガシはただ一人である。彼だけがもつ風貌、態度は、同程度のランクの選手の何倍もの支持を集める。どんな分野でも、リーダーシップに不可欠なのは、熱心さ、あくなき好奇心、たゆみない学習と言われている。だが、そんなものは通用しないのだ。

八〇対二〇の思考は、野心と、悠然と自信に満ちた態度の組合わせである。内省的な思考（とっさに行動するより、ものごとが見えてくるのを待つ）、慣習にとらわれない時間の使い方、そして快楽主義的な哲学を必要とする。「はたらくほど成功する」と考える私たちの文化においては、快楽主義は徹底的にやっつけられてきた、とコッチは考える。だが、快楽主義は自己中心主義ではない。やっていることを愛するほど、その道に上達することができ、人の役に立てる可能性も高くなるからだ。

人生を変える一冊に出会うために――

本書は、競争社会を脱し、自分の可能性に応じて生きるための処方箋である。いかに些細なことが人生の妨げになっているか、いかに「忙しい」と言うことが往々にして「目的がないことの隠れ蓑」になっているかを教えてくれる。これらは自己啓発本ではおなじみのテーマだが、その洞察に特別な重みを与えているのは、コッチが宇宙の「力学」

の一つを応用したことである。「宇宙の性質に反するのではなく、それにしたがってはたらくこと」に基づく行動理論を、誰が無視できるだろう?

本書は今日の経済社会で成功する極意を理解するにはうってつけの本であり、ビジネス書でありながら刺激的な人生ガイドにもなり得ている。コッチはジョセフ・フォードのある言葉を紹介している。神は宇宙を相手にサイコロをふるが、そのサイコロは細工されている、というものだ。いかに宇宙が「予想された通りに不均衡か」を教えることで、八〇対二〇の法則は、私たちがおのずと自分に有利に賭けられるようにしてくれる。好きでもないことに「秀でる」のを目指すのではなく、自分にしかない才能を存分に発揮するというのが重要なところだ。そうすれば、秀でるだけにとどまらず、傑出した存在になることができる。

22

2001

しっくりくることだけ、やりなさい

マーサ・ベック

人生が間違った方向に進んでいるような気がする人のための本。

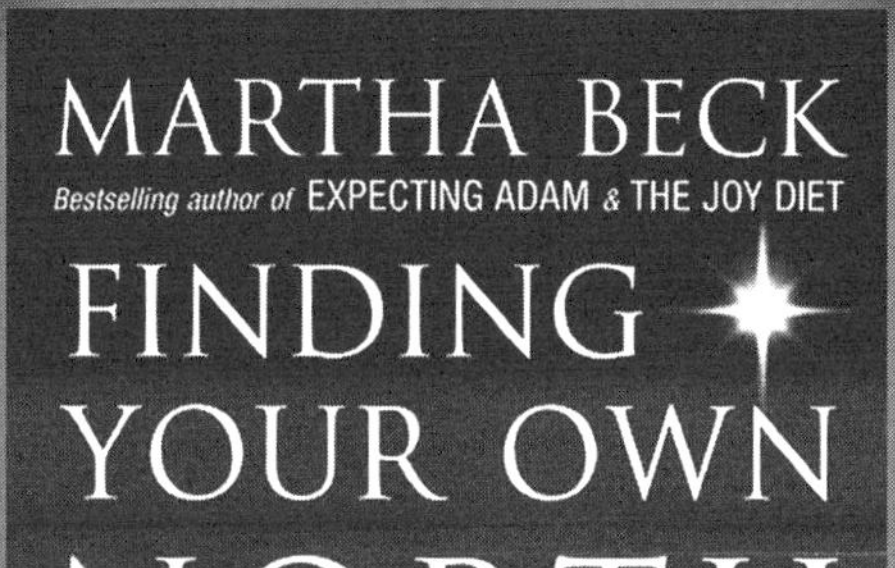

邦訳
『しっくりくることだけ、やりなさい』
パンローリング　森田由美訳

よく聞いてほしい。あなたの生まれた家庭は、あなたを北極星に連れていく方法を知らない。あなたが小さいときも知らなかったし、今も知らないし、今後も知ることはない。……自分を受け入れ、支えてくれる家族を持っている人は、家族の愛がずっと連れそってあなたを本来の人生へと導いてくれるわけではないという現実に直面しなければならない。

クライアントの多くは、数週間、ときには数ヶ月、じっくり休んで身体的な健康を取り戻すまで、どんな仕事がしたいのか考えることができない。あなたの身体があなたに告げることはすべて、北極星への次のステップである可能性がきわめて大きい。

❀

ポラリスと呼ばれる北極星は、北極の上にある。ほかの星と違って動かないので、探検家や船乗りが現在の位置を割り出したり、方向を確認したりするときに使われてきた。マーサ・ベックは、北極星こそ彼女が「本来の生活」と呼ぶもの、われわれに求められるのを待つ、自分だけの満たされた生活にぴったりのシンボルだと考えた。

Martha Beck

マーサ・ベック

ハーバード大学にて学士号、修士号、博士号を取得。同大学およびアメリカ国際経営大学院でキャリア開発を指導。学究生活を退いてからは「人生設計カウンセラー」となり、ライフデザイン社を設立。クライアントの潜在能力発揮を助けることを仕事とする。

ほかのベストセラーとしては『あなたを産んでよかった Expecting Adam : A True Story of Birth（扶桑社）』、『変容と無条件の愛 Transformation and Unconditional Love（未訳）』、『限界点：女たちはなぜ壊れ、どうやって生活を立て直したのか Breaking Point : Why Women Fall Apart and How They Can Re-Create Their Life（未訳）』がある。雑誌執筆も多数。アリゾナ州フェニックスに家族とともに住む。

自分の北極星を見つけるにはどうすればいいのだろう？　内なるコンパスは、身体反応、直感、特定の欲求や願望などの形をとって、われわれをそこへ導き、雲や嵐で視界を失ったときにはもとの道に戻れるようにしてくれる。

ベックによれば、本来の生活を見つけるために不可欠なのは、本質的自己と社会的自己の違いを見きわめることである。まず、そのことについてよく考えてみよう。

本質的自己と社会的自己

「本質的自己」とはなんだろう？　それは集団と歩調を合わせようとするときに「違うリズムで歩け」と静かに命じる声である。これに対し、「社会的自己」とは、これまでの人生の決断のほとんどを決めてきた声である。あなたに技術を与え、あなたのために人脈をつくり、基本的には「頼りになる」声だ。ほとんどの人は社会的自己を自分の主としているが、満たされた生活を望むなら、別の生き方をすべきだ。主導権は本質的自己に持たせ、目的地に行くために実務的に必要なことを社会的自己にゆだねるのだ。

ベックは学究の世界の出身である。そこでは「難しい」ことをするのがよしとされた。彼女は大学で、人に感心されそうで、頭がよく見えそうだという理由から中国語を専攻したものの、大きらいになってしまった。中国語は本当に難しく、彼女は精神的泥沼にはまりこんだ。

どんなに価値のあることと思っていても、やることなすことストレスや苦しみになるときは、たぶん本来の自分の方向性にあっていないのだと彼女は言う。東洋哲学で「無為」と呼ぶような、ことさらに努力しなくても効果を上げられて、あなたに喜びを与えるものこそ、おそらくあなたの北極星に近いものである。

かつて、個人がつねに大きな組織の歯車であったときには、社会的自己による従順で迎合的な行動をとっていれば、経済的にうまくやっていくことができた。しかし、二十一世紀にはこの状況は変わり、独自の性格、技術、製品を持つ人が大金を手にする。そして、そういった独自性は、会議を開けば出てくるわけではなく、人間の深いところ、本質的自己から生じる。

本質的自己を取り戻し、生命力を解放する

本質的自己は、ジェイムズ・ヒルマンが『魂のコード』（411ページ参照）で述べている魂のようなものだ。口はきけないが、あらゆる方法でメッセージを伝えてくる。ベックのもとを訪れるクライアントの中には「自己妨害」を訴える人が多くいる。うまくやらなければいけない試験や面接で、なぜだか失敗してしまうのだ。しかし、一見、説明のつかない失敗も、実は自分の長期にわたる真の願望と調和していることがある。

本質的自己を取り戻す上でもっとも重要なのが、「ノー」の言い方を学ぶことである。日本語では「ノー」を「いいえ」と言うが、日本はどちらかというと体制に順応することをよしとする社会なので、これを言うのはなかなかむずかしい。私たちは幼い頃から、つねに本質的自己は社会的自己に道をゆずるべきだと教えられている。しかし、檻に入れられた虎でもだいじな縄張りを侵されたら襲いかかるように、本質的自己もノーと言うべきときを知っている。そのときはその意志にしたがい、縄張りを主張しなければならない。さもないと、誰に対してもつねにいい人でいなければと思うことになり、最後にはノイローゼになってしまう。

身体と脳は、本質的自己が無視されていると、病気、忘れっぽさ、漠然とした敵意、無気力、言い間違い、依存症などによって、あなたに注意をうながしてくる。自分の身体の声を聞こう！

逆に、自分の北極星に照準を合わせれば、子どものとき以来感じていない、鬱積した生命力を解放できる。あなたはもう一度自分を愛し、ものごとをたやすく思い出し、もっと健康に配慮し、世の中とずっと楽しく接することができるようになるだろう。真の目的を求めることは周囲の人

の眼には、自己中心的に見えるかもしれない。だが、彼らにしても、あなたが自分の真の目的を埋もれたままにしておいていいと思うだろうか？

自分が正しいと思うことを追求する

何かを変えようとする（子どもを持つ、仕事をやめる、一年間休職する）とき、私たちは、きっと「みんな」にばかだと思われる、「みんな」に嫌われる、と自分に待ったをかける。これは怖いことだ。「みんな」というのがたった二、三人のことだったり、死んだ人まで入っていたりすることに気づく必要がある。心理学ではこれを「一般化された他者」と呼ぶ。

ベックはかつて、日常的な言葉で文章を書くべきときにも、わざわざ学術論文のような無味乾燥な文体を用いていた。それが父親に認められたかったからだと気づくのには、彼女自身、長い時間を要したという。

いったんすべてのものには無数の見方があることに気づけば、もう架空の「みんな」の世話になることなく、自分が正しいと思うことを自由に追求できる。社会的自己は、危険を避けるようにプログラムされており、その中には幻想の危険も含まれているということを、つねに覚えておくように、とベックは言う。夢を追うことは、別な見方をすれば、怖れと新しく前向きな関係を築くことでもあるのである。

人生を変える一冊に出会うために——

本書は、総合的な自己啓発書である。美しいものを味わう、寛大になる、すべてがうまくいっているときにも変化を歓迎する、自分や他者の怖れを究明する、悲しむ、憎しみや怒りを表す、直感にしたがう——などのあらゆる方法を網羅している。

これらがどう北極星に関係するのか？

「目的に向かって」いないと、生活のあらゆる面に影響がおよぶ。目的に向かった状態にもどるためには、自分の感情や内面的な学習をもっと意識する必要があるのである。

本書の最後の部分は、あなたが北極星を探して歩んでいくであろう人生の四つの段階をテーマにしており、そこだけでも本一冊分の価値がある。全編にわたってクイズあり、エクササイズありで、その多くは「あなたを殻から出す」ようにつくられている。

23

1998

ダライ・ラマ こころの育て方

ダライ・ラマ14世／ハワード・C・カトラー

幸福になるのに、
現実の出来事に左右される必要はない。

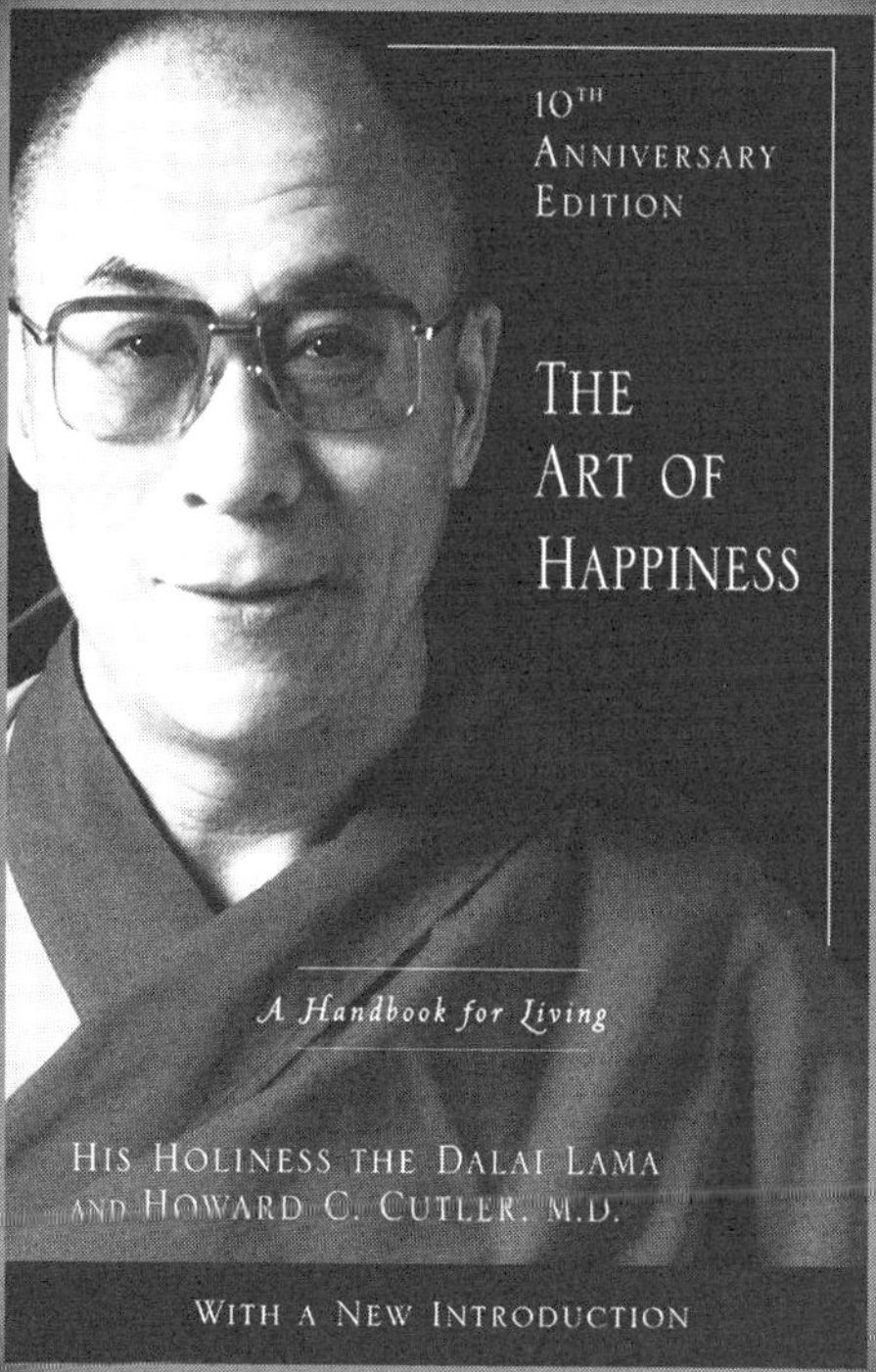

邦訳
『ダライ・ラマ　こころの育て方』
求龍堂　今井幹晴訳

ダライ・ラマ
私たちはそれぞれ身体、心、感情をもっています。私たちはみな同じように生まれ、死んでいきます。私たちはみな幸福を望み、苦しみを望んではいません。

私は、有効な時間の使い方とはこういうことだと考えます。できることなら、他の人々のために、他の生命あるもののために、奉仕しなさい。もしできなければ、せめて害を与えないようにしなさい。これが私の哲学のすべての基本です。

ハワード・カトラー
私は自分で何度も確信してきた。ダライ・ラマ法王は心が満ちたりて、かつ落ち着いた分別をもって生きるすべを身につけてきた人である、と。私自身はそのような人格を他に見たことがなかった。（中略）法王は仏教徒だが、（中略）私は、果たして人間は仏教徒でなくても有効に生かせるような信念と実践の体系を見いだすことができるのかどうか、知りたいと考え始めた。私たちの生活にすぐ応用できて、私たち自身をより幸福にし、より強くし、生きることに恐れをいだかなくなるような、そのよう

The Dalai Lama & Howard C. Cutler

ダライ・ラマ14世
一九三五年チベット東北の貧しい農家に生まれる。二歳でダライ・ラマ13世の転生者と認められ、十五歳で国家最高指導者に。自らを一人の仏教僧と呼ぶ。チベット仏教の精神的支柱。チベット国民と中国の侵略を受け、一九五九年インドに亡命、亡命政府を樹立する。一九八九年にノーベル平和賞、二〇〇七年に議会名誉黄金勲章を受章。基本的な人間の価値を養うために世俗的な普遍的アプローチの必要性を熱心に訴えてきた。二十年以上にわたり、自らも設立に加わったマインド・アンド・ライフ・インスティテュートを通して、幅広い分野の科学者たちと協力し合い、対話しつづけている。

ハワード・C・カトラー
医学博士。アメリカ精神医学神経学委員会に認証された

な実践法を見つけられるだろうか、と。

❀

仏教の僧のもとへ訪れた精神科医の話を聞いたことがあるだろうか。ふつう、このあとに続く話は、よくできたジョークだ。そこにカウンセリング用のソファと托鉢用の鉢が出てくるのだ。本書は、この僧と精神科医の構図が基本となっている。

『ダライ・ラマ　こころの育て方』は、高名な精神科医ハワード・カトラーとダライ・ラマ法王の協力により、形になった本だ。ダライ・ラマがさまざまな問題についてめぐらせた思考に、ハワード・カトラーが個人的かつ科学的な見解を加えている。ダライ・ラマが実際に書いたわけではないので「共著者」としているのに異議を唱える人も少なくない。しかし本書を手にとってみれば、それが問題にならないことがわかる。幸福をめざすための、この並外れて力強いガイドは、法王とともに数時間を過ごすことが許されたならば、誰もがたずねるであろう質問にもとづいてまとめられているからだ。

専門医。チベットの医学を学ぶ許可を受け、研究中の一九八二年に、ダライ・ラマ法王に初めて会った。博士はアリゾナ州フェニックスで、精神科医診療所を開いている

幸福の性質と源泉

カトラーには、西洋科学を基礎とする知識と経験から得た結論があった。幸福の正体は謎であり、人間が実際に望めるのは、悲嘆を避けるところまでである、というものだ。そう信じて、彼は本書の執筆を始めた。

法王と対話を重ねるうち、カトラーは、法王の言うように、幸福であるのはぜいたくなどではなく、人間が生きる目的であり、また、幸福へ至る確かな道があるのだと考えるようになった。まずは、悲嘆に通じる要因と、幸福へ向かう要因を見分ける必要がある。それから、悲嘆の要因を取り除き、幸福の要因をはぐくむべく、努力を始めるべきだ。

幸福についてのもっとも意外な指摘は、その達成が「科学的」なものであり、訓練を要するということだろう。カトラーはこう述べる。

> 私は最初から、法王と分析的な言葉をかわしながら、面談していた。私が人体の構造について質問していたかのようだった。ここでの構造は、人間の心と精神の構造ということだった。

以下は本書の要点である。

◆幸福にはいくつものレベルがある。仏教では「富」「現世的な満足」「精神性」「悟り」の四つを幸

福の基本要素としている。これらを「一つにしたものが、人が探し求める幸福のすべて」である。健康や親しい仲間も大切だが、この四つすべてに通じる入口は、自分の心の状態だ。心の状態は、人生経験をつくり出すだけでなく、経験をながめる時のフィルターとなる。精神的な規律が欠けていれば、自分の行動を制御することはできない。また、出来事に左右されない自分であろうとしても、そうはいかない。

真の幸福の源泉は、自分の意識をコントロールできるかどうかである。例をあげれば、穏やかな心、あるいは意義のある仕事に注意を向けている心は、幸福であるということに等しい。

◆幸福になるための基本は、「他者への愛情」と「絆を深める」ことだ。たとえすべてをなくすとしても、この二つは失われない。

ダライ・ラマは、自分の国を失う一方で、ある意味で全世界を得たと語っている。他の人々とすぐに親密になることができたから、それができたと。つねに人々と自分との共通性を探すならば、真に孤独となることはない。

◆否定的な感情や心の状態は、たとえどんなに強力に思えようとも、実際には何の根拠もない。それらはゆがみであり、ものごとをあるがままに見るのを妨げる。このことを理解するために、平常心を失ったなら、そのあとで恥やとまどいだけを味わう必要がある。

前向きな状態にある時はたいていい、宇宙の本来の性質、いつもそうあるべき姿により近い。どんな感情も、くりかえし訓練することによって、より望ましい姿になる。ダライ・ラマは、前向きな姿勢を育てるようにとしきりに説く。よい習慣とはつねにそういうものだ。出発点は低くても、最後に素晴らしい高みにたどり着く。

◆肯定的な精神状態は、自分にとってよいだけではない。かかわる人々すべてに恩恵をもたらし、まさに世界を変えていく。どんなに難しくとも、否定的な精神状態を減らし、肯定的なものになるよう努力しよう。

◆「健全な」行動をとり、「不健全な」行動を避けることは、道徳や宗教の問題ではない。幸福と不幸とを、事実上分けることだ。自分で鍛錬すれば、「よい心」を育てられ、実りのない行動をとらずにすむようになる。

◆幸福と喜びとを混同してはならない。喜びは幸福と同じように思えるかもしれない。だが、喜びは意味を欠いている。いっぽう、幸福は意味の上に成り立ち、逆境の中でも感じられることがよくある。幸福は安定しており、不変である。喜びは人生にもたらされる不測の贈りものであり、幸福は必須のものである。

◆幸福は時間とともにより高次のものになる。現世的な成功に向けるのと同じく、幸福について学び、訓練するために、努力と決意を向けると決めよう。幸福の原因と実現の方法を、意図的に追求すると決めることは、結婚や新たな仕事の開始を決めるのと同じく、もっとも重要な人生の決断の一つになるとカトラーは言う。そうしないなら、幸福は運まかせで、予期せぬ不幸にみまわれても、なすすべがない。

幸福を学ぶ者は、浮き沈みを経験しても、肯定的な状態により早く戻るための、または、「通常の」精神状態を大きく上まわるレベルに上げるための備えができている。

◆否定的な感情、特に怒りと憎しみを打ち消し、寛容と忍耐に置き換えるよう、時間をかけて努力しなくてはならない。

否定的な思考に、肯定的な思考で対抗するというダライ・ラマの考えは、認知療法が採用され成功してきたことで、裏づけを得ている。この療法では、人々がゆがんだ思考の型(「私の人生はどうしようもない」など)を、より正当な型(「今はうまくいっていないが、人生はこれがすべてではない」)に置き換えていく。

慈悲と絆

◆ダライ・ラマは、人間の根本的性質は「やさしさ」だとしている。科学と哲学は、人間は自分本位であると解釈する傾向がある。しかし、多くの研究結果から、必要とされる状況に置かれれば、人間は自分を犠牲にしてでも他人のために尽くすことがわかる。災害時の救助がそのよい例だ。

赤ん坊は生理的欲求を満たすためだけに生きているという点で、人間の本性をみごとに表していると考えるかもしれない。しかし、赤ん坊が周囲に喜びを与えているという面は、別の見方をすることもできる。世界を攻撃的だと見るのではなく、基本的に慈悲深いものと感じれば、人間のやさしさを証明するものが目に入りやすくなる。

◆慈悲はよい影響力を持つ。慈悲は感傷などではなく、人と人がわかり合うための基礎である。デール・カーネギーに賛同して、ダライ・ラマはこう言っている。相手の立場に身を置いて、ものごとを真に見たり感じたりすることによってのみ、その相手と絆が結べるのだ、と。慈悲は「他者をあわれむこと」ではなく、互いの共通性を認めることだ。現在、誰かが感じていることを、来週の自分が感じているかもしれない。

◆ダライ・ラマは「一度も孤独を感じたことがない」。孤独におちいらないためには、いつでも誰かとつながりを持てる状態が必要だ。孤独を感じている人々の多くは、家族や友人に囲まれている。それなのに彼らは「特別な誰か」を見つけたいという願望ばかりにとらわれている。まわりの人々という宝に対して目を開くのだ。そうすれば、孤独は過去のものとなる、とダライ・ラマは言う。

◆愛着を土台とする愛情と、慈悲を土台とする愛情とを区別するべきだ。人間は誰でも幸福を求め、苦難を避けたいと願う。愛し返してもらうために相手を愛するのでなく、同じ人間として共通する状況と、その特別な人の幸せのために自分に何ができるかをまず考えよう。

◆慈悲の心、すなわち他人の苦しみを感じる力をはぐくめないなら、人類の一員であるという温かさと感動の源となる感覚が持てないことになる。他人の痛みを我が身のように思うことに、あまり意義を感じないかもしれない。だが、それなくしては、自分を孤立に向かわせてしまう。無慈悲な者は、心安らぐことは決してない。一方、慈悲深い者は、心の自由とたぐいまれな平安を自分のものとする。

人生を変える一冊に出会うために――

『ダライ・ラマ　こころの育て方』を読むと、その後、「ダライ・ラマ法王なら、今の状況にどう対応するだろう」と問いかけている自分に気づく。法王け、数々の否定的な側面にもかかわらず、人生は明るいものだという感覚を全身から放つ存在だ。法王が自分の国を失っているという事実を忘れてはならない。

カトラーの鋭い質問に対して、特に個人の問題を扱っている場合、何度もダライ・ラマが「わかりません」と答えているのには驚きをかくせない。法王は、人とは複雑な存在であるにもかかわらず、西洋ではつねに原因を探ろうとし、それで答えが出なければ、一種の苦悩を味わうことにもなると語る。なぜ人生がそのような展開を見せているのか、私たちは必ずしも知る必要はない。

こうした考えは、法王の信じる輪廻（カルマ）にもとづいている部分もある。しかし仏教の教義とは離れて評価を受けてよいものだ。自分という存在についてすべてを知ることはできないかもしれないからこそ、他の存在にとってよきものであること、この世界をほんの少しでもよい場所にしていくことがなおさら重要なのだ。この単純にして明瞭な指示に従うなら、私たちの未来は暗くない。

24

ブッダの真理のことば・感興のことば

ブッダの教え

自分の考えに磨きをかけ、改善しよう。
そうすれば、世の中に怖れるべきものは
ほとんどなくなる。

邦訳
『ブッダの真理のことば・感興のことば』
岩波書店　中村元訳

栴檀、タガラ、青蓮華、ヴァッシキー――、これら香りのあるもののうちでも、徳行の香りこそ最上である。

さあ、この世の中を見よ。王者の車のように美麗である。愚者はそこに耽溺するが、心ある人はそれに執着しない。

また以前には怠りなまけていた人でも、のちに怠りなまけることが無いなら、その人はこの世の中を照らす。――あたかも雲を離れた月のように。

最高の真理を見ないで百年生きるよりも、最上の真理を見て一日生きることのほうがすぐれている。

❀

最近の自己啓発書にはそろそろ飽きていないだろうか？　本書は、いにしえの知恵のみなもとであり、真に偉大な心の文学の一つである。小乗仏教の仏典のおもなテーマすべてを感動的にまとめており、仏教思想

Buddha's teachings

の格好の入門書でもある。

タイトルは、宇宙のあり方、その法則を表すサンスクリット語のダルマ（パーリ語でDhamma）と、双方の言語で足、および歩みを表すパダ（pada）から来ている。つまりこの聖典は、私たちを涅槃《ニルヴァーナ》、つまり解放された状態に導く、普遍的な愛と真実のあり方を示している。宇宙の法則と、私たちがこの世にある間、どうやってその法則と調和して生きていくことができるかを述べているのである。

ブッダとは

ブッダはイエスより五百年ほど前に生きていた。「ブッダ」というのは実名ではなく敬称である。父親は、現在のネパールの位置にあった小国を治める王で、キアヌ・リーブスがブッダを演じた映画『リトル・ブッダ』をご覧になった方は、かの王族が興じた贅沢と怠惰がいかほどであったか、およその見当がつくだろう。

それにもかかわらず、二十九歳のときに宮殿の外を見て、ほとんどの人々の暮らしがいかに惨めであるかを知ったブッダは、密林に入り、ぼろをまとって隠遁者として腰巻き一つで数年間暮らす。菩提樹の下で「悟り」を開いたというのは有名な話である。イエスと違って老年まで生き、悟りのあと四十五年間、インド北部に教えを広め歩いた。

なぜブッダは成功したか

当時ほかにも多くの宗教があった中で、ブッダの教えは勝ち残った。なぜだろう？　彼はあらゆる階級の人に教えを広め、カースト制度や司祭階級バラモンの排他的な言語や儀式をほとんど無視した。権力が腐敗していることも、その宗教は、個人と悟りとの垣根を取り払う教義を持っていないことも知っていた。彼は神ではなかったが、聖なる化身であり、預言者でさえあった。精進によって完全な知恵と純粋な精神に到達し、あとにしたがうすべての者のために模範を定めた。仏教の普及を確かなものにしたのは、永遠に苦しみをなくすことのできる修行をブッダが明確に示したことだ。これは明らかに革命的な思想だったし、現代でもそうだ。苦しみのない人生の約束は、途方もない魅力を保ち続けている。

仏教学者のトマス・クリアリーは、ブッダが成功したのは、彼の教えが時間や文化を超えたものであり、人間のありようと宇宙との関係の本質をつかんでいるからだと述べている。

本書が述べていること

仏教が時代を超えて、理解しやすい思想であることは、本書にも表れている。章に分かれているが、はっきりと順序があるわけではない。好きなページを開いて、おそらくブッダ自身が語ったであろう霊感に満ちた考察を読み、時代を超えて聖なるコミュニケーションを図ることができる。『新約聖書』には世の中を変えようとした一人の若者のエネルギーが宿っているのに対し、本書にあるのは、年輩の人物の知恵、落ちつき、忍耐である。

ほとんど詩のような格言を通して、喜び、幸福、悪といった永遠のテーマにも触れている。一部の仏教書とは違い、学術的ではなく、要領を得ている。どの時代、どの文化においても新鮮な解釈ができるので、古びることがない。取り上げられているテーマをいくつか紹介しよう。

喜びを糧にする

憎しみ、病気、不安から自由になることは、人間の義務である。その自由は、世の中を拒絶することによってでなく、世の中の愛、健康、心の平静を育てることによって得られる。理想の状態は「喜びを糧にする」ことである。喜びは、確かなみなもとからこんこんと湧いてくる。だからもう、幸福を得るために、出来事や世の中のありように頼る必要はない。満たされていれば、野心や所有は、幸福に至る道としては劣ったものだということがわかる。

執着しない

悲しみは、怖れと同じように、大切に思う気持ちから生まれる。愛情がなければ悲しみも感じないし、怖れも感じようがない。

好き嫌いがないということがあり得るだろうか？　それはおそらく不可能だ。だが、強い欲望には代償が伴うことも知るべきだ。何かに執着すれば、それを失う怖れもついてくるのが道理だ。世の中のはかない本質を知り、出来事すべてを受け入れれば、執着を減らし、それによって怖れや惨めさも減らすことができる。

自制心を持つ

自制心は、非常に大切だ。以下の言葉はそのことについて述べている。

思慮ある人は、奮い立ち、努めはげみ、自制・克己心によって、激流もおし流すことのできない島をつくれ。

ひとり坐し、ひとり臥し、ひとり歩み、なおざりになることなく、わが身をととのえて、林のなかでひとり楽しめ。

日常からの悟り

ふつうの生活を捨てて隠遁者になるという考えは、ときどきとても魅力的に見える！　しかし、本書は、孤独な隠遁生活は、自己中心性と怖れの現れだと言っている。仕事や家庭生活の難題に適切に対処する方が成長できる。そうした行為を通して悟りを得ることもできる。クリアリーは、本書の中心となる教えは「世にあって、世の一部になるなかれ」だとしている。

報復を回避する

以下の二つの言葉は、本書の中でおそらくもっとも深いものであり、人生と人間関係のあらゆる側面への示唆に富んでいる。

実にこの世においては、怨《うら》みに報いる怨みを以てしたならば、ついに怨みの息《や》むことがない。怨みをすててこそ息む。これは永遠の真理である。

怒らないことによって怒りにうち勝て。善いことによって悪いことにうち勝て。わかち合うことによって物惜しみにうち勝て。真実によって虚言の人にうち勝て。

これらの言葉では、行動を抑制するようなことは何も言っていない。ただ、何をするにしても「感情的反応」をするのではなく、意識的に選んだ行動をすべきだと言っている。

人生の現実として批判を受け入れる

沈黙している者も非難され、多く語る者も非難され、すこしく語る者も非難される。世に非難されない人はいない。

すべての人を喜ばせることはできない！　肝心なのは、自分のすべきこと、誠実であることに集中することだ。そうすれば、他人によく見られることに気を取られずにすむ。

道

仏教は悲観的だという根拠のない通念があるが、それは第二十章「道」の六番目の言葉によるものだろう。従来の翻訳では「すべてははかなく、すべては悲しい。このことを知るとき、人は苦しみを超越する。これこそ明らかな道である」となっていた。西洋文化はこれを人生の苦しみを示す言葉だと解釈してきた。

だが実際は、クリアリーが翻訳の中で言っているように、仏教はそもそも楽観的なものであり、人間、そしてすべての人類は、愚かさ、怖れ、他者からの攻撃を超越することができると信じている。

「一切の形成されたものは苦しみである（一切皆苦）」と明らかな知慧をもって観るときに、ひとは苦しみから遠ざかり離れる。これこそひとが清らかになる道である。

環境を機械的に映すのではなく独立した精神をもっていれば、人生は苦しみとはならない。涅槃《ニルヴァーナ》は意識の世界が消滅することではなく、意識の世界で完全に独立して生きられるようになることである。パーリ語では「消滅」を意味するが、それは欲、憎しみ、自惚れ、欺瞞、疑い、独断の苦痛の消滅を示す。

有名な「四つの言葉」（＝四諦）は仏教の中心をなすものである。苦しみを終わらせるための処方策だからだ。

◆この世は苦しみである。
◆それには理由がある。
◆それには終わりがある。
◆それを終わらせるには、八つの部分から成る涅槃《ニルヴァーナ》への道を行うべきである。

その八つの部分から成る道（＝八正道）は、以下の通りである。

1　正しい見解（＝正見）
2　正しい思い（＝正思）
3　正しい言葉（＝正語）
4　正しい行い（＝正業）
5　正しい生活（＝正命）
6　正しい努力（＝正精進）
7　正しい注意（＝正念）
8　正しい精神統一（＝正定）

人生を変える一冊に出会うために――

二千五百年前の本を手に取り、その洞察によってたちまち新鮮な気持ちになるというのは、実に驚くべきことだ。ブッダの教えは今なお適切であるばかりか、今風でさえある。教義や儀式がないことが、仏教を現代生活にうってつけのものにしている。伝統から引き離された人間が、ある程度の精神的規律を欲しているところに、仏教は世界のおもな宗教の中でいちばん小さい荷物でやって来た。また、狂信者を生みにくい体質でもある。仏教の原理主義者というのはあまり聞いたことがない。

なぜか私たちは、精神的な真実は、研ぎすまされた神学的精神にしか理解できない複雑なものだと思い込んでいる。読めばわかるが、本書はまったく学術的なものではない。一見、ごくありふれた言葉だが、最高の人生への正確な指針なのである。

25

1990

フロー体験
喜びの現象学

M・チクセントミハイ

怠けているより、好きなことをすることが、
より大きな意味や幸福、
より高度な複雑さを備えた自己に至る道である。

邦訳
『フロー体験　喜びの現象学』
世界思想社　今村浩明訳

我々が幸福であるかどうかは、世界の大きな力に加えることのできる統制によるのではなく内面の調和による。我々の肉体的生存が外部環境に依存している以上、外部環境を支配する方法を学び続けることは確かに必要である。しかし、外部環境を支配することは、すでに経験しているように、我々が個人としていかに喜びを感じるか、または世界のカオスをどのように減少させるかに関してはそれほど役に立たない。カオスを減少させるためには、意識そのものを支配することを学ばねばならない。

フローは自己の統合を促進する。注意が深く集中している状態では、意識は格別良い状態に秩序化されているからである。思考・意図・感情そしてすべての感覚が同一目標に集中している。体験は調和の状態にある。そしてフロー状態が終わったとき、人は内的にだけではなく、他者や世界一般に対しても「ともにいる」という感じを、それまでよりも強くもつようになる。

❀

「なぜ幸福になるのはこんなに難しいのか?」「人生の意味は?」あると

Mihaly Csikszentmihalyi

ミハイ・チクセントミハイ

現在、カリフォルニアのクレアモント大学院ドラッカー・スクール・オブ・マネジメントの教授であり、シカゴ大学心理学科長も務めている。アメリカ芸術科学アカデミー会員で、『ニューヨーク・タイムズ』紙、『ワシントン・ポスト』紙、月刊情報誌『ワイアード』、月刊ビジネス誌『ファスト・カンパニー』、『ニューズウィーク』誌などに執筆。ビル・クリントンは好きな作家として彼の名をあげている。

その他の著書として、妻のイザベラと共同編集した論文集『最適経験：意識におけるフローの心理的研究　Optimal Experience : Psychological Studies of Flow（未訳）』、『進化する自己：三千年記のための心理学　The Evolving Self : A Psychology for the Third Millennium（未訳）』、『よい生き方　Living Well（未訳）』、『創造性：フきはただなんとなく、あるときは失望して、人はみなこの大問題に思いを巡らす。あえて答えを示す者は多くはないし、それだけの素養のある者はさらに少ない。だが、ミハイ・チクセントミハイは、最初の問いに答えることに全力で挑んだ結果、それが第二の問いと切り離して考えることはできないことを見出した。この二つの問いをつなぐものこそ、「フロー」理論の本質である。

一般的な次元での、第一の問いに対するチクセントミハイの答えは、「幸福になるのが難しいのは、宇宙は人間の幸福のためだけにあるわけではないからだ」という驚くほど当たり前のものだ。これに対するある種の防御手段として、宗教や神話がつくられはしたものの、私たちは厳しい現実を残酷にもくり返し身をもって知らされる。

宇宙は、秩序とカオス（エントロピー）という観点から考えるのがいちばんよい、とチクセントミハイは言う。健全な人間が秩序を心地よいと感じることは、秩序に本質的な価値があり幸福づくりに必要なものであることを示唆している。

したがって、幸福を得るためには、意識に秩序をもち込む、つまり「心をコントロールする」ことが不可欠だ。しかし、このコントロールはどうすれば可能になるのだろう？

ロー、そして発見と発明の心理学 Creativity : Flow and the Psychology of Discovery and Invention（未訳）』がある。青春期について、またテレビが生活の質に与える影響についての著書のほか、テイヤール・ド・シャルダンの、進化や人類の進歩への言及をテーマにした論文などもある。

幸福とフロー

チクセントミハイの研究は、幸福の本質を検討することからでなく「人間はどんなときがいちばん幸福か」と問うことから始まった。つまり、楽しさや達成感を感じるのは何をしているときか、ということである。これを見つけるために、一週間の中で無作為の時間に被験者のポケットベルを鳴らす、という調査も行われた。そのとき何をしていたか、その行動によってどんな気持ちになっていたかを厳密に書き留めてもらうのである。

その結果、最高に幸福な瞬間は、予測のつかない外的な出来事によって偶然に起こるのではなく、特定の行動を行っているときに、起こりやすいことがわかった。その特定の行動は本人にとってきわめて価値あるもので、それを行うと不安や雑念は消え失せる。その状態を「最適経験」あるいは単純に「フロー」と呼ぶ。

フロー状態の人は、何かをより大きく創造的に発展させていると感じる。運動選手はこれを「ゾーンに達する」と言い、神秘主義者は「法悦」、芸術家は「恍惚」と呼んだりもする。時間が止まったかのように感じられることで、それとわかることもある。

本書が紹介するフローの最高の例は、古代の道家思想家である荘子によるものだ。ある寓話の中で、丁という、魏の恵王に仕える高名な肉料理人が、自分の働き方をこう表現する。

「感覚や知識は働くのをやめ、心が思いのままに動きます」

つまり、考えてばかりいないで、行動した方がいい。

著者が区別すべきと考えていることの一つに、楽しみと快楽がある。全神経を集中させて困難な課題に取り組むのは楽しいが、単なる快楽はそんなことをしなくても得られる受動的なものである。テレビ、ドラッグ、睡眠、これらはみな快楽を与えてくれるが、意志の力はほとんど必要なく、そのため、本当の意味で人間の成長を助けてはくれない。最適経験は、ものごとをコントロールできたときにこそ、本当に幸福になれることを教えてくれる。そして、自分で管理することによる達成感を与えてくれる。だからこそ、目的を追求するのは楽しい。目的は、達成したとき何を感じるかにかかわりなく、「意識の秩序」を与えてくれる。秩序立った精神はそれだけで幸福のみなもとである。

フローの複雑さと意味

無目的に生きることから目をそらすため、快楽に身を投じることもできるが、そんなことをすれば、ふつうは身を滅ぼすか、心理的混乱に至るかである。また、人生において何ができるか、まったく考えずに、流されるままに生きることもできよう。どちらにしても、自分を一人の人間というより単なる消費者と見なすことになるので、最後には、社会の価値感の変化に身をゆだねることになるだろう。

チクセントミハイは、この点について、フロイトの見解がきわめて的を射ていると見る。フロイトの言う「イド」は肉体の欲動を表し、「超自我」は自己意識が形成される際に基準となる社会的抑制を表す。意識の第三の要素「自我」は、肉体的衝動や周囲の環境にかかわらず、独自の自己意識を得ようとする部分である。動物やロボットにはない人間性が宿っているのはここである。これを自覚して生きている者は、意志の力によってそうしている。だが、宇宙が人間にとって少しも生きやすいものにならないので、しだいに複雑（混乱しているということではなく、より高度に秩序立っているという意味で）にならざるをえない。

チクセントミハイの研究は、フロー体験について魅力的な見解を確立した。どの事例でも、体験した人は、体験する前以上の人間になるということである。吸収した一つ一つの知識、技術をきわめる一歩一歩が、自己を大きくし、より秩序立たせ、彼の言葉で言えば、「ますます非凡な個人」となる。

フローを生む状況が中毒性を持ちうるのはこのためだ。フローのない人生は活気がなく、退屈で、意味なく感じられる。したがって、幸福感ややりがいは、好きなことをもっとたくさんするだけで高めることができると著者は言う。

「人生の意味は？」という問いには、「すべてのものはなぜ存在するのか？」というもっとも奥深い次元では答えられないかもしれないが、個人的な次元では答えることができる。その人個人にとって意味があるものが人生の意味だ。フロー体験を楽しむのに理屈はいらない。わかっているのはただ、フローが幸福に不可欠な二つの要素、目的意識と自己認識を与えてくれるということだけである。

フロー志向の文化

フローが人をいきいきした気分にさせてくれるのは確かだが、ほかにも意外な効果があるようだ。高度な複雑さを得ると、自分の独自性に気づくと同時に、世の中や人間関係に対する自分の適応のしかたについて、理解が新たになる。フローは人間をより個性的にするとともに、世の中ともつなぎ直してくれる。

この二つの効果は、地域社会や国家の活性化に素晴らしいヒントを与えている。二十一世紀にもっとも成功するのは、フローを呼び起こす活動に従事するチャンスを人々に最大限保証する国家や社会だろう、と著者は示唆する。そして、アメリカ独立宣言が「幸福の追求」を謳っていることに言及する。だが、その時代を先取りした抱負も、幸福を提供するのは国家の役割だというただの期待に変質してしまったのは残念なことである。

現在の西洋社会は、ほとんど目標を追求すること、あるいは未来に向かって生きることを中心に動いているのに対し、フロー志向の文化は、狩猟採集社会の特徴であった現在重視の姿勢を復活させ、人間を「時間の暴君」から解放してくれる。文化が繁栄し、より多くの人が好きなことに従事すれば、時間に対する態度全般が変わってくるだろう。「仕事」と「余暇」をきっぱり区別するというように、企業文化の労働様式によって時間が組み立てられることはなくなるはずだ。そのかわり、個人が自分の取り組んでいることに主観的にどういう態度をとるかによって、つまり、その活動がフローを引き起こすものかどうかによって、時間のあり方が決まってくる。

現代西洋、とくにアメリカ文化には、若さへの強迫観念があり、その結果の一つとして老いることが極度に怖れられている。しかし、本当に一瞬一瞬を生き、楽しんでいれば、つまり、フローの状態にあれば、時間が過ぎていくことは怖くなくなる。ドイツの哲学者ニーチェが言うように、成熟とは「子どもの頃、遊んでいたときの真剣さを再発見すること」である。

人生を変える一冊に出会うために――

フローの論理は、三十年前に学術誌で公表されて以来、広く影響をおよぼしてきた。いかなる種類の人間活動にも応用しやすいメタ理論だったからである。チクセントミハイはその理論を、セックス、仕事、友情、寂しさ、生涯学習などに結びつけた。とはいえ、フロー体験を人に起こしてやることはできない。だから結局、幸福になりやすいのは自分でフローを起こせる人である。

ニーチェは「権力への意志」が人間の行動の原動力だと信じていたが、フロー理論が暗示するのは「秩序への意志」こそ、人の行動とやる気を育てるということだ。秩序立った自己意識につながる行動はみな、やりがいや、ある程度の幸福を与えてくれる。

生き方という選択肢が劇的に広がると、一見、その広がりと逆行するものも必要になる。「人生にどう取り組むか」「人生において何をすることを選ぶか」の焦点、秩序、規律である。その曖昧模糊とした因果関係に読者の目を向けさせるという点で、本書が受けている高い評価は順当なものと言えよう。

26

1994

愛への帰還

マリアン・ウイリアムソン

完全に神に自分を委ねると決心し、
自分自身を愛すると決意した時、
奇跡が起こりはじめる。

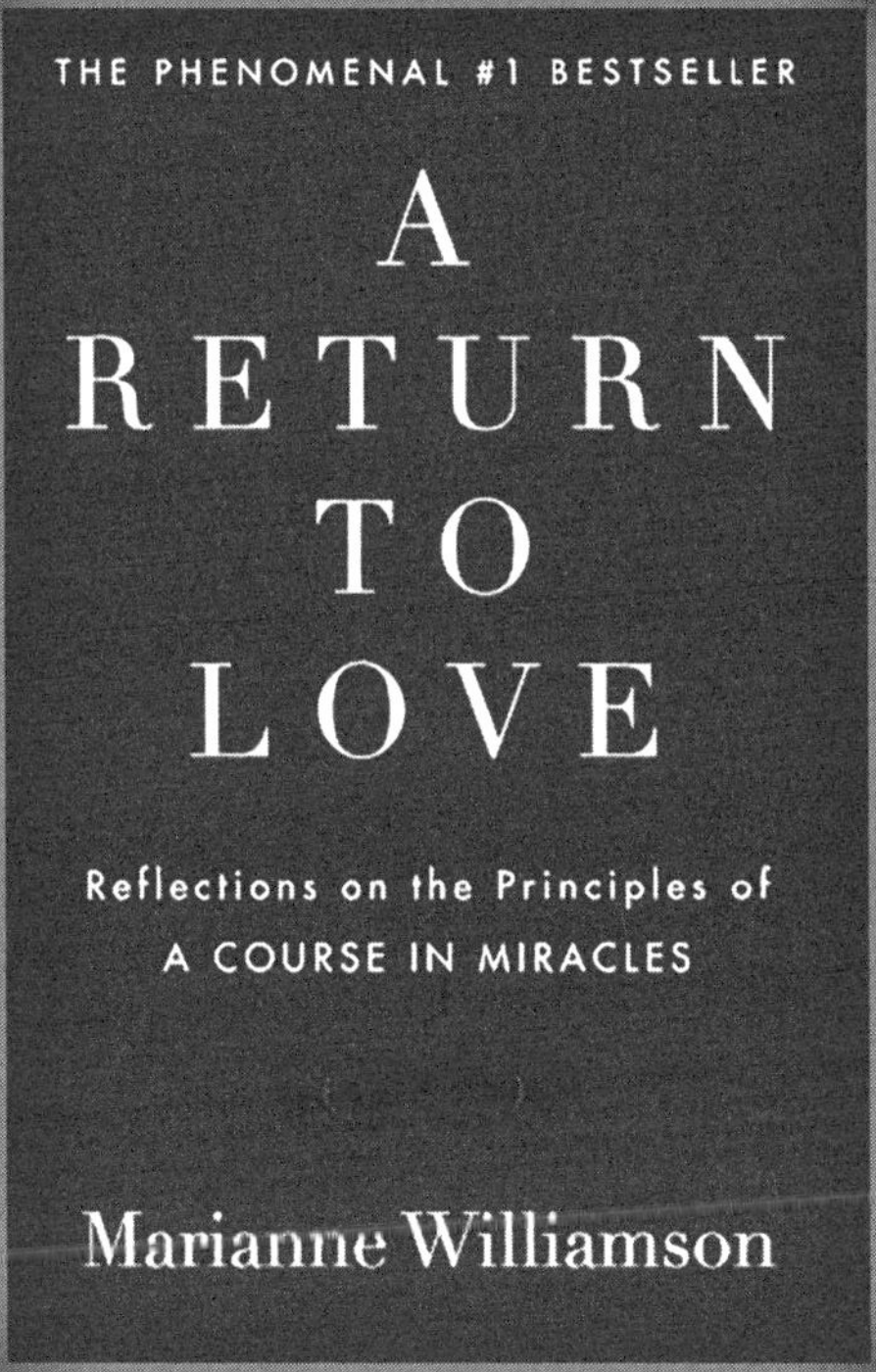

邦訳
『愛への帰還』
太陽出版　大内博訳

神を受け入れるには、ある程度の絶望感が必要です。霊的に身を委ねるということに関していえば、完全にひざまずくまでは本当の意味では真剣にはなりませんでした。あまりにもめちゃめちゃになってしまったため、王様の家来がみな馬で駆けつけて来ましたが、マリアンを元通りにすることはできませんでした。私の内部に棲む狂気じみた女は今や怒り狂い、無邪気な少女は壁にピンで突き刺されて身動きもとれません。私はバラバラになってしまいました。

愛を真面目に受け止めるというのは、過激なものの見方であり、世間を支配している心理志向からは大きく離脱したものです。それに脅威を覚えるのは、それが取るに足りない考えだからではなく、実に巨大な考えだからです。

人間関係は課題です。それは私たちがさとりを開くための高遠な計画の一部で、精霊がつくった青写真であり、それによって個々の魂がより広大な意識と拡大された愛へと導かれます。

❀

Marianne Williamson

マリアン・ウイリアムソン

テキサス州ヒューストンで育つ。両親とも左翼の弁護士だった。ウイリアムソンが十三歳の時、父親は彼女をベトナムに連れて行った。「軍産複合」の実態を見せるためだった。ウイリアムソンはカリフォルニア州ポモナ大学に二年間籍を置き、哲学と演劇を専攻し、その後数年、気ままな暮らしを送った。一九八三年、彼女が『奇跡の学習コース』の講義を始めると、しだいに参加者が増えていった。一九八七年から一九八九年にかけて、ウイリアムソンは「生きるためのロサンゼルスセンター」と「生きるためのマンハッタンセンター」を設立。二つの組織は、エイズも含めた病とともに生きる人々にカウンセリングなどの援助を行なっている。

『愛への帰還』はウイリアムソンの最初の著書だ。同じ一マリアン・ウイリアムソンは「自己中心世代」の二十代まっただなかに、自分の人生を変えるものに出合った。一九六五年、コロンビア大学の医学心理学教授であったヘレン・シャックマンが書き取りはじめた、心に聞こえてきた「声」である。その結果誕生したのが大著『奇跡の学習コース　A Course in Miracles（未訳）』である。これは愛と許しにもとづいた心霊的な哲学書で、世界中のさまざまなグループによって、この本についての討議が行なわれることとなった。ウイリアムソンはこの『コース』を全面的に受け入れ、機会あるごとに講話や講演の場をもうけた。その内容をまとめたのが本書『愛への帰還』である。

　本には『コース』がみごとに要約されており、読む者を満足させてくれる。そして著者の心と霊のめざめが、熱情こめて赤裸々に語られていることが読者をひきつける。当初、人気のブッククラブを主催している女優オプラ・ウィンフリーが、好きな本だと取り上げたおかげで本書はニューヨーク・タイムズ紙のベストセラーランキングのトップに躍り出ることになった。トップの座は六ヶ月間におよんだ。最近刊行された新版には、販売部数が百万を超えると記されている。

九九四年に出版された『女性の価値　A Woman's Worth（未訳）』もベストセラーとなり、祈りと瞑想について書かれた『イルミナータ（祈りによる癒し）Illuminata（未訳）』が続いて上梓された。『魅惑の愛　Enchanted Love（未訳）』では、キリスト教、神話、女神の研究とフェミニズムを織りまぜながら、「神聖な関係」を探究する。『アメリカの癒し　A Healing of America（未訳）』は、霊的に新しい視点を持った民衆の力によって、アメリカを政治的に再生するための青写真だ。

委ねることの心地よさ

第一章でウイリアムソンは、自分の神経衰弱と、その結果として人生が完全に方向転換したことを語っている。それまでの彼女は、つねに自分が戦っていると考えていた。自分の中の悪魔から解放されるためにも、精いっぱい「休みなしに」力を尽くして戦わなければならないと感じていた。ところが、衰弱が進み、その後ふたたび気分がゆっくりと上昇した時、自由というものは本来の性格や人格の中に溶けこんでいくものなのだと彼女は気づいた。それまでの懐疑的で自分を委ねたくないという姿勢を考えれば、この部分の話には思わず引きこまれる。ふつうの人と変わりなく、ウイリアムソンもそれを試すには慎重だった。エゴと、純粋な自己とがせめぎ合う中で、彼女は本を手に取ったのである。沈みこんだからこそ、何でも試す気持ちになったのだ。彼女の場合、それは霊的に自分を委ねることだった。

エゴは気分の高まりを熱望すると同時に苦難もつくりあげるとウイリアムソンは言う。出来事や環境によって幸福になったり、不幸になったりすると思いこまされて人は大人になる。

しかし、悟った人は、内面が、外的な状況のとらえ方を決めると知っている。そうした人は、さまざまな出来事が起こっても、そこに恐怖や脅威はつきまとわない。

人は内面が安らかならば、感動に満ちあふれている、と彼女は語る。その感動とはふつうとは異なる種類のもの、わだかまりなく、世界を明晰に感じる心の震えだ。内面が変わっても危機は相変わらず起こる。だが、すべてが自己の成長につながるようになる。「安っぽい人生ドラマ」は、過去のものとなるのだ。

人間関係

『愛への帰還』では、多くのページが人間関係に割かれている。読者はそこに自分の分身を見つけ、幾度となくこの部分に立ち戻るだろう。ここには、誰の心の琴線にも触れるものがある。特にエゴが導く関係と、「神聖な」関係との微妙な差を語る部分がそうだ。

エゴは「あら探しの名人」だ。相手の欠点に注目すると、残りの素晴らしい部分が見えなくなる。無条件の愛を育むのはむずかしい。だが、そこからもたらされるものは大きい。無条件の愛こそが、自分をつねに平安な状態に置くことを可能にする方法なのだ。

『コース』によると、人間関係こそが、成長のための最大の機会を与えてくれる。魂の呼び合うソウルメイトがいるというロマンティックな考えは、まちがいなのだ。

本当のソウルメイトとは、気にさわることばかりして、忍耐強く謙虚に愛するにはどうすべきかを教え、こちらの成長をうながしてくれる相手かもしれない。自分を怒らせる相手が、もっとも重要な師となることはよくあることだ。エゴは、摩擦がほとんどなく、楽しみだけをもたらす相手へと私たちを導き、より深い関係を育む可能性から私たちを強引に引き離そうとする。

ウイリアムソンは進んで自分の人間関係の話をする。失恋や苦悩について、よい関係を築ける特別な相手と出会いたいという気持ちについて、彼女が詳しく語る内容に、読み手は自然に共感できるだろう。次へ次へとページをめくるのは、彼女の話の内容が自分自身の人生として、そして彼女の疑問が自分の疑問として感じられるからだ。とは言うものの、その答えは期待と異なることが多いのだが……。

仕事と成果

『愛への帰還』には、仕事についても興味深い記述がある。私たちはつねに自分のキャリアや仕事や給料について語っている。そして自分の興味や収入額の目標にもとづいて努力を重ね、自分の職業人生を切り開いてゆく。

本書によれば、これは真の成功へ至る道ではない。もし自分の職業人生を神に捧げるなら、神は私たちの才能と気質にもっともよく合う仕事と、世界に最大の貢献ができる方法を正確に示してくれる。自分自身の意志によって創り上げるものもよいのかもしれない。だが、真の才能が形となるのは、私たちが神の意志を実現する「清らかな道具」となる時だけだ。私たちは失敗をそう恐れてはいないが、自分を通じて輝き出すかもしれないまばゆい才能に恐れを抱いている。こういう精神のもとでは、もはや金のための奴隷に甘んじることはできない。

目標を設定するのは素晴らしいことだ。だがこれには、世界を自分の満足する形にしようとするエゴが現れている。精神の力は強力なので、たいていはどんな目標でも達成することができる。達成したあとに幸福がやってくるかどうかは、まったくわからない。神に導かれた仕事をするなら、設定された目標を達成するのが無上の喜びとなるだけでなく、目標にたどり着くまでの仕事そのものが喜びとなり、幸福でいられる。

「愛を広めれば、自然に出世階段を昇っていく」と『コース』は伝えている。どんなＭＢＡプログラムにもこうした教えはない。だが、勇気を持ってこれを試してほしい。人はまちがった方向に行くことはできない、神を信頼するということは「重力を信じる」のと同じことなのだ。

奇跡

通常、自己の成長は、行動と思考をよりよいものにしていけるかどうかにかかっている。それには大きな負担をともなうと感じる。ところが、自分自身を宇宙の恩恵、すなわち神に委ねてしまうと、とたんにそうむずかしいことではなくなる。ウイリアムソンは、奇跡をかつて「神秘的・宗教的たわごと」の範疇に分類していた。しかし、その後彼女は、奇跡を求めることは、道理にもかなうことだと理解した。

奇跡とは、水をワインに変えるようなことだけではない。奇跡とはただ、それまで不可能に思えた何かが実際に起こったということなのだ。心をしっかりと開き、変化に気持ちを集中すると決めれば、手が届かないと思えたことが、変革の褒美として与えられる。それがエゴの欲求ではなく、心の一部として真実ならば、奇跡は起きる。パートナーにいくつもの罪があっても、今日は無罪なのだという態度で接する。不安と自己嫌悪に陥っていたとしても、今日は問題の穴がふさがれている。奇跡とはそうしたことなのだ。

この本の終着点は、人と神との一般的な関係ではなく、人と神がともに築く協調関係だ。イエスが奇跡を行なった時、それを信じられない民衆がイエスのまわりに集まった。彼らに対してイエスは、彼らもまた同じことができる——もっとうまくさえできる——と語ったのを思い出してほしい。教会では、奇跡は通常では説明できない物理現象だと定義するかもしれない。だが、そう定義すると、自分を通して奇跡が起こることを実感することができない。人が自ら力を捨ててしまうのが残念だと、ウイリアムソンは言う。

人生を変える一冊に出会うために──

自己救済を説く中に、東洋の影響を色濃く残しながらも、『愛への帰還』が持つキリスト教的姿勢は際立っている。しかし結果的に、キリスト教用語を使うことになったスピリチュアルな作品としてこの本をとらえるのが妥当であろう。神についての考えはすべて、本質をさまざまに表現したものであり、学習を進めるうえで、「神」と個人的なつながりがあると考える必要はない、とウイリアムソンも認めている。『コース』の学習者は、ほかの人々にどういう態度をとるかに応じて、学習を進めていく。

はじめて『愛への帰還』のページをめくる時、ベビーブーム世代の甘たるい自分探しと感じるかもしれない。しかし、本質はみごとなまでにまとめられ『コース』の普遍性は失われていない。『愛への帰還』は、すぐれた実用価値を持つ、スピリチュアルな自己啓発書の古典である。

27

1992

ベスト・パートナーになるために

ジョン・グレイ

お互いを一人の人間と見て関係を築く前に、男女の行動パターンの違いを考えに入れるべきだ。

MEN ARE FROM MARS, *Women Are from Venus*

A Practical Guide for
Improving Communication and
Getting What You Want in Your Relationships

JOHN GRAY, Ph.D.

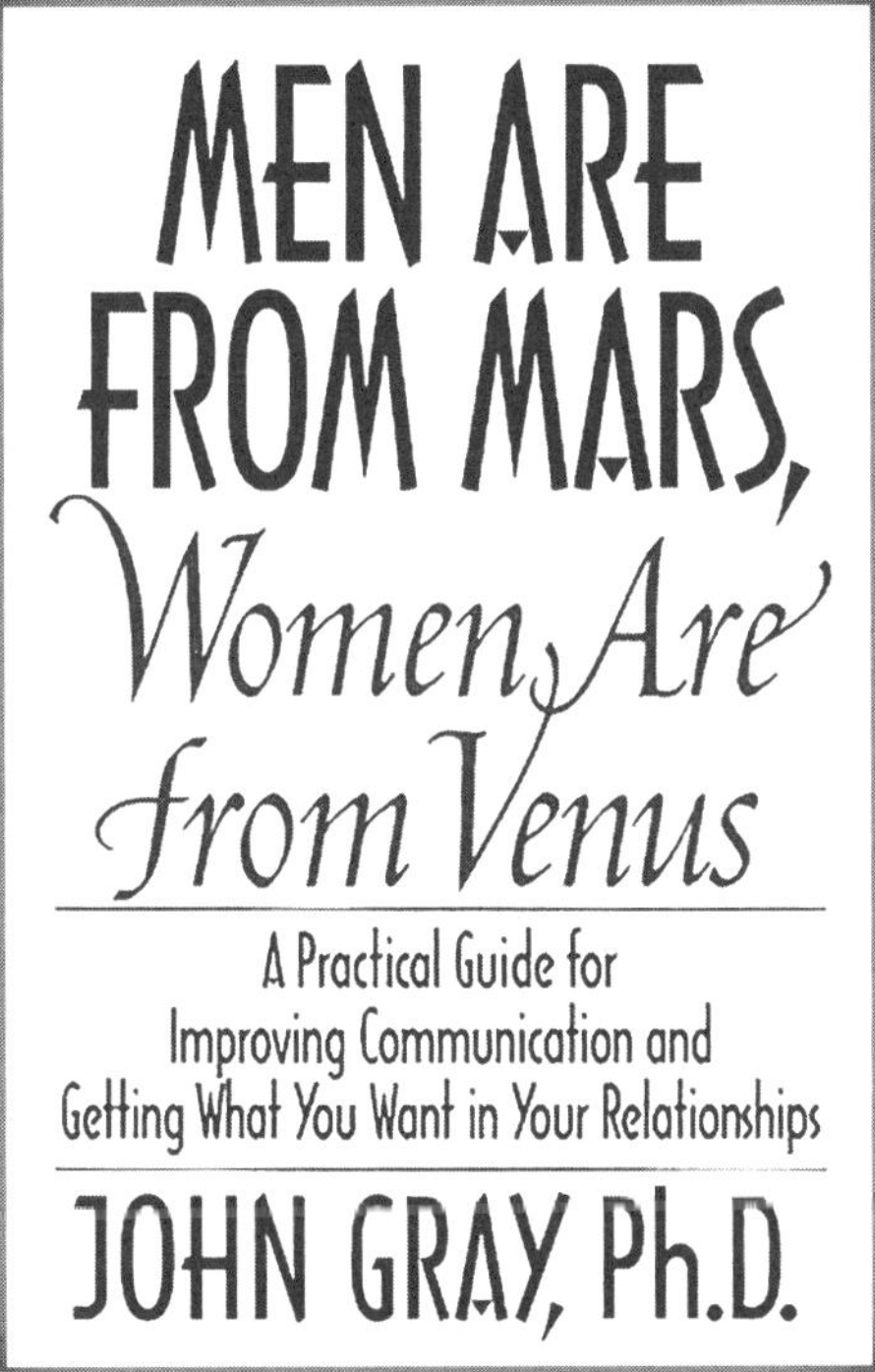

邦訳
『ベスト・パートナーになるために』
三笠書房　大島渚訳

コップの水に対して、半分も入っているか、半分しか入っていないかで見方が分かれるのと同じで、上り調子にあるなら、女性は人生が充実していると感じる。逆に下り調子の時は、空虚さを感じる。上り調子なら目に入らないはずのあらゆる空虚さのもとが、井戸の底に向かって落ちていく時には、なおさらはっきり見えるのである。

彼の気持ちの中には、自分が仕事でより高額の収入を得れば、その分だけ家庭内で妻を喜ばせるためにあれこれ気をつかい、用事をしたりする必要はなくなってくる、という考えがある。彼は、月末毎の多額の支払い小切手だけで、少なくとも三十点くらいは稼げると信じている。さらに、新しく開業したクリニックは収入を倍増させてくれたから、毎月、それだけで六十点は与えられるはずだと見こんだ。

チャックには、彼の支払い小切手に書き入れる金額がどれほど多額であっても、それはパムから見れば一点にしかすぎないということなど思いもよらないのである。

❀

John Gray

ジョン・グレイ

一九五一年、テキサス州ヒューストンで生まれる。高校卒業後は同州のセント・トーマス大学とテキサス大学で学ぶ。その後、九年間ヒンズー僧として過ごし、スイスの超越瞑想組織で、指導者マハリシ・マヘーシュ・ヨーギーの個人秘書を務めた。また、東洋哲学の修士号も取得した。アメリカに帰国後、グレイは博士課程に籍を置き、カリフォルニア州サン・ラファエルにあるコロンビア・パシフィック大学で、心理学とヒューマン・セクシュアリティの博士号を取得した。彼は公認の家族療法士（ファミリー・セラピスト）でもある。

『ベスト・パートナーになるために』はこれまでに千三百万部を売り、発売から九年が過ぎても、さまざまなベストセラーリストに掲載されている。一九九〇年代アメリカ

『ベスト・パートナーになるために』の前に、ジョン・グレイは『ベストフレンド、ベストカップル Men, Women, and Relationships』という本を書いた。それは、こんな話で始まる。

グレイの父がヒッチハイクする男を車に乗せたところ、すぐに襲われて、トランクに閉じこめられてしまった。警察は乗り捨てられた車について二度の通報を受けたが、捜査の指揮を誤り、結局発見できなかった。三度目の通報で車は発見されたが、時すでに遅かった。グレイの父は、熱くなったトランクの中で窒息死していた。

葬儀のため実家に戻ったグレイは、父がどんな状態だったかを知りたいので、自分をトランクに閉じこめてほしいと頼む。暗闇の中で彼は、父がこぶしを打ちつけた跡のくぼみに指を走らせ、空気を求めて尾灯をたたき落とした穴に片手を通した。すると、そばにいた家族の一人が、そのまま腕を伸ばしてトランクを開けるボタンに届くかどうかやってみるようグレイに言った。グレイの手はボタンに触れ、トランクは開いた。

父の死は、自分がなすべき仕事を暗示していると、グレイはとらえた。つまり、感情解放のためのボタンは手を伸ばせば届くところにあると教えて、人々を自由にすることだ。

で、もっともよく売れた本である。グレイの著書販売部数は総計で千四百万部、ほかにCD、カセットテープ、ビデオの売り上げもかなりの数に上り、ボードゲームまである。人気テレビ番組にも、しばしば出演した。著書はほかに、『この愛を大切に育てたいから Mars and Venus in Love(三笠書房)』『愛が深まる本 Mars and Venus in the Bedroom(三笠書房)』『望むものを手に入れ、手の中にあるものを望む方法――成功のための実践的でスピリチュアルなガイド How to Get What You Want and Want What You Have: A Practical and Spiritual Guide to Personal Success(未訳)』などがある。

妻ボニー、三人の娘と北カリフォルニアに暮らす。

検証されるグレイ

グレイの著作は、感情解放の役割を果たしているだろうか。本書にはフェミニストからの批判が多い。インターネットでは、スーザン・ハムソンが立ちあげた「ウラノスからの反論　A Rebuttal from Uranus」のようなサイトが出現し、『ベスト・パートナーになるために』が性差別の制度化につながると論じている。

グレイが第一の提唱者である性役割論とは、男と女には元来大きな違いがあり、性別が個人の人格形成の核になっているとするものだ。それに対する批判側の主張はこうだ。彼は意見を述べることがない。生物学的事実として「こうなるようにできている」という書き方をするのは狡猾なのではないか。何百万ものグレイの読者は、マーケティング戦略の嵐にさらされ、性役割とは実際は文化的に条件づけされたものであるという、もう一方の事実が見えていない。グレイ本人の自覚のあるなしにかかわらず、彼の究極の目的は、男性優位文化において従属的な位置に置かれることを、女性に受けいれさせることだ――。

本の概要

どちらかの意見を受け入れるのか、まず本の内容を知る必要があるだろう。グレイの主張のポイントは以下のようなものだ。

◆よりよい関係を築くための黄金の鍵は、お互いの違いを認めることだ。私たちの親の時代には、男と女は違うとだれもが認めていた。しかし、文化が対極にまで変化して、男女に差はないとするところにまで来ている。

◆女性は男性を改善しようとするが、男性は受けいれられることだけを望んでいる。男性はおせっかいな助言を、決して快く感じない。女性に批判されていると感じるからだ。男性の前に問題点を突きつけ、彼自身が問題のもとだと受け取られてしまう危険を冒さないことだ。この場合、女性は、解決能力を持つ存在そのものとして彼を扱い、接するべきだ。男性は自分の能力にこだわる。もし問題が解決できなければ、男性は時間を無駄にしたと感じる。一方で女性は、解決の糸口が見えなくても、それについてあれこれ話すのがじつに好きだ。そうすることで、何より大切な、自分の感情を表現するという機会を持てるからだ。

◆女性は波に似ている。頂点まで上りつめ、どん底まで落ちる、その繰りかえしだ。女性がもっとも男性を必要とするのは、底に落ちている時だということを、男性は理解すべきだ。男性が親身に支えとなってくれ、すぐに底から引き上げようなどとしなければ、女性は自分がきちんと扱われていると感じる。男性がやる気を起こすには、相手から必要とされていると感じなければならない。けれども女性の場合は、大切にされているという感覚が必要だ。

◆男性は、親密さと距離感が交互に必要になる。男性が「穴」に入りこんでしまうのは、意識的にそうするのではなく、本能からなのだ。この穴ごもりの必要性がわからず、つねに親密さを求める女性は、二人の関係に不安を感じるだろう。輪ゴムのように、男性には伸びが必要だ。たいていはまたもとの場所に戻ってくる。

◆意見が対立すると、すぐに感情のしこりが生まれる。問題となるのは内容ではなく、相手の主張の仕方だ。言い方に思いやりが欠けると、相手の感情を逆なでする。男性は、自分の意見がどんなに女性を傷つけ、怒らせているかがわからない。男性にとって大切なのは「意義」だからだ。ほとんどの口論の始まりはこうだ。女性が何かを心配し、男性が心配するほどのことではないと答える。女性はないがしろにされたと感じ、彼に腹を立てる。すると、男性も怒り出す。彼女が理由もなく怒りを向けていると、彼は感じるからだ。自分は悪いことをしていないと思うと、男性は決して謝らない。こうして、最初の言い争いが、数時間、数日の停滞状態へと発展してしまう。
◆男性が不満を唱えるのは、信頼や賞賛や励ましの気持ちが感じられず、女件の口調に信頼感と支持が欠けているからだ。しかし女性の不満の原因は、話を聞いてもらえない、男性の中で優先順位が低い、ということだ。

広い意味のメッセージ

今の時代、人々が愛情生活を最大限に充実させるのは当然の権利だとグレイは言う。一方で、何百万年にわたる進化の時を経てきた人間の脳とからだは、生存競争でより優位に立つための、より高度に工夫をこらした性差の形成が必要だったのだ。

ダニエル・ゴールマンが『ＥＱ』（27ページ参照）で論じたように、私たち現代人は、遠い祖先の生きた平原や森林に適応するべくつくられた脳をたずさえて活動している。

男女の思考パターンのあいだに基本的な差があるという考えを捨て、完璧な男女関係という明るい期待を抱くのは、あまりにも単純だ。意識しないまま、愛という名の船に破壊者を招くことにもなる。

生まれつきの気質や環境因子について論じることがグレイの主眼ではない。彼が述べているのはただ、男性と女性の行動にはそれぞれある傾向があること、そしてそれを理解すれば、男女間の問題が減るということだ。

グレイを弁護して

最初に取り上げたように『ベスト・パートナーになるために』によく向けられる批判は、男性と女性を分離して、その差を広げている、というものだ。二十一世紀に生きる私たちは、性別を考えず、人種も国籍なども考えずに、お互いをただ人間として見ることができないのだろうか。グレイが同性愛関係について一言も書かないのはなぜだろう。

こうした批判は確かにあてはまるかもしれない。しかし、グレイが基本的に何をめざしたかを、批判側は考慮していない。

遺伝学や社会学の教科書を開くことのない読者に向けて、そしてパートナーとの関係をすぐに改善したいと望む人々に向けて彼はこの本を書いた。本書は、最先端の理論だと主張を掲げているわけではない。男性と女性は、それぞれの性にしばられるものだと主張しているのでもない。書かれているのは、男性も女性も、もし自分で問題点に気づきさえすれば、自分の言動を制御できるということだ。

性差の強調をしたという点で、グレイは、父権社会を守り固めているという罪を免れないかもしれない。けれども、本のどこを探しても、性別が人間を決定づけるとまで彼は言及していない。もし彼がそこまで言ったのなら、人々は本に手を出そうとはしなかっただろう。性差に焦点を当てたグレイがめざしたものは、逆説的だが、性差を超えていくことである。とすれば、グレイは解放者なのだ。

人生を変える一冊に出会うために——

男女関係を扱った本は無数にある。その中で本書が群を抜いている理由は何だろうか。グレイは、この本を書くにあたり、人々が「考えずにすむように」工夫を凝らしたと言う。本はまるでお昼のワイドショー番組のような印象だ。この本には「低俗な」という形容詞がふさわしいと思う人もいるだろう。男女のコミュニケーション全般に興味があり、もう少し頭を使うものを好む人は、言語学の専門家であるデボラ・タネンの本（たとえば『わかりあえない理由　You Just Don't Understand』『「愛があるから…」だけでは伝わらない That's Not What I Meant!』など）を手に取るかもしれない。彼女の本の一ページは、グレイの十ページ分よりおもしろいかもしれない。だが、グレイの成功の鍵は、その語り口やたとえが読者に強い印象を残すこと、そして非常に微妙な対比を扱っていることにある。

男女関係の領域におけるグレイの影響の大きさは、スポック博士の子育てへの影響に匹敵する。どちらの著書も、問題解決のために一家に一冊備えるべきものとなった。スポック博士の提案は、ひ弱な平和主義者の時代をもたらすとして非難された。一方で、何百万もの人々が彼の説を頼りにした。最終的にどんな判決が、本書に対して申しわたされるのだろうか。それは知るよしもないが、はっきりしているのは、この本が時代に合致したということだ。

そしておそらく、人々のあいだにある違いを超えられるようになる前に、私たちはその違いに気づく必要があるのだ。エマソンが記したように、もっとも完成された人間においては、一個人の中で二つの性を融合させることができるのだ。性差やその他の違いが、ものごとを考慮するうえで、また人間そのものにまなざしを向けるうえで、妨げになるのなら、そうした差にとらわれてはならない。

グレイの著作に健全な態度で臨もうとするなら、内容を取捨選択することだ。何の疑いもなく信奉するのも、頭から拒絶するのも、どちらもかたよった判断だ。本書を役立たずと言うのは簡単だ。しかしパートナーとのいさかいで気分が沈んだなら、この本を開いてみてほしい。まさに自分のための本に思えるだろう。一人の異性と人生の浮き沈みを過ごすための、わかりやすい指導書であるこの本は、素晴らしい手腕を発揮するだろう。

28

1999

史上最強の人生戦略マニュアル

フィリップ・マグロー

現実的になり、
自分自身をとりまく世界にうまく対処しよう。
自分の代わりにそれをしてくれる人間はいない。

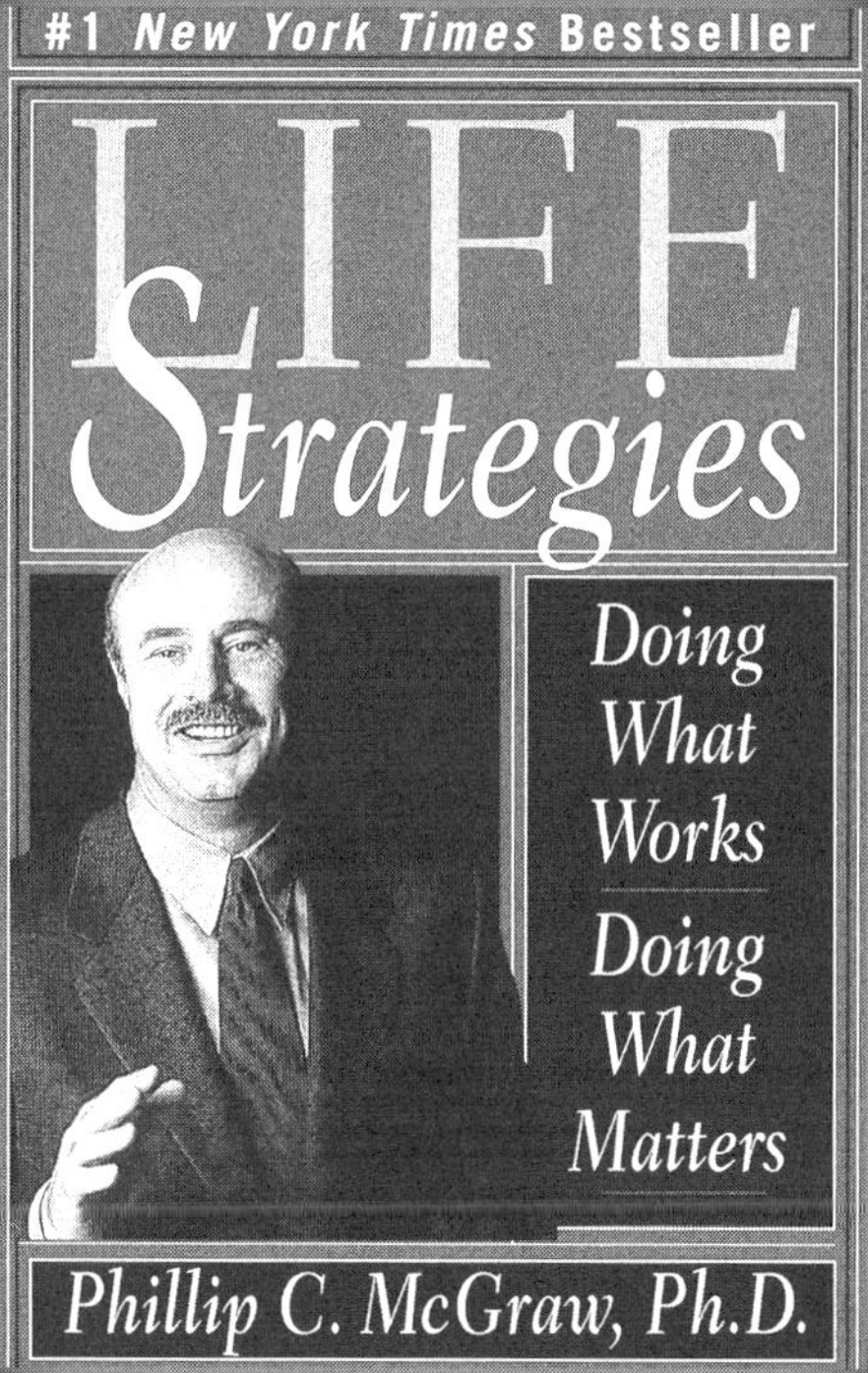

邦訳
『史上最強の人生戦略マニュアル』
きこ書房　勝間和代訳

この人生の勝者たちはゲームのルールを知り、計画を立てている。だから、そうではない人たちから見ると、いささか手際のよさが目につくのだ。人生の勝者が勝者である理由は、大きな謎ではない、事実はこのとおりだ。

もののわかった人間になる。人間の本性はこうあるはずだという考えにしばられずに、何が人を動かしているのか突き止めよう。あなたや他の人々がなぜそういった行動をとったり、行動をとらなかったりするのか、その理由を学ぶのだ。

現実「人生は競争。得点が記録されて、タイムレコーダーが働く」

❀

「知恵にいたる第一歩は、ものごとを正しい名前で呼ぶことだ」という中国のことわざを繰りかえし使うマグローは、「ものごとをあるがままに語る」男として有名だ。彼は容赦なく状況を指摘し、人々をよく泣かせてしまう。だが、そうした人々の中で、彼の発言に腹を立てる者はほと

Philip C. McGraw

フィリップ・C・マグロー

マグローはテキサス育ちだ。両親は貧しい中で育ったが、父は復員軍人援護法のおかげで大学に進み、心理学の博士号まで得て、二十五年間にわたり心理学を生業とした。マグロー自身はフットボール奨学生として大学に進学し、心理学者としての勉強を積んだ。

十五年以上の経験を持つ訴訟コンサルタントであり、訴訟コンサルタント会社社長であるマグローは、オプラ・ウィンフリーの「チェンジ・ユア・ライフTV」番組チームの主要メンバーとしてテレビ出演した。『ライフストラテジー』は出版以来、世界中でベストセラーとなっている。『いちばん大切な私 Self Matters（徳間書店）』と『二人のためのLOVEテキスト Relationship Rescue（PHP研究所）』も、それに続いて広く読まれている。

んどいない。

　ほとんどの自己啓発作家たちが、熱意と思いやりをこめた筆致で書く中で、マグローは異色の存在だ。彼は本の中で自分をこう紹介している。

「人には誰にでも仕事がある。家を建てるのが仕事の人もいれば、わたしのように生きるための戦略を立てるのが仕事の者もいる」

マグローとオプラ・ウィンフリー

一九九九年、テレビの人気トーク番組の司会者オプラ・ウィンフリーは民事訴訟で訴えられた。牛肉産業における「狂牛病」の危険性についての発言と、ハンバーガーを食べない意志表示について、詐欺、および名誉毀損の罪に問われたのだ。白人男性が優位に立つ「世界の牛肉の都」テキサス州アマリロで裁きを受けることになったオプラは、訴訟コンサルタントのフィリップ・C・マグロー博士に弁護の手助けを依頼した。

オプラは自分の身に起こったことが信じられなかった。このような裁判になるとはまったくまちがっていると思っていたが、もし負ければ彼女の人気だけではなく一億ドルも失う立場にあった。危機に直面しているというのに、オプラはその事態を受け入れていないとマグローは感じた。『ライフストラテジー』に詳しく記しているように、ある夜、マグローはオプラに現実を見すえさせなければという思いにかられた。そして彼はオプラにこう言った。

「目を覚ましたほうがいい。ゲームに参加したほうが身のためだ。さもないと、ここにいる気のいい男たちが、君を料理して、その尻を大皿に盛って君に差し出すことになるぞ」

アメリカでおそらくもっとも影響力のあるこの女性に、たいへんなことを言ったという自覚がマグローにはあったが、効果は期待どおりだった。この時点から、オプラは法廷での戦いに勝つと心に決めた。その瞬間彼女は訴訟に勝った、とマグローは考えている。

マグローのメッセージ

オプラはマグローが勝訴の立役者だったとしてたいへんな信頼を寄せ、自分の番組で繰りかえし彼の素晴らしさをたたえた。マグローはこの一件を、法廷は人生の縮図だという自説を証拠立てるためにだけ語り伝えた。

自分が所有するのは正当なのだと主張しないかぎり、人はさまざまなものをあなたから奪い去ろうとするものだ。人生は法廷よりずっと長い時間の枠組みの中にあるので、明確な戦略なしに負けていたとしても、その事実に気がつかないことがある。

『ライフストラテジー』の目的は、読者に揺さぶりをかけ「裁判」はつねに行なわれており休廷はないということを理解させることだ。本は非常に効果的に書かれている。もし本の内容を一文に凝縮するならば「人生は真剣勝負であり、人は結果により審判を下される」ということになるだろう。

人生の法則

訴訟コンサルタントであり作家であるマグローだが、そうなる前は、「人生の法則」と彼が呼ぶものを研究していた。彼はこう書いている。

「これらの法則が正しいと思うか」とか「こうした法則が存在するはずだと思

うか」と聞かれることはない。引力の法則と同じようなものだ。

ここではすべてを取り上げることはできないので、一部を紹介するにとどめる。

ものがわかっているか、わかっていないか

どんな行為がどんな結果を生むかを「わかって」いないのなら、また、望みや希望とは別に、人生に臨む計画を立てていないのなら、そうした基本的な技術と戦略を持っている人間との競争に加わってもいないということになる。

人生の計画を立てるということは、ある意味で「仕組みを知る」人間になるということだ。もし望みのものを得るつもりなら、人間性とものの道理の探究者になる必要がある。

マグローは、望む結果を得るためにわきまえておく必要のある、人間の思考と行動についてのもっとも重要な十の特徴を挙げている。その第一には「すべての人がいちばん恐れるのは、拒絶されることである」、第二には「すべての人がいちばん必要としているのは、受け入れられることである」とある。

あなたの人生をつくるのは、あなた自身である

自分の人生の責任は自分にある。今の仕事が好きではないなら、それは自分の落ち度だ。ひど

い人間関係の中にいるのなら、そこに進んだのは自分だ。異性が信じられないのなら、もし子どものころに虐待を受けたのだとしても、信じるという行為に出ないのは自分自身だ。犠牲者でいるのをやめ、自分の人生の結果と状況のすべてに責任を持つ生き方を始めよう。マグローの言葉はこうだ。

自分が望むようにではなく、ありのままに事実を話す、冷たく鋭い目をした現実主義者にならなければならない。

事実をぼかせば、状況を正しく判断し、自分の人生をあるべき形に変えていくことができなくなる。

人は見返りのあることをする

なぜ心ではしたくないと思っていることをしてしまうのだろうか。ある行為が道理に反するように見えても、それをすることによって得られる、隠れた「見返り」が必ずあるものだ。見返りが何なのかを見つけてはじめて、その行為を変えることが可能になる。ある行為が「うまくいっている」といって、その行為が必ずしも健全なものであるとは限らない。それをすることで何らかの危機や拒絶から逃げおおせる範囲内において、その行為はうまくいっていると言える。

体重に関する深刻な問題を抱えて、ある女性がマグローのもとへやってきた。わかったのは、彼女は幼いころに性的虐待を受けており、体重が減って男性の視線を感じるたびに過去のいまわしい状況がよみがえり、それでまた食べてしまうということだった。このとらえにくい見返りを自覚することだけで、彼女は自己破壊の循環を断ち切ることができた。自分にとっての見返りを見極めれば、行動と人生のコントロールができるようになる。

自分が認めていないことは変えられない

心が直視できないことがらを表すのに、心理学者は「知覚的防衛」という用語を使う。一般的には「否認」と呼ばれるが、これは人生のすべての面に悪影響をおよぼす。なぜかと言えば、まず問題の対象を見すえ、言葉で表すことができなければ、対処は不可能だからである。そのままではゆっくりとその問題にむしばまれていくだけだ。

人生を見つめる時は、ＡＡ（Alcoholics Anonymous　アルコール依存症者自助グループ）の方法にならおう。問題の存在を認めてこそ、改善の方向に進める。「ほとんどの人が望むのは真実ではなく、妥当性だ」とマグローは言う。たとえ無益なことをしているとしても、人は必死に正当化しようとする。変化を起こしたいのなら、別のやり方をとらなければならない。

人生は行動に報いる

「世間は、行動をともなわない思考にはあまり関心がない」ことを覚えておこうと、マグローは言う。自分自身の人生を結果で判断するというのは非情に感じるかもしれない。だが、こうした姿勢が好きかどうか、自分自身のルールにのっとって生きたいかどうか、ということは実際のところ重要ではない。世界にはすでにルールが存在するのである。結果を基準にする生き方には変化と危険がつきものだが、自分がコントロールしていれば、その満足感は計り知れない。

「勝者と敗者の違いは、敗者がしたがらないことを勝者はするという点だ」とマグローは記している。これは真新しさのない表現かもしれない。だが確かに、望むものを手に入れるためには、必要なことをしなければならない。それができなければ、いつまでたっても「観客」のままだ。キャリアについても、家族生活についても同じことが言える。

親しい相手に、その人の存在が自分にとってどれだけ大切かを伝える人間であるべきだ。相手はわかっているなどと思いこんではならない。心に感じる愛があるなら、それにもとづく行動をしよう。後悔しても遅いのだ。

事実なんてない。あるのは認識だけ

世界は必ずしも自分が感じとったとおりではないと理解しよう。誰もがフィルターを持っている。その事実を認識することによって、より鮮明な世界の像をとらえることができるようになる。

親密な関係においてさえ、同じ単純な行為がフィルターによって違って見えることがある。男はふつうゴミ出しを単なる義務と考える。一方、ゴミ出しがいやな仕事と感じる妻は、夫がそれを代わりにしてくれることを小さな愛情表現と見ることだろう。

より注意深い姿勢で臨む、新しい領域や関係に踏みこむ、自分の「視野」が偏見に染まっていないか見極める――そうした努力をしよう。もっとも重要なのは、自分の認識が、明確な事実にもとづいており、検証可能であると、確信できることだ。そうでなければ、信念から起こすどんな行動も、土台からぐらつくことになる。

人生の法則の、残る四つは次のとおりだ。

1　人生は管理するもの。癒すものではない
2　わたしたちは自分の扱い方を人に教えている
3　許しには力がある
4　まず自分が求めているものを明確に知る

人生を変える一冊に出会うために――

数ある現代の自己啓発書の中で『ライフストラテジー』が際立つ理由は、マグローが「ものごとをあるがままに語る」からというだけではなく、彼の純真でユーモラスな性格のせいでもある。「マンネリ度診断テスト」の中身を見てみよう。

9　外食するときには安い店にしか行かず、高級店には入らない。

はい　いいえ

20　知らない人に会おうと思ったら、車のボンネットの上に身を投げ出してもらうか、自分が見ているテレビの前に座ってもらうしかない。

はい　いいえ

マグローは、二十一世紀に蔓延する二つの「流行」——難しい判断を避ける、骨抜き状態で調和する——に、読者はのまれてはならないと忠告する。彼はマーク・トウェインを引用している。

「人は、自分自身のことをあれこれ考えているとき、あまり現実を見ない」

人生は確かに現実（いっしょにいる人々、していることがら、生活状態）の上に存在する。「いちばん大切なのは、やってみたということだ」と言うのが最近の傾向かもしれない。だが、世の中の視線を集めるのは成功だけなのだ。

Chapter 4

4 大きな視野

ものごとをありのままに正しく見る

29

1997

小さいことにくよくよするな!

リチャード・カールソン

小さな悩みは大きな視野で見てみよう。
人間関係や人生全般を
もっと楽しめるようになる。

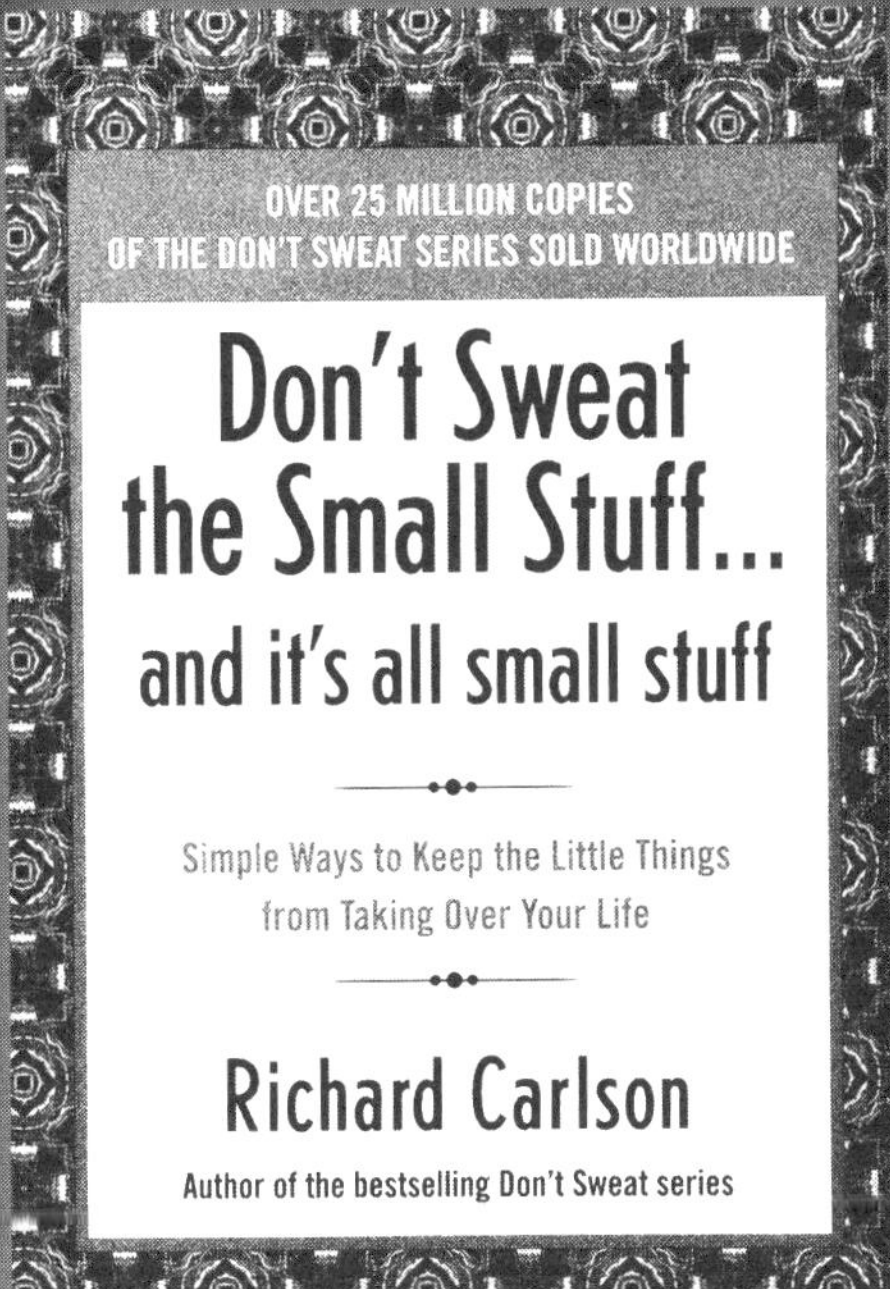

邦訳
『小さいことにくよくよするな!』
サンマーク出版　小沢瑞穂訳

「小さいことにくよくよする」ことに生命力を使いはたし、人生の楽しみに気づかない人がどんなに多いことか。そのコツさえ身につければ、人にもっとやさしくすると同時に、寛容になれるエネルギーが増大することに気づくだろう。

「人生は非常事態だ」といわんばかりにあわてふためいたり、悩んだり、競争したりするのはなぜだろう。穏やかでやさしい人になると、大きな目標に向かって努力しなくなるんじゃないか、無気力で怠惰になるんじゃないか、という不安のせいだ。
その逆もまた真なり、と気づいたら、もっと安らかに生きられるだろう。不安なことばかり考えると莫大なエネルギーが消費され、創造性や生きる意欲が薄れてしまう。

❀

本書は世界的な大ベストセラーとなった。書名の由来については、著者が序文でくわしく説明している。彼はある外国の出版社から、彼自身の著書『楽天主義セラピー』の推薦文を、ベストセラー作家のウェイン・

Richard Carlson

リチャード・カールソン

カリフォルニア州ピードモントで育つ。幸福の心理学の研究により博士号を取得し、一九八六年に卒業。この時代の研究がのちに新聞の人気シリーズ「幸福の処方箋」につながり、「ストレス軽減と幸福の専門家」としての出発点となる。

本書は一千万部を超える大ベストセラーとなり、何ヶ国語にも翻訳されている。アメリカでは二年連続で売上げ一位だった。

ほかにも『リチャード・カールソンの楽天主義セラピー You Can Feel Good Again（春秋社）』、『簡単セラピー Short Cut through Therapy（未訳）』、ベンジャミン・シールド編集による『魂をみがく30のレッスン Handbook for the Soul（同朋社）』と『小さなことを大きな愛でやろう Handbook for the Heart（PHP研究所）』などの人気著ダイアーに書いてもらうよう依頼されていた。ダイアー博士にはその前の本でも推薦文を書いてもらったので、彼は頼んでみるよと言って依頼の手紙を送った。だが、何の返事もないまま時が過ぎ、六ヶ月後、出版社から翻訳版が送られてきた。この上なく困ったことに、前の本の推薦文がそのまま使ってある！　カールソンはダイアーに心をこめた詫び状を書き、その版を書店から回収するよう求めていると伝えた。やきもきするうちに数週間が過ぎ、ダイアーからこんな返事が届いた。

リチャード、穏やかに生きるには二つのルールがある。一、小さいことにくよくよするな。二、すべては小さなことだ。あの引用をいかそう。愛をこめて、ウエイン。

この温かい返事に触発されて、カールソンは「いちばん楽な道を行こう」という空気のように軽い心の原則にもとづいた、超実用的な手引き書を書こうと思い立った。自己を完成するなどという大げさな指南書ではなく、その気になれば避けられる悩みを避けるためのアイディアを集めただけのものである。数々の戦略的アイディアは、カールソンのクライアントや読者によって効果が認められているという。

書がある。そのほか、『お金のことでくよくよするな！　Don't Worry, Make Money（サンマーク出版）』、『あくせくするな、ゆっくり生きよう！　Slow Down to the Speed of Life（共著　主婦の友社）』、『小さいことにくよくよするな！　愛情編　Don't Sweat with Small Stuff in Love（妻クリスティーンとの共著　サンマーク出版）』、『私にとって神とは何か For the Love of God : Handbook for the Spirit（たま出版）』など。

妻と二人の娘とともに北カリフォルニアに在住。

大局を見る法

本書には、一風変わった親切心と人間愛が見られる。デール・カーネギーやノーマン・V・ピールといった似たタイプの作家の本にもあるこのような特徴は、時間や静けさの価値に対する東洋的な思想から影響を受けている。

本書が素晴らしいのは、現代の生活と文化が、私たちを押しつぶしそうなほど、多大な要求を突きつけていることに気づいているところだ。私たちはキャンプに行って瞑想したり、週末にビーチを散歩したりすれば、いっときはいい気分になる。だが、効果はすぐに消えてなくなり、火曜日の朝にはもう車を飛ばし、腹を立て、忙しさを呪う。

実際の暮らしの中で、東洋的なおだやかさと大局を見る目をつねに心がけるには、どうすればいいだろう？　これはカールソンの切実な問いだ。本書が元気をくれる理由の一つは、いやな気分になることを気にするなと言っていることである。いやな気分を追い払おうとするな、それより、もっと大きな視野で見てみよう、と。

カールソンの提案するアイディアの多くはきわめて単純にして斬新である。数ある中から、おもしろいものをいくつか紹介しよう。

早起き鳥になる

妻や子どもよりうんと早起きすると、一人でゆっくり読書をしたり、瞑想をしたり、その日の予定を考えたりする「ゴールデンアワー」が生まれる。早起きになっただけで、人生が劇的に変わったという話を、カールソンは多くの人から聞いているという。

成功はあせらない人にやってくる

力にあふれ、自分の能力を存分に発揮している人には、つねに緊急事態に追われる怒濤のような生活が似合っているように思える。ゆったりと愛情豊かに生きたりしたら、ぼんやりと無気力になってしまいそうだ。しかし実際には何を考えるにも追い立てられて、いつもばたばたしている人の人生からは、やる気も、真の成功も抜け落ちていく。

おだやかでリラックスしている人が周囲にたくさんいて、自分は運がいい、とカールソンは書いている。その人たちは、リラックスしているにもかかわらず、あらゆる意味で成功しているという。心をおだやかにする習慣が身につけば、目標を達成することにも、人に奉仕することにも、気楽に取り組めるようになる。

人の話は最後まで聞こう

びっくりするほど簡単にリラックスでき、やさしい気持ちになれる――ぜひ試してみよう。

いま、この瞬間を生きる

ジョン・レノンは「人生とは、考えごとをしている間に起こったことをいう」と言った。不安は、ほとんどの場合、空想上の未来の出来事である。いま、この瞬間のことだけを考えていれば、たいてい不安は消える。明日の心配があまりにもあっさりとかたづいてしまい、驚くこともあるかもしれない。これを心の習慣にすれば、人生が変わるだろう。

一年たてば、すべて過去

「これは一年たっても重要なことだろうか？」カールソンはこう自問するたび、それまで心配していたことに思わず笑ってしまうと言う。かくして怒ったり、困り果てたりすることに費やされていたエネルギーは、今では家族や創造的思考のために使えることになった。

たまにはぼんやりしてもいい

何もしない時間をもつことを怖れてはいけない。人間は「ヒューマン・ビーイング」であって、「ヒューマン・ドゥーイング」ではないのだ。ただぼうっとして退屈な時間と向き合おう。心は澄みわたり（最初は落ちつかないだろうが、それを乗り越えれば）、新しい考えが湧いてくることに驚くだろう。

自分の葬式に出席するところを想像する

人生の優先順位を見直さなくてはならないとき、きわめて役に立つ方法である。ふり返ってみたら「小さいこと」ばかりにあくせくし、いらいらしてばかりだった、と喜ぶ人はあまりいない。こう自問してみよう。「自分はどんな人間だったろう? したいことをしただろうか? いつも身近にいる人を本当に愛し、大切にしただろうか?」

むかつく相手を、幼児か百歳の老人だと想像する

これをやると、必ずと言っていいほど客観的な目と思いやりを持てる(ちょっとした楽しみにもなる)。

「人生の業績」について考え直す

表面的なことだけを業績と考えるのをやめ、独自の視点で自分がしてきたことを考えてみよう。たとえば、逆境に直面して落ちついていたことを業績に入れてもいい。

「あるがまま」に心を開く

世の中は、たいてい、思ったようにはいかない。親しい人まで自分の意見に反対したとか、仕事である種の失敗をしたとかいうときには、反射的にかっとするのではなく、こういうものなのだと認めよう。ひどく悩んでいたことも、しばらくすれば跡形もなく消え失せる。いろいろな意味で、思うようにならないことから自由になれる。

その他にも以下のようなアイディアが紹介されている。

◆自分への非難に、たわむれに同意してみる。そして、非難が過ぎ去るのを見守る。
◆気分がいいときは感謝し、落ち込んだときは優雅にやりすごす。
◆今の状態を幸せに思う。
◆自分を大目に見る。

人生を変える一冊に出会うために――

自己啓発には関心があるが、いろいろな本を読む時間はないという人は、とりあえず本書を読んでみるのがいいだろう。親しみやすく単純ではあるが、実は、その内容は認知療法の理論にもとづいている。認知療法とは、感情はほとんど思考によってつくられているとする心理療法である。自分が考えていることをもっと意識すると、自分の考えや、感情さえも変えられるようになる。

「小さいことにくよくよしない」というのは、言うほど簡単なことではない。高名な心理学者、アブラハム・マズロー（493ページ参照）は、それを彼の言う「自己実現者」の大きな特徴としている。世の中や人生を、きわめて広い視野で見ているために、些細なことは気にならないのである。

本書は、ちょっと時間ができたときに手に取り、必要な視点やひらめきにしたがって、好きなページを開いて読めるような構成になっている。著者の持論や知ったかぶりの披露が延々と続くようなことはなく、学術的な本なら何百ページも必要な内容が凝縮されている。紹介されているアイディアの中に、一つか二つでも心に残るものがあれば、読んだ価値があったと言えるだろう。

30

1959

夜と霧

ヴィクトール・E・フランクル

人生の意味は、
自分がどう意味づけするかで決まる。

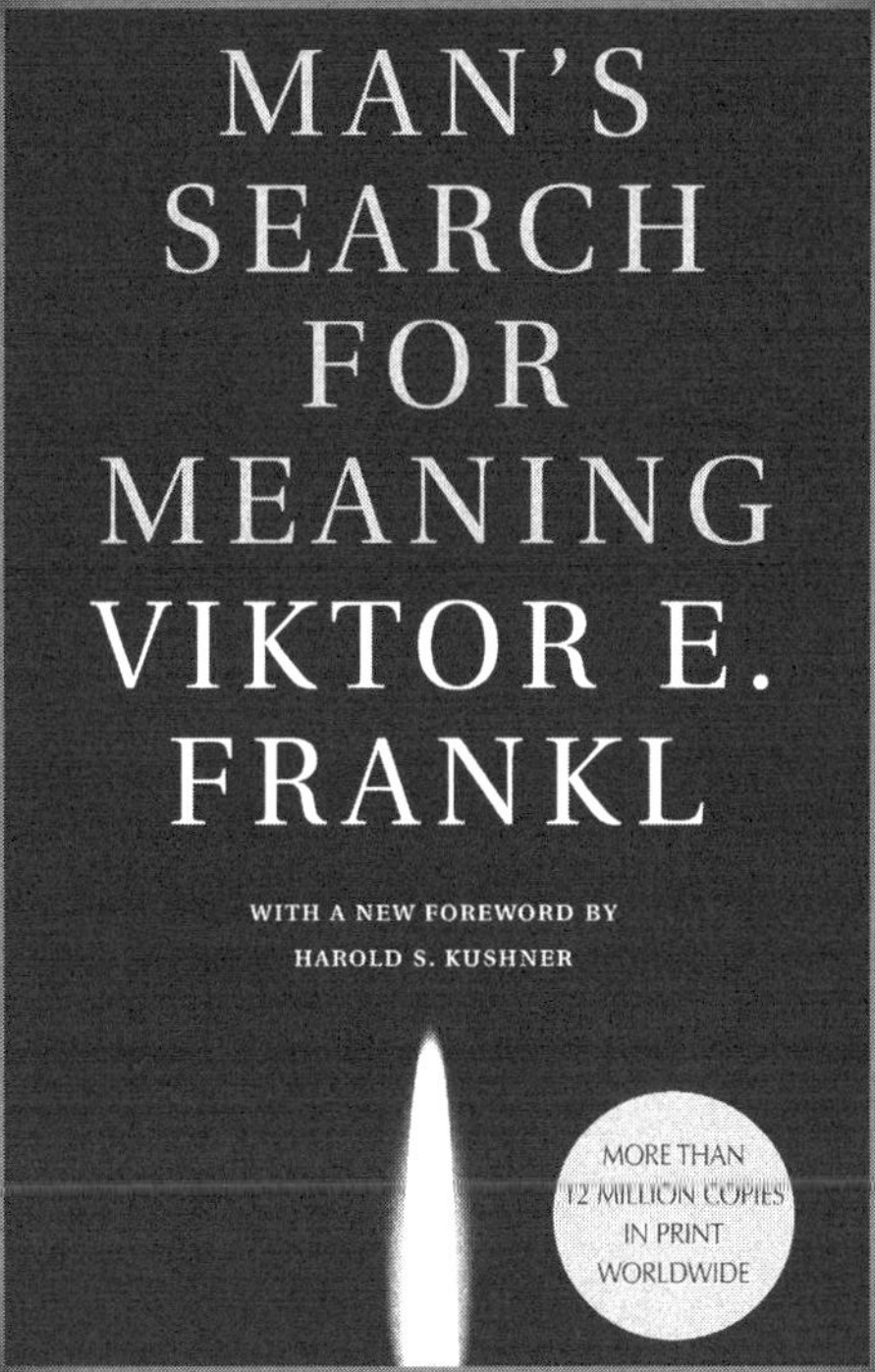

邦訳
『夜と霧　新版』
みすず書房　池田香代子訳

収容所生活では、決断を迫られることがあった。それも、予告もなくやってきて、すぐさま下さねばならない決断であって、それが生死を分けることもしばしばだった。だから、運命が決断の重圧を取り払ってくれることが、被収容者にとってもっとも望ましいということにもなったのだ。

この決断回避がもっともあらわになるのは、被収容者が数分のあいだに脱走するかしないか、判断を迫られるときだった。いつも数分が運命の分かれ目だった。決断を迫られた被収容者は、心の地獄を味わった。

ほんのささいな恐怖をまぬがれることができれば、わたしたちは運命に感謝した。

宵の口、横になる前にシラミ退治ができれば、わたしたちはもうそれだけで喜んだ。屋根から（室内に！）つららがぶら下がる、火の気のない収容棟で、裸になってシラミを取ること自体は面白くもなんともない。

とうてい信じられない光景だろうが、わたしたちは、アウシュヴィッツからバイエルン地方にある収容所に向かう護送車の鉄格子の隙間から、頂が今まさに夕焼けの茜色に照り映えているザルツブルクの山並みを見上

Victor Frankl

ヴィクトール・E・フランクル

一九〇五年、ウィーンに生まれる。第二次世界大戦前、ウィーン大学で医学と哲学の博士号を取得。戦中は、アウシュヴィッツ、ダッハウ、その他の強制収容所で三年を過ごす。本書は、収容所から解放されウィーンに帰還したあと、九日間にわたって口述筆記された。

その後数年、ウィーン市立病院の神経科部長を務めるが、一九六〇年代に渡米。ハーバードやその他の大学の客員教授となり、五十回以上にもおよぶアメリカ講演旅行を行う。生涯を通じて熱烈な登山愛好家だった。

『心理療法と実存主義 Psychotherapy and Existentialism（未訳）』、『識られざる神 The Unconscious God（みすず書房）』、『「生きる意味」を求めて The Unheard Cry for Meaning（春秋社）』を始め、著作は三十冊以

げて、顔を輝かせ、うっとりとしていた。わたしたちは、現実には生に終止符を打たれた人間だったのに——あるいはだからこそ——何年ものあいだ目にできなかった美しい自然に魅了されたのだ。

❀

ヴィクトール・フランクルの妻、父親、母親、弟は、ナチス・ドイツの強制収容所で亡くなった。生き残ったのは妹だけ。フランクル自身は、最初はアウシュビッツ、次にダッハウで、極限の飢え、寒さ、残虐行為に耐えながら、ガス室行きの恐怖にたえず脅かされた。着いた最初の日に身ぐるみ剥がされ、ライフワークと考えていた論文の原稿を強制的に捨てさせられた。

だが、人間性を極限までおとしめられても、フランクルは楽観主義者だった。もっとも過酷な状況にあってもなお、人間には状況をどうとらえるか選択し、そこに意味を見出す自由がある、というのが彼の論理だった。これこそかつてストア派が「最後の自由」と呼んだものだ。拷問が悪なのは、肉体的に苦しいからというより、自由を奪うのに有効だからである。

上におよぶ。死の年には自伝『フランクル回想録 Victor Frankl : Recollections（春秋社）』も出版された。彼やロゴセラピーについては、すくなくとも百四十五冊の本、千四百以上の雑誌論文がある。彼はまた、二十八の名誉学位を受けている。

一九九七年に死去。マザー・テレサ、ダイアナ妃が亡くなったのと同じ週だった。

人間の業績の再定義

フランクルはニーチェの「生きる理由をもつ者は、どのような状況をも耐え抜く」という言葉を好んだ。本書でもっとも心打たれるのは、生きる意志を与えてくれそうなことに彼があれこれと思いをめぐらせるところである。心に浮かぶ妻の姿は、収容所での暗い日々のなかで唯一の光だ。あまりにありありと妻を思い浮かべたため、目の前に小鳥が現れたとき、それが彼女の化身に思えてしまうという場面は美しい。彼はまた、解放された自分が、強制収容所での心理について、講堂で聴衆に語っている姿を思い浮かべたりもする（これはのちに実現する）。果ては失った原稿を、記憶をたどって書き留めておきたいと思うまでになる。

それに対し、生きることを投げ出した人に見られるのは、食べ物と交換できたはずの煙草を、とうとう吸ってしまうという行為である。こういう人たちは、人生はもはや自分にとって何の意味もないと決めたのだ。

しかし、フランクルは、それは断じて違うと考えた。私たちは、何を期待できるか、何を与えてくれるかで人生を判断するためにここにいるのではない。むしろ人生が私たちに何を期待しているのかを問う勇気を見出すべきだ、と彼は日ごとに悟る。人間の務めは、単に生きのびることでなく、その人、その状況にとっての指針となる真実を見出すことだ。その真実はこの上ない苦しみの中でしか明らかにならないこともある。事実、フランクルはこう述べている。

「苦しみは、神経症の徴候ではない。それは人間が何かをなしとげることだと言えるかもしれない」

本書の影響

本書は九百万部以上売れ、二十四ヶ国語に翻訳されている。アメリカ議会図書館によって「アメリカのもっとも影響力のある本十冊」にも選ばれた。しかし、もとは本書を自分の収容者番号だけで公表することを望んでいたフランクルは、この作品を偉大な業績だとは思わないと述べている。本書が成功したのは、生きる意味への渇望を吐露し、「私たちの時代の悲惨さを描出」しているからだ。

ベストセラーになったことはさておき、自己啓発の有名作家たちに与えた影響も大きかった。たとえば『7つの習慣』（137ページ参照）でコヴィーが責任について強調しているのは、本書に触発されたからだし、その他多くの本でも、言及されている。

現在の版は、自伝的な『強制収容所での生活 Experiences in a Concentration Camp』、評論『意味による癒し Logotherapy in a Nutshell』、『悲劇的状況にあっても楽観主義者であれ The Case for a Tragic Optimism（未訳）』と題された一編、以上の三部からなる（邦訳『夜と霧』は『強制収容所での生活』のみ。『意味による癒し』は春秋社刊）。一人の人間の物語は、この構成によって読者をとらえて放さないものとなり、知的世界へと導いていく。

意味への意志とロゴセラピー

驚かされるのは、フランクルが第二次世界大戦勃発前に医師として理論化した考えを、結果的に自ら生き抜いたことである。その理論と活動は、フロイトの精神分析学とアドラーの個人心理学を継ぐものであり、精神分析学の第三ウィーン学派を形成し、ロゴセラピー（ギリシャ語で「意味」を示す「ロゴス」から）を生んだ。神経症の根底にあるものを明らかにするのに、精神分析が自己省察を必要とするのに対し、ロゴセラピーは人間を自己の外に連れだし、より広い視野から人生をとらえさせようとする。精神分析が「快楽への意志」に、アドラーが「力への意志」に注目したのに対し、ロゴセラピーは「意味への意志」をもっとも重要な人間の原動力だとする。

フランクルは、五年間精神分析を受けているというアメリカの外交官が、ウィーンの彼の診療室に訪れたときのことを思い出す。彼は仕事に不満を持ち、アメリカの外交政策を実行することに苦痛を感じていたが、彼がそれ以前に受けた精神分析で、原因は父親との関係にあると言われたらしい。アメリカ政府は父親のイメージの象徴であり、そのために彼の怖れが表面上向けられることになったわけで、真の問題は、生物学上の父親に対する彼の感情にあるという。しかし、フランクルは、彼は仕事に意味を見出せないのだと診断して、転職をすすめた。外交官はそのすすめにしたがい、二度とやって来なかった。

この逸話の重要なところは、ロゴセラピーにおいては、生きる苦しみは精神病の徴候ではなく、その人が意味を求めることによって、より人間的になりつつある証だということである。フロイトやアドラーと対照的に、フランクルは、生きることを単なる衝動や本能の満足であるとか、社会に「うまく順応」する過程だとかとは見なかった。そのかわり彼は（そして、アブラハム・マズロー（493ページ参照）やカール・ロジャースといった人間性心理学者たちも一般的に）、自由意志こそ人間のもつ傑出した特徴だと信じていた。

意味を感じられること

ロゴセラピーの理論では、現実の自分と、なれるかもしれない自分を近づける方法を学ぶことによって、心の健康を高められるという。だが、なれるかもしれない自分をまだ見つけていなかったらどうすればいいのだろう？　「現代人はあまりにも豊かな自由をもてあましている」とフランクルは言う。

人間はもはや本能で生きることはできないし、伝統も指針にはならない。これは生きることの空虚感となり、満たされぬ意味への意志は、お金やセックス、娯楽、ときに暴力を衝動的に求めることによって埋め合わされる。人間にとって意味があると感じられることは、そう多くはない。フランクルによると、それは以下の三つである。

1　仕事を見出したり、実行したりすること。
2　何かを体験したり、誰かと出会ったりすること。（「愛」もそのひとつである）
3　避けられない苦しみに対してとる態度。

1は、たいていの自己啓発書において「人生の目的」と呼ばれている古典的なものである。フランクルは幸福は直接求めて得られるものではなく、全身全霊で仕事に没頭することによって得られる副産物だと定義している。

2は、結果至上の社会にあって、体験（内的なものも、外的なものも）を結果と同等の価値を持つものと見なしている点で重要である。

3では、苦しみに意味があるとしているが、どんな意味があるのかについては、最後まで、少なくとも人生の終わりに近づくまでわからないだろう、とフランクルは認めている。だが、意味がわからないからと言って、意味がないということにはならない。

人生は短い、だから意味がないと言う人に対して、フランクルは「できることをしないことが意味がないのであって、人生自体が意味がないわけではない」と答えている。私たちの文化は若さを賛美するが、本当に賛美すべきなのは年を重ねることである。年をとった人ほど、愛し、苦しみ、いろいろなことをなしとげてきたからだ。取るに足らないことであっても、できることをすれば、歴史に永遠の足跡が残る。そして、足跡を残そうという決意があると、責任が明確になる。自由だけでは問題の半分を解いたにすぎない。あとの半分は、自由にもとづいて行動する責任である。

人生を変える一冊に出会うために——

自己啓発書に共通の特徴があるとしたら、人間は変わることができるという信念である。それに対し決定論は、人間は幼少期、あるいは遺伝的な資質以上のものにはなれないとする。フロイトは、もし一群の人間全員から食糧を奪ったら、それぞれの個性の違いは消え、一様に食糧を求める衝動を露わにするだろうと信じていた。だが、フランクルの収容所での体験では、往々にして反対の結果が見られた。飢えや拷問、腐敗した環境は、被収容者の感覚を鈍らせはしたが、たとえ動物のように扱われても、多くの者はなぜか暴徒にはならなかった。人間の行動は決して予見できないし、人間であることの意味について一般論を定めるのもむずかしい。

わたしたちは、おそらくこれまでどの時代の人間も知らなかった「人間」を知った。では、この人間とはなにものか。人間とは、人間とはなにかをつねに決定する存在だ。人間とは、ガス室を発明した存在だ。しかし同時に、ガス室に入っても毅然として祈りのことばを口にする存在でもあるのだ。

人間がほかの生物と違うのは、理想や価値のために生きることができるところである。そうでなければ、フランクルの言うように、毅然としてガス室に入っていくことができるだろうか？　ほとんどの人はそのような怖ろしい運命にはまったく無縁のまま過ごすだろう。そのことを承知した上で、フランクルはその姿を自己責任の基準、シンボルとしている。それは日々の生活で下す決断の指針となるものだ。いかなる状況にあっても人間は自由でありうる、と本書は語っている。

31

1997

プルーストによる人生改善法

アラン・ド・ボトン

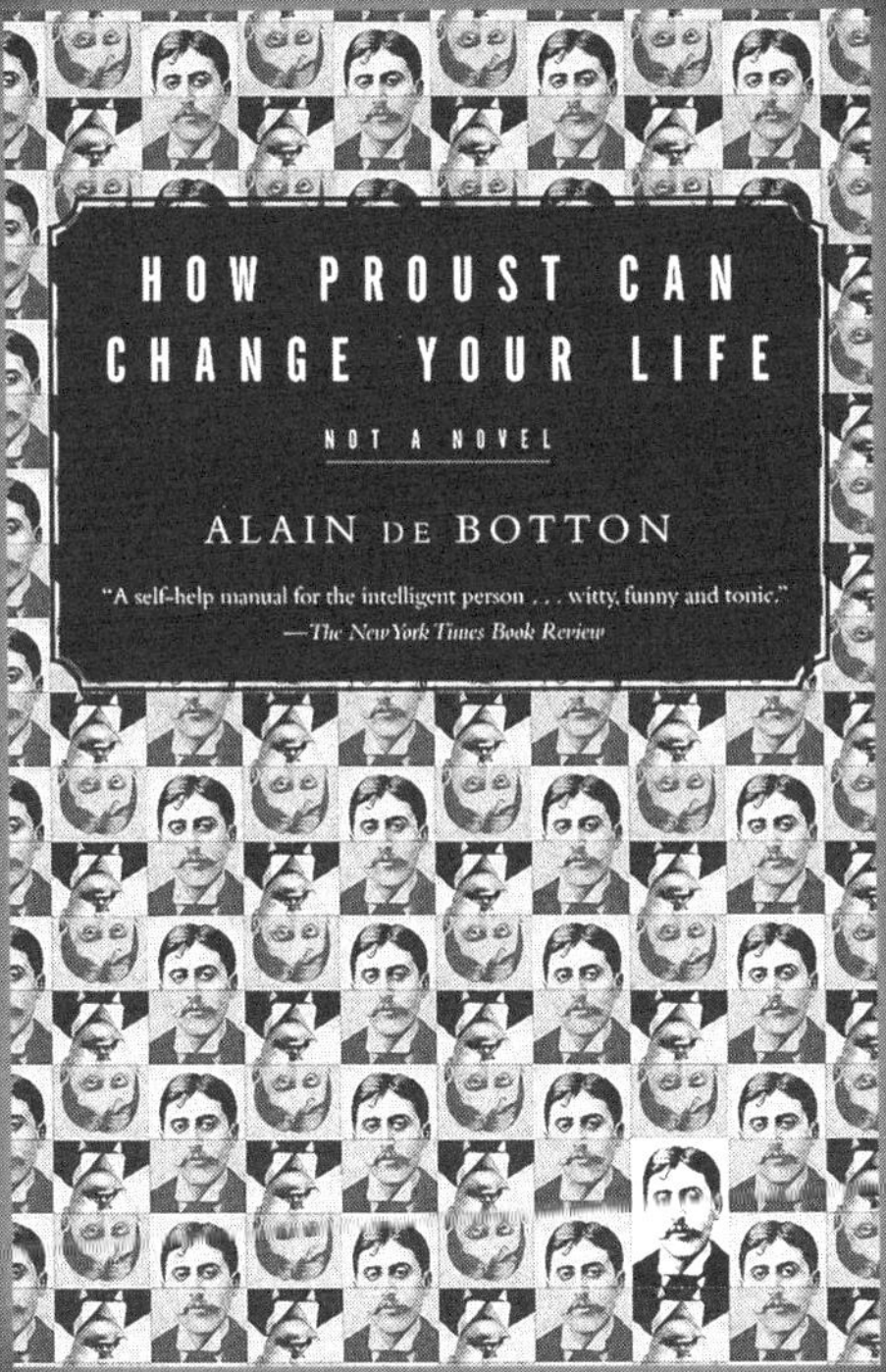

どんな状況でも、人生の豊かさに価値を見出そう。
あまり期待しなければ、
思いがけない喜びに出合うことも増える。

邦訳
『プルーストによる人生改善法』
白水社　畔柳和代訳

プルーストはこのタイトルがずっと気に入らず、「不適当」（1914）、「誤解を招く」（1915）、「醜悪」（1917）などと言っている。だが、『失われた時を求めて』というタイトルは、小説の中心テーマのひとつをじかに示すという利点を備えていた。つまり、時の消散および喪失の背後にある原因を探し求めること。この小説は、もっと抒情詩的だった時代の経過をたどる回顧録などとは程遠い。いかにして人生の無駄遣いをやめ、いかに人生の真価を認識しはじめるべきかに関する、実用的で、広く応用のきく物語なのだ。

哲学者たちの関心は、伝統的に幸福の追求に置かれてきた。だが、正統かつ生産的に不幸になる方法の追究には、さらなる英知が宿っていそうだ。執拗にくり返される惨めさは、こういうことを意味している——その惨めさに対する、実行可能な取り組み方が展開できれば、それは、あらゆるユートピア的「幸福の追求」の価値をも上回ること請け合いだ。

❀

プルーストの父親は有名な衛生学教授だった。書いた医学論文は数知

Alain de Botton

アラン・ド・ボトン

スイスで育ち、イギリスの名門ハロー・スクールに進学、ケンブリッジ大学を卒業した。まだ三十代前半だが、著作けすでに十六ヶ国語に翻訳されている。ほかに、『小説恋愛をめぐる24の省察 Essays in Love（白水社）』、『ロマンチックな行動 The Romantic Movement（未訳）』、『キス・アンド・テル——暴露 Kiss & Tell（未訳）』、『旅する哲学 The Art of Travel（集英社）』の著書がある。『哲学のなぐさめ The Consolations of Philosophy（集英社）』は、イギリスのチャンネル4でテレビシリーズ化され、作者は番組中で、ソクラテス、エピクロス、セネカ、モンテーニュ、ショーペンハウアー、ニーチェの思想を、日常生活で起こる問題にあてはめてみせた。

ド・ボトンは現在ロンドン在住。ロンドン大学先端研究

れず、旅の経験が豊富だった。息子のうちの一人も医師となり、経済的成功をおさめ、スポーツを好んだ。からだは頑丈で、ある時荷馬車の下敷きになっても、無事回復したほどであった。

もう一人の息子は、親に養われる病弱な耽美主義者だった。図書館での単純な仕事も長くは勤まらなかった。体調が少し良い時にはパリのオペラやみずから主催する晩餐会に姿を見せた。自分の人生をどうにかしようとしたのは、両親が亡くなってからのことだ。作家をめざすと決めた時、彼は三十代半ばになっていた。評価を得るまでには、さらに年月が必要だった。プルーストは、望みがほとんど感じられない気持ちを女中にこう語ったという。

「ああ、セレスト、病気の人たちのためにお父さんが貢献したくらいのことを、僕も作品を通してできるという自信がもてればいいんだけど」

ド・ボトンの目から見れば、その言葉の中に、プルーストの仕事の意味が集約されていた。この作家は父の成功に並ぶことを一心に追い求めていたのだ。病人を癒すことも含めて。ド・ボトンの書は『失われた時を求めて』という傑作の文学的価値からさらに進んで、その癒しの力を明らかにする。プルーストがこの作品の判定基準を求めたとするなら、どうあってもこの癒しの力だったろうと、読者に感じさせずにはおかない。

スクールの哲学プログラム準
特別研究員として活躍中。

苦しみを利用する

プルーストは苦痛の種をうまく利用しようとした。そうすることが「生きる技法のすべて」だった。

哲学者たちが伝統的に追求してきた幸福の論理に、ド・ボトンは、生きるうえで実質的に有益な助言を見出せない。人生を、願望が形となる一種のディズニーランドにするより、「生産的に不幸」になる方法を見つけるほうがよいと言う。

そうしてほしくない時に限って、苦難は私たちを驚かせる。プルースト作品の登場人物の多くは、苦しむのが下手だ。自分の「課題」に立ち向かうのを避け、防御機能を作動させて、苦しみの下で耐えるのをやめる。苦しみ上手な人間は、自分の内面を見つめ、そこにある流れを理解できる。その流れとは、苦しい出来事もやがて、感情への影響力を失い、経験による知恵があとに残るという事実だ。

プルーストにとって生きる技法とは、偉業を成し遂げるような人生を目指すものではない。むしろ、自分のつらい境遇にもかかわらず、人生に意味と価値を見出すためのものだ。こう考えてみれば「生産的に不幸」であることが、そう悪くない生き方であることがわかる。

友情と名声を両立する方法

プルーストには彼を心から愛する多くの友人がいた。そのうち何人かはプルーストとの思い出をあざやかに書き残している。ド・ボトンは、プルーストがそこまでの尊敬を受けるに至った経緯を示してくれる。

何よりもまず、プルーストは、たとえ相手が友情から話に耳を傾けてくれていても、自分の心を他人に明かすチャンスだとは、けっして考えなかった。実際のところ、交流を保ち、相手の内面から多くを得るには、相手が話してくれることが大切だ。プルーストが愛された理由は、おそらく、素晴らしい聞き手だったからだ。

さらに、彼の考えでは、友情は堅苦しさ抜きでなければならず、知的な交流とは無関係であるべきだった。会話の中で、相手を楽しませ、相手が特別な存在であると感じさせるのだ。

実は、プルーストの友人たちは「プルーストする」という動詞をつくり、それを「充分に注意を向け賞賛を示す」という意味で使った。それだけで話は終わらない。ド・ボトンは洞察鋭く、プルーストが友人関係からいかに念入りに「真実」と「知性」を削除したかを説明する。そうすることにより、プルーストは作品の中でレーザーのように一点集中する分析力を発揮し、表現できた。また、友情も失わずにすんだのである。

この交友の名人からのメッセージを集約するとすれば、友人たちに過度に期待するな、自分自身の幸せは基本的に人頼みせず、自分で築け、ということだ。深みからわき出す情熱や愛情を把握し（プルーストの場合、それは書くことだった）、その声に従って生きるのだ。こうして得られる充足感によって、友情にも他の人間関係にも、適度な距離とかかわり方を持って対処できる。

自分自身の人生を手に入れるには――

医者から余命一週間と言われたら、この世は素晴らしい奇跡のように感じられるはずだ。ふだんの何気ない状態だと、なぜこうも簡単に沈んだり、飽きたり、まったくうんざりしたりするのだろう？　プルーストは、通常のこうした感情は、認識を誤っている結果だと考えていた。本書の語り手は、けたたましく海鳥が鳴き、波荒く暗い海岸線を見ようと海辺を訪れるが、代わりに目にしたのは、何の変哲もないリゾートタウンだった。しかし、友人の画家エルスチールは、日差しの中、女のまとう木綿のドレスの白さのような、何気ないものを指し示すことで、語り手の美意識に再び力を与えることができる。

おおかたの人々にとって「プルースト」と言えば、知と洗練の聖域といったイメージがあり、その作品は、人生がより多くの威厳と豪奢で彩られていたパリの黄金時代へと読者をいざなうと思われている。ド・ボトンは、これが大きな間違いだと言う。ド・ボトンはプルーストに敬意を表しているが、皮肉なことに、そこにはこのフランス人作家を愛しすぎてはならないという警告も含まれている。作家の見たものを求めて、彼が子ども時代に何度か夏を過ごしたコンブレーの町をわざわざたずねるべきではない。彼の作品を読む目的は、どこでどんな状況においても曇ることのない研ぎ澄まされた知覚を自分のものにして、日常生活に戻ることだ。プルーストと同じ時代に生きて、あのマドレーヌ菓子、馬車、晩餐会の体験を自分のものにしたいなどと願うなら、それは現在という時の持つ可能性に対する罪となる。

時間に没頭し、かつ超越する

ある面で、プルーストの作品は、人生を詳細に切り取った「その瞬間」を鑑賞し、文字にしている。プルーストは、時がぜいたくなものであることを読者が感じ、その瞬間瞬間に没頭するよう求める。

彼の文章は、そのこだわりを反映している。一つの文が、言葉で表された一瞬であるとするなら、プルーストはこうした瞬間を引き延ばそうとした。書く価値があることがらは、長く詳細に書く価値があった。標準サイズの文字で四メートルの長さに及び、ワインボトルに巻きつければ十七周もすることになる一つの文をド・ボトンは紹介している。

もう一方の面では、プルーストは時間を度外視してもいた。フランス語原題の「失われた時を求めて A la recherche du temps perdu」は、英語で「過去の思い出 Remembrance of Things Past」と訳されることが多かった。確かに、プルーストの小説について人々がふつう思い描くのは、忘れていた過去を感傷にひたりつつよみがえらせているということだ。しかし、ド・ボトンの本からは別の印象を受ける。この大著には過去についてなど書かれていないというのだ。正確に言うなら、偉大な小説家がみなそうであるように、プルーストは過去の描写を通じて、時間とは無関係にものごとが存在するという考え方を示した。数々の出来事は過去だ。だが、この小説から感じとれる、プルーストが人々や愛や人生に寄せる深い理解は、時とつながりを持たない。ド・ボトンが本書を執筆する気になったのは、まさにこの時間に対する超越性を、プルーストの中に感じたからだった。

人生を変える一冊に出会うために——

原書で七巻、百二十五万語の『失われた時を求めて』は、多くの人々に二十世紀の最高傑作と認められているが、ほんとうに自己啓発にかかわりがあるだろうか。「ある」という答えに、怒りをみなぎらせたプルースト愛読者もいる。心の健康のために実用的な価値があるとするのは、芸術的品位を損なうと考えるのだ。この小説はエリート主義で洗練されているというイメージがあるが、求める読者像についてプルーストはかつて「汽車に乗る前に、印刷の悪い本を一冊買うような人々」と語った。

ド・ボトンが説くように、プルーストが作品を書いたのは、文学の巨匠と認められたかったからではなく、自分自身を解放するためだった。作品が彼を救ったのなら、ほかの人々も救えるはずだ。

『プルーストによる人生改善法』は、単にプルーストという個人に敬意を表しただけではなく、たとえ、そこに皮肉がこめられていたとしても、作品にある自己救済の倫理を解き明かしている。そのおかげでフランスの天才が書き残した書物を実際に読むことがないかもしれない人も、彼の人生哲学の本質に触れることができる。複雑で微妙な人生の機微のすべてを理解する、一人のプルースト研究家の著書が、読者の前に用意されているのである。

スティーブン・R・コヴィー（137ページ参照）やアンソニー・ロビンズ（147ページ参照）が

提示するような、明確で希望に満ちた答え以上のものは望まなかったかもしれない人々にも、新たな選択肢ができた。ド・ボトンと、その奥にいるプルーストにとっては、「時間管理」の本を手にするふつうの人が、「時とは何か」を考えるまでにいたって、この本の試みは初めて成功したと言えるのだろう。

32

2世紀

自省録

マルクス・アウレーリウス

つまらないことやささいなことに
わずらわされてはならない。
より大きな流れの中に自分の生を置いて理解しよう。

邦訳
『自省録』
岩波書店　神谷美恵子訳

あけがたから自分にこういいきかせておくがよい。うるさがたや、恩知らずや、横柄な奴や、裏切者や、やきもち屋や、人づきあいの悪い者に私は出くわすことだろう。この連中にこういう欠点があるのは、すべて彼らが善とはなんであり、悪とはなんであるかを知らないところから来るのだ。しかし私は善というものの本性は美しく、悪というものの本性は醜いことを悟り、悪いことをする者自身も天性私と同胞であること——それはなにも同じ血をわけているというわけではなく、叡智と一片の神性を共有しているということを悟ったのだから、彼らのうち誰一人私を損いうる者はない。というのは誰ひとり私を恥ずべきことにまき込む力はないのである。

自分に起ることのみ、運命の糸が自分に織りなしてくれることのみを愛せよ。それよりも君にふさわしいことがありえようか。

万物はそれぞれある目的のために存在する、馬も、葡萄の樹も。なぜ君は驚くのか。太陽すらいうであろう。「自分はある仕事を果すために生れた」と。その他の神々も同じこと。では君はなんのために？　快楽のためにこの考えが許容されうるかどうか見よ。

Marcus Aurelius

マルクス・アウレーリウス

ローマでもっとも名高い為政者の一人であったハドリアヌス帝が一三八年に没した時、後継者として指名を受けたのはアントニヌス・ピウスだった。ハドリアヌス帝の遺志により、今度はアントニヌス・ピウスが、十七歳のマルクス・アウレーリウスを自分の後継者に定めた。この若者がアントニヌス・ピウスの娘ファウスティーナと結婚した時、彼の未来は確約された。アウレーリウスは宮廷での任務だけでなく、法と哲学の研究にもいそしんだ。四十歳で権力の座につくと、アウレーリウスはみずから進んで義弟ルキウス・ウェルスとの共同統治を選んだ。ルキウス・ウェルスは八年後に世を去った。

平和を好む性格であったにもかかわらず、アウレーリウスは帝国の領土を守るため、侵入してくるゲルマン人とのストア哲学の徒であったマルクス・アウレーリウスは、人生に困難があろうとも、それにうちひしがれまいとした。ストア哲学はギリシャ哲学の一派で、紀元前三〇〇年ごろに起こった。その教えを簡単に説明するなら、人間は宇宙の摂理にしたがって生きるべきだというものだ。ストア哲学で重要とされたのは、義務の遂行、娯楽の回避、理性、そして死を恐れない姿勢だった。

ストア主義を貫くためには、自分の行動に全責任を持ち、精神の独立を保ち、自分自身をより善き存在へと導くことも要求された。この皇帝が現在の国連や、そのほかの国際協力組織を見たならば、きっと満足を覚えたことだろう。ストア派の人々は国際的な視野を持ち、全世界は国境を超えて一つだと信じていた。

「世界」だけでなく、ストア派の思想は「時間」の枠も超えていた。『自省録』から、それがよく表れた部分を抜粋する。

❀

戦いに明け暮れることとなった。マルコマンニ族、クアディ族もその一派であった。現存はしていない一冊の写本が『自省録』のもととなった。マルクス・アウレーリウスは文章を本にして世に広めることなど、まったく考えていなかった。『自省録』が初めて出版されたのは一五五九年のことである。一八〇年の皇帝の死後、約千四百年の時が流れていた。リドリー・スコットの映画「グラディエーター」では、マルクス・アウレーリウスがコンモドゥスに殺されるが、これに関する歴史的証拠はない。

すべてすみやかに色あせて伝説化し、たちまちまったき忘却に埋没されてしまう。しかも私はこのことを、この世で驚くばかりに光輝を放った人びとについていっていっているのだ。なぜならばそのほかの人びとは息をひき取るや否や（ホメロスが書いたように）「姿も見えず、知る者もなし」なのだから。それに永遠の記憶などということは一体なにか。まったく空しいことだ。では我々の熱心を注ぐべきものはなんであろうか。ただこの一事、すなわち正義にかなった考え、社会公共に益する行動、嘘のない言葉、すべての出来事を必然的なものとして、親しみあるものとして、また同じ源、同じ泉から流れ出るものとして歓迎する態度である。

この文章が書かれたのは千九百年も前のことだが、その時間的距離を考える時、なおさらに今日的な意味を感じさせるものがある。そもそも彼の人生そのものが、彼の文章を裏づけている。今日、彼に備わっていた才能や統治能力を思い起こす必要はあまりないだろう。しかし、戦陣において灯火のもとでつづられた静かな思索の数々は、人々の心の中で脈打ち続けているのである。『自省録』には、人間も含めた宇宙に存在する万物が基本的に一つであるという洞察が、あちこちに見てとれる。他者の目を通じてものを見ようとすることは、すなわち自分の世界の拡大――世界の一体化――を意味する。他人をさげすみ、避け、あるいは裁くことは、自然の理のさまたげとなるだけだ。人間の関係性をより高めるために、この反対の行動をとらなければならないという認識が、マルクス・アウレーリウス帝の思想の根本にあるのだ。

『自省録』のすべてのページは、ものごとと人々を、自分が望む形と比較して見るのではなく、ありのままに受け取るべきだという姿勢で貫かれている。こうしたものの見方には悲しみの影が差している。次の短い言葉にそれがよく表れている。

「悲しみに心が砕けようとも、人は前に進まねばならない」

『自省録』を読む者は、ある孤独な人間の思索という印象を受ける。だが、孤独の中でも人生を客観的にながめる目を持ち続けたマルクス・アウレーリウスは、けっして幻滅にとらわれることはなかった。

波の絶えず砕ける岩頭のごとくあれ。岩は立っている、その周囲に水のうねりはしずかにやすらう。「なんて私は運が悪いんだろう、こんな目にあうとは!」否、その反対だ、むしろ「なんて私は運がいいのだろう。なぜならばこんなことに出会っても、私はなお悲しみもせず、現在におしつぶされもせず、未来を恐れもしていない」のである。

ストア哲学の偉大な点は、ものごとを大きな視点でとらえるのに役立つことだ。大局からながめることで、大切なことが思い起こせる。『自省録』は、言うなれば、古代の高貴なる『小さいことにくよくよするな!』(295ページ)だ。世界をあるがままに見ることができる人間は、その世界を超えたところにあるものをも見ることができる。

私たちは今ここにいて、するべき仕事がある。一方で、自分たちが別の世界から来て、最後にはまたそこに戻るのだという感覚がある。人生はさびしさと孤独に包まれることがある。その繰りかえしのようにも見える。だが、それによって、宇宙に自分たちが存在するということへの、根本的な驚異の念が減じられることはけっしてない。

星とともに走っている者として星の運行をながめよ。また元素が互いに変化し合うのを絶えず思い浮かべよ。かかる想念は我々の地上生活の汚れを潔め去ってくれる。

人生を変える一冊に出会うために——

マルクス・アウレーリウスが暴君コンモドゥスの父親だという事実に納得のいく者がいるだろうか。コンモドゥスは非世襲制の伝統を破って即位し、粗暴な統治を行なった。哲人マルクス・アウレーリウスがかくも偉大な人物だったのなら、なぜこのような粗暴な息子を育てる結果になったのか。

『自省録』は、すぐに疑問に答えてくれる自己啓発書の列には入らない。主題となるのは「不完全さ」だ。なぜものごとが起こるのか、なぜ人がその行為をするのか、誰にも確実な答えはない。そしてどんな形にせよその良し悪しの判断は私たちの仕事ではない。出来事や人生には、私たちにとってつかみどころのない大きな意味がある。こう自覚すること自体が一つのなぐさめなのである。

この薄い本は、混乱した世界において、正気を保つ拠りどころとなりうる。新しい読者も、現代の哲学や自己啓発的な書物とは一線を画する散文の美しさに魅了されるにちがいない。ぜひ一冊買い求めてほしい。それは生涯の友となるだろう。

33

B.C.5~3世紀

道徳経

老子

宇宙の自然な「流れ」と調和して、
もっと楽に、もっと効果的に生きよう。

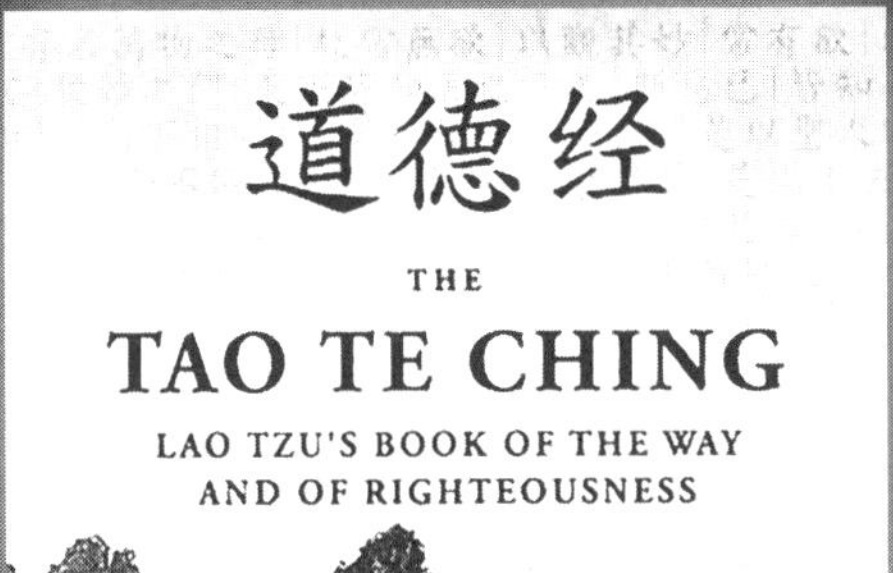

邦訳
『老子』
岩波書店　蜂屋邦夫訳

障害を避け、ぶつからぬよう流れていこう
成功しようといたずらにもがくな
ときが来るのを待て

理解しようとすることは
泥水の中で目をこらすようなもの
泥が沈むのをじっと待て
ときが来るまで動かずにいよう

自分にしがみつくのをやめ
すべてのものを自分だと思ってみよう
そのような人なら全世界をまかせるに足る

❀

本書は、世界でもっとも偉大な哲学的、精神的古典の一つであり、多くの人に尊ばれている。道家哲学の最古の経典、瞑想録であり、自然との調和を基盤とする力について説く永遠の哲学でもある。昨今ではリー

Lao Tzu

ダーシップ指南書として採用されることもあり、現代社会にもぴったりだ。

タイトルは、「力の道」あるいは「道（Tao）と徳（Te）の経（Ching）」という意味である。「道」は「徳」、すなわち「道」に調和した人の行動のあり方を定める。

本書が示すのは、「道」と完全に調和した人間像である。マーティン・パーマーは、ティモシー・フリークの素晴らしい英訳によせた序文で、「自分の力だけで生きていかなければならない世の中でなく、ともに協力しなければばならない秩序の世の中」を描いているとしている。やみくもにがんばることではなく、調和こそが必要なものを与えてくれることに気づけば、わたしたちはもうもがき苦しまずにすむ。

「道」と調和すると、行動は「行動」らしくなくなる。チクセントミハイはこの感覚を「フロー」として実証した。それに対し、ふつうの行動は、何かをなしとげようという意志の努力を必要とし、ごまかしや利己的なふるまいとなることもめずらしくない。「道」と調和した行動は全体をつくるが、そうでない行動は断片をつくるのみである。

「道」のリーダーシップ

老子は、リーダーには二つのタイプがあると考えていた。一般的なのは、目的達成のために力を行使する闘士型である男性的な「陽」のタイプ、もう一つは、治療師型で女性的な「陰」のタイプである。後者のリーダーシップは「奉仕型」で集団に溶け込むので、部下が主役になることができる。

ビジネスの世界では、上司は力を持つほど使わないようにすべきだと言う人がいる。今日、多くの優良企業がチームワークや協力を重んじ、フラットな階層組織を採用していることが、これを裏づけている。そうして力を分散することにより、生産性を高めようとしているわけだ。本当に生活に役立つアイディアや製品も生まれやすくなる。

二〇二〇年には、理想のリーダーを見分けるのは非常に難しくなっているだろう。地位や富はもはや影響力の大きさを示すものではなくなっている。老子は言う。

賢者が抜きん出ているのは
自分を全体の一部だと考えているから
光を放っているのは
人を感心させようとしないから
偉大なことをなしとげるのは
注目を望まないから

彼らの知恵は、その考えにではなく
そのあり方にある
彼らはあらそわない
だから、誰も彼らとあらそうことはない

聞く、したがう、協力する、開放する、可能な範囲で最高の結果を求める——こういった「陰」の要素は、現在の文明をもたらした敏腕の「陽」の力をやわらげるに違いない。この二つを兼備することが新しいリーダーの特徴となろう。言葉や業績で信頼を得るのではなく、「その知恵は、そのあり方にある」リーダーである。

「道」の成功

よりよい人生を送るための本としては、非常に奇妙なアドバイスもある。たとえば、「あきらめよ、そうすればうまくいく」というのはどうだろう。

このような意見は、ほかの自己啓発書のメッセージと、両立しうるのだろうか？　たとえば、現代的な自己啓発書の典型、ロビンズの『小さな自分で満足するな！』（147ページ参照）を見てみよう。「精神的、感情的、身体的、そして経済的運命をコントロールする方法」という副題は、人間は自分の求めるもの、自分を幸福にするもの、自分の無限の可能性を知っているという信念にもとづき、総合的な自己創造論を説いている。

それに対し本書は、権力や名声、富を求めない、ごく簡素な生き方がテーマだ。無理に何かを起こそうとしたり、他人に自分のやり方を押しつけたりせず、ただ今を生きる静かな恍惚がある。タイミングの力についても述べている。

泥が沈むのをじっと待て
ときが来るまで動かずにいよう

どちらがよいだろう？　何かをなしとげようと集中し、不屈の強さでことに当たるのと、流れに身をゆだね、何かが明らかになるに「まかせる」のと？　結局、どちらを信じるかだ。自分自身（合理的な選択）か、それとも宇宙を統べる知性（道）か。老子の考え方によれば、すべてを生む「道」は、人間に平和、喜び、力を与えることができる。

がんばらなければという強迫観念は、世界をたとえごく一部でも支配して、自信をもちたいと考えることによって、必然的に生じる。がんばることは、何かを生み出して独自性を表現する自然な方法ではあるが、成功への最高の道とは言えない。そうして追い求める目標は、むしろ、本書が示すもっと大きな調和の象徴にすぎないということを、私たちはただちに認めるべきだ。この調和は「天の道」と表現されている。

人生を変える一冊に出会うために——

本書のメッセージは、最初は一風変わって見える。だが、人生や成功についてのあなたの現在の考え方を変え、おそらく広げてくれるだろう。本書の世界観を自分に取り込みたいというよりは、本書の世界観の中に入り込みたい、といつしか感じ始めているかもしれない。

最初から終わりまで通して読もうと思わない方がいい。ストーリーはなく、数行の短い章に分かれた瞑想録で、各章はあまり関係し合ってはいない。その催眠術のような力は、以下の一節からも見て取れるだろう。

旅人が足を止めるのは、おいしい食事や美しい音楽だろうが
「道」を語る言葉は淡泊で味気ない
なんということもなく見え
なんということもなく聞こえる
だが、それによって生きれば、飽きることはない

34

6世紀

哲学の慰め

ボエティウス

どんなことが起こっても、
あなたには心の自由がある。

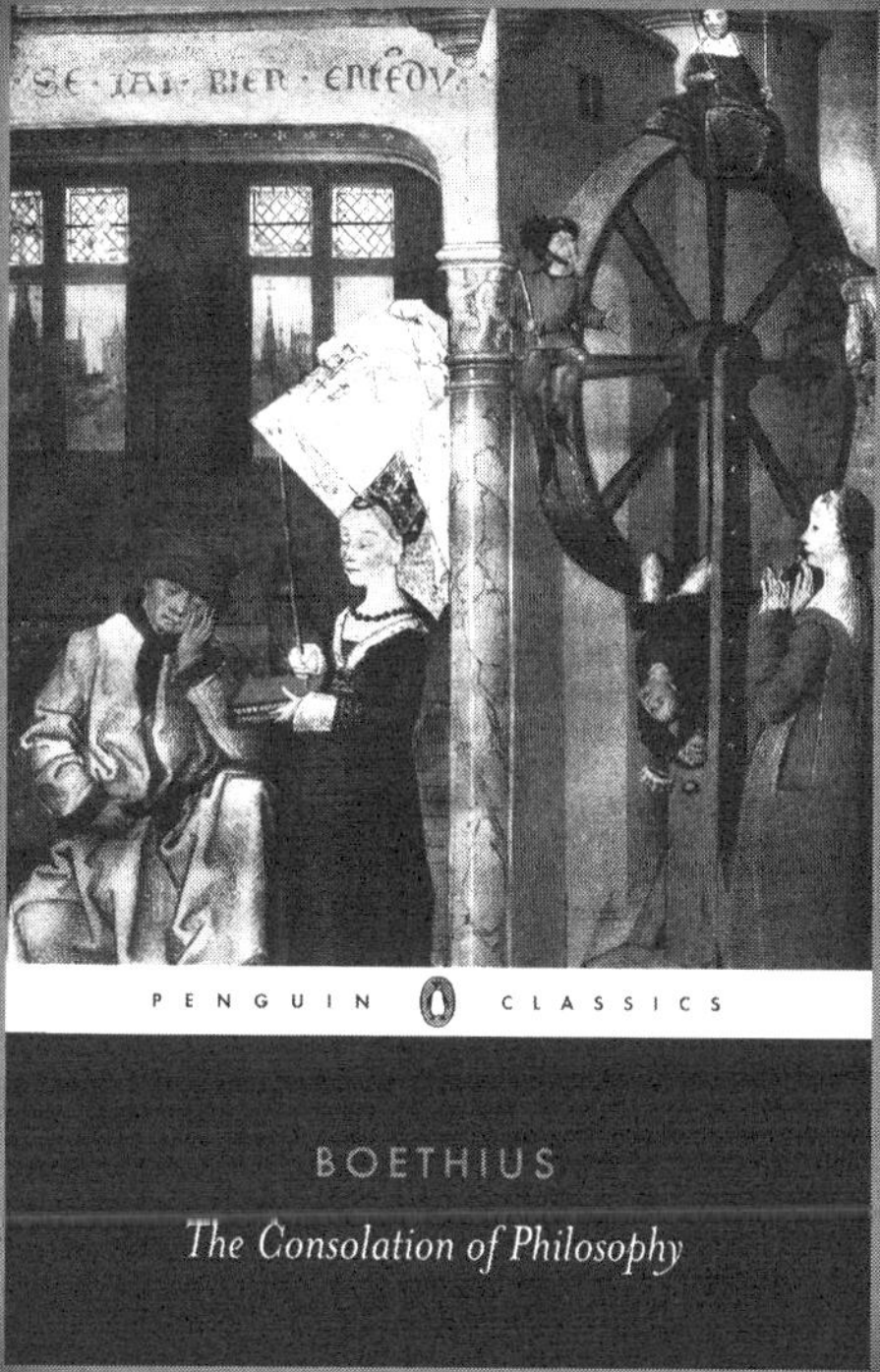

邦訳
『哲学の慰め』
岩波書店　畠中 尚志訳

天の広大さ、確かさ、迅さを見よ。そしてつひにそんないやしいものを歎賞することを止めよ。

他の生物にあつては自己を知らないことがその本性であるが、人間にあつては、それは欠陥から生ずるのである。

この秩序を見ることの出来ない我々にとつて、一切が混乱的且つ乱雑的に見えるにしても、やはり萬物は、善へ赴かうとする自らの法則に依つて規定されているのである。

「だから」と彼女はつづけた、「賢者は運命との闘ひに引入れられることを嫌がつてはならない。丁度、勇士が剣戟の響きにたじろいではならぬと同様に。といふのは、困難が却つて両者に取つて機会に——後者にとつては名誉を広める機会に、前者にとつては知恵を仕上げる機会になるのである。

❀

Boethius

ボエティウス
四八〇年頃〜五二四年頃のローマの哲学者、政治家。執政官を務めるが、反逆罪に問われ、刑死。獄中で書いた本書が代表作。ギリシャ哲学を愛し、プラトン、アリストテレス、アルキメデス、プトレマイオスなどを翻訳・紹介し中世論理学に貢献した。

ボエティウスの人生のスタートは、信じられないほど恵まれたものだった。後期ローマ帝国の貴族の家庭に生まれ、政治家シンマクスに見出されて彼の娘を妻とした。権力の座を目指すべく、最高の教育を授けられた彼は、若くして執政官となる。

だが、プラトンとアリストテレスの全作品を訳し、その思想を一つの作品にまとめ上げたいという彼の目標は、なしとげられなかった。

当時、ローマ帝国は「キリスト教国」へと変質し、東（首都コンスタンティノープル）と、西（首都ラベンナ）とに分裂していた。ローマ帝国の機構は維持されていたが、イタリアの統治者はローマ人ではない「野蛮人」東ゴート族の王テオドリクスだった。ボエティウスが任命された執政官は政権の最高官職で、元老院と新体制が円滑に連携するための責任者的立場だった。しかし、宮廷が陰謀によって彼をおとしいれたため、テオドリクスは彼を反逆罪に問い、本人の無実の訴えにもかかわらず死刑を宣告する。

それまでの行いはみな水の泡となった。彼の愛する哲学はどうやって彼を救うのか？　この最悪の苦境を体験すればこそ、彼はその問いに答えるにふさわしい人間になりえた。本書が書かれたのは、死刑を待つ監房の中だった。

世の中の道理とは

本書は、失意の囚人（ボエティウス自身と解釈できる）のもとへ、女性の姿をした「哲学」が訪れるところから始まる。囚人が不遇をかこつのを聞いた「哲学」は、運命を責めてはいけないと諭す。

運命の女神は気ままに現れたり消えたりし、頼みにならない存在だ。お前は高い地位や評価、富に恵まれて「幸福」に生きてきたけれど、それらがお前をここに送り込んだのなら、そんなものが本当の幸福のみなもとであるはずがない。もし、運命の女神を信じるなら、女神が来るのと同じように女神が去ることも予想すべきだ。季節が巡るようなものだ。

彼は怒りのあまり、世の中の道理を忘れていたのである。

その道理とは何か？　求めうる至上の善は神であり、人がみな名声、富、権力など外面的なものを追求するのも、本当は、この真の幸福のみなもとをつかみ取ろうとしているにすぎない。囚人は「哲学」の言葉によって、そのことに思い至る。運命の女神と違い、神は不変であり、おのれの内を見つめることによって出会うことができる。逆説的だが、神を知ろうとする者は、自分を知る。

それでもなお失意から脱しきれない囚人は、悪しき者はたいてい善に勝つではないかと訴える。「哲学」はそれに疑問を呈し、善き者は勝てば人間を超えた神の高みに達することができるのに対し、悪しき者は目的を達しても獣になるにすぎないと答える。したがって、悪しき者は決して本当の意味で勝つことはない。善を目指す行為はすべて人を高みに導くが、邪悪な者の「成功」には何の意味もないからである。

運命と神の意志

二人の対話は、神の意志と自由意志という、より大きな疑問へと発展していく。偶然など宇宙のどこにもない、すべてをつかさどるのは神の意志だと言われた囚人は、当然のことながら「それでは人間の自由意志はどうなるのです？」と問う。「哲学」は「人間の自由な選択がどのような未来をもたらすかを、神は現在のこととして見ておられます」と説明する。神は、人間の選択の結果を知ってはいるが、導きを乞われない限り、その選択に干渉することはないのである。

神の意志が全宇宙を苦もなく動かすのに対し、運命はそのときどきの個々の人間の動きに影響をおよぼすにすぎないことを、囚人は学ぶ。神のそばで生きる者は神の意志と調和して生き、その結果、神の意志を頼みとすることができる。それに対し、自分の力で生きていると信じている者は、完全に運命にしばられ、これもまた逆説的だが、自分の生き方を掌握しにくくなる。静けさを尊び味わう者は神の御心を知り、不安と混乱以外に何も感じ取っていない者には運命の厳しさだけが見える。

苦悩の意味

「哲学」はボエティウスに、彼ほど恵まれた人間はいないと示そうとする。彼は、富、権力、名声、生まれのよさから来るあらゆる利益を享受してきた。だからこそ彼は物質的な豊かさの根本的な価値を考えざるをえなくなる。物質的な豊かさは、不幸から彼を守ってくれなかったどころか、運命の罠に陥れた。死を前にして「囚人」として執筆しながら、彼は自分の人生を客観的にとらえる。そして、自分がこれまでしてきたことは、自分が今、手に入れている自己認識ほど重要でないことに気づく。

自分がこれまで権力と自己実現の追求に明け暮れてきたことを、彼は理解し始める。死刑囚房で一年間過ごすうち、過去をなつかしんでばかりいることをやめ、宇宙の統一性、単一性を理解し、彼はやり手の政治家から賢者へと変貌をとげた。哲学の慰めを得て、かくも不幸な自分の死さえ客観的にとらえるに至った。

本書の影響

本書はダンテ、チョーサー、トマス・アクィナスらを触発し、アルフレッド大王（九世紀）、エリザベス一世（十六世紀）の二人の王によって英訳された。社会に対しては、今日私たちが中世の特徴と考えている、敬虔さと内省への意欲をかき立てるのに一役買った。

より多くの人を啓発したいというボエティウスの思いは、散文と、風刺詩を交互に配するという本書の様式に表れている。これは当時、軽い文学のスタイルとして人気があったものだ。慰めとともに楽しさを提供しながら、読者が議論に引き込まれるよう構成されており、その意図は成功している。

人生を変える一冊に出会うために――

ボエティウスは当時の偉大な知性の一人だったが、とりわけ彼のこの著作は、いかなる時代の読者にも直接語りかけ、すぐ効くアドバイス、慰め、刺激をくれる。中心的なテーマとなっている自由意志についての疑問は、最初はとても難しく見えるかもしれないが、実は自己啓発というもの全体を考える上できわめて重要な問題である。

身体は自由を奪われていても心は自由というボエティウスが到達した境地こそ、成熟の本質だからである。本書は、あなたがいつも読みたいと思っている「幸福」の本質について、もっとも徹底的に論じた本の一つなのである。

35

1980

トランジション

ウィリアム・ブリッジズ

生きていく中で出合うすべてのトランジションには、一定のパターンがある。そう認識すれば、困難な時期を理解しながら、前に進むことができる。

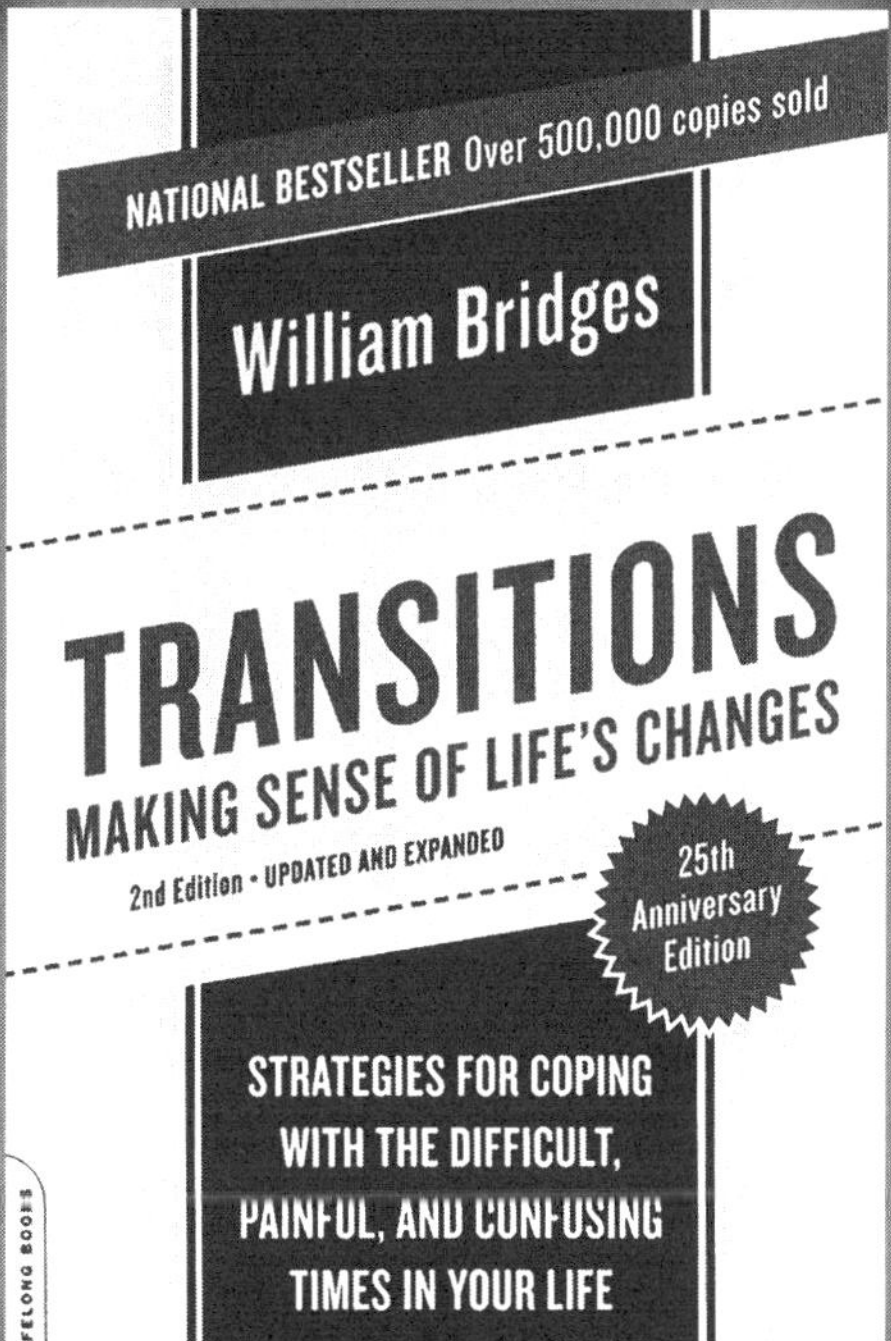

邦訳

『トランジション　人生の転機を活かすために』

パンローリング　倉光修／小林哲郎訳

自然界を見ればわかるように、成長においては、加速する時期や変容する時期が周期的に訪れるものである。進行が遅く何も変化していないように見える時期の後で、突然、卵の殻にひびが入り、小枝に花が咲き、おたまじゃくしのしっぽがとれ、葉が落ち、鳥の羽が抜け変わり、冬眠が始まる。

人間においてもそれは同じである。羽や木の葉ほど明瞭な兆候はないが、トランジションの機能は同じである。その「時」は、自然な自己再生のプロセスにおけるキーポイントなのである。

変化を選んでも選ばなくても、あなたの内には潜在的な未開発の能力、興味、才能があるはずだ。トランジションは新しい成長のための整地をする。トランジションが幕を落とし、ステージは新しいシーンのためにセットされるのである。人生のこのポイントで、舞台裏で静かに出番を待っているものは何なのか？

❀

著者自身がちょうど人生の転機にあったとき、その時期についての本

William Bridges

ウィリアム・ブリッジズ

英語の教授であったブリッジズは、一九七〇年代半ばにトランジション・マネジメントの分野に活動を移した。現在はコンサルタントの職につき、講演もこなす。インテル、アップル、シェルなどの大企業を顧客とし、トランジション戦略を推し進めている。

他の著書には、それぞれベストセラーとなった『ジョブシフト JobShift（徳間書店）』『自分を経営する Creating You & Co.（未訳）』『トランジションを管理する Managing Transitions（未訳）』がある。最新刊『トランジションの方法 The Way of Transition（未訳）』は、妻モンディを亡くした経験をもとに書かれた。カリフォルニア州ミルバレー在住。

がまったくないことに気づいた。そして、あまり気乗りせずこの本を書きはじめた。しかし本書はすぐさま読者に受け入れられた。販売部数はすでに二十五万部以上だ。本書の素晴らしさは静かに人から人へと伝わっている。

ただ人生の転機への「対処法」を解説したのではなく、別れと死、再生は自然のなりゆきであることを読者にわからせてくれるところに、本書の奥深さがある。安定した状態よりも、こうした循環こそがものごとの自然な状態なのだ。そうした自覚を持って、その過程をもっと見つめることで、避けることのできない変化の時期に対応するのが楽になるとブリッジズは言う。

人生の転機と向き合う方法

トランジション（移り変わり）のおもしろさの一つは、不意を衝いてやってくることだ。たとえば、女性やカップルの人生は、生活の中に新たに赤ん坊が登場することで、時間と自由が奪われ、たいへんになる。子どもという驚異の存在を受け入れる前に、これまでの制限の少ない生活が終わるという事実と向き合っておく必要があるのだ。

人生のトランジションにどう対応するかを考えるためにブリッジズが企画した集会に、ある男性がやってきた。彼は最近大きく昇進した。家族は今まで望んでいたものすべてを手に入れられるようになったが、男性は精神的に大きな負担を感じていた。なぜだろうか。

誰もが生活の型を持っている。その型で幸せかどうかは、実はある意味たいして重要ではない。型が変化する時に、一種の喪失感が生じる。小さな酒場でミュージシャンとして長年下積み暮らしをしてきて突如スターになったときも、また宝くじで大金を得たときも、人は変化した状況に慣れるまでに時間が必要だ。

大切なのは、その出来事が良いか悪いかをあまり意識しないことだ。代わりに、自分の人生にとって重要な変化を引き起こしているかどうかに注目しよう。もしその出来事が前後の脈絡なしに現れているように感じられても、悩む必要はない。意識の奥には、そのとき表に出てこなかった声があるはずだ。

唯一不変なのは「変化する」ということ

より大きな視点から、「人生という旅」をながめ、トランジションを考えてみるとよい。社会科学者たちの多くは、三十歳が、若者が真の大人に移行する重要な転換点だと見ている。以前、この転換点は二十一歳とされた。ブリッジズはたくさんの人々がこう言うのを聞いた。

「年寄りの域に入りそうなんだが、青春の気分が抜けきらない！」

トランジションは生涯を通じて起こるのであり、年齢とは、必ずしも呼応しない。ブリッジズはオデュッセウス神話と、オデュッセウスの苦難に満ちた家路を論じる。偉大な指導者であったにもかかわらず、オデュッセウスは、これまでの人生への対処法を、いったん白紙に戻さなければならないと気づく。トランジションから学べるのは、一生同じことをする同じ人間ではいられないということだ。若い時は、三十歳から死に至るまで、人生は延々と続く揺らぐことのない平野だと人は想像する。だが、そういう人生はめったにない。たとえ人生がすっかり安定している気がしても、自分で変化を起こすか、変化に見舞われるかのいずれかとなる。

次に、ブリッジズの説くトランジションの三段階を、おおまかにまとめる。人類学者によると、ほとんどの部族の儀式に存在するという「通過儀礼」が、話の底に流れている。

何かが終わるとき

何かを始める時は、何かが終わるのを受け入れなければならない。構成員の一人が内的なトランジションを経験しそうになると、部族全体が日常生活から離れる場をつくるというのは、伝統的に行なわれてきたことだ。変化しようという時には誰でも、日常から離脱する必要を感じるものだ。

次に、自分がどこに帰属するのかわからなくなる。自分自身が何なのか、とらえどころがなくなる。これまで自分を動機づけてきたものが消えてしまう。

そしてさらに、覚醒の段階がある。これは、「自分のものの見方が、充分に現実を反映していなかった」と悟った時に訪れる。このようにトランジションの第一段階は経験される。始まりであると同時に、これは最終段階でもある。新たな始まり、新たなものの見方のために、地ならしをしているのだから。

「何かが終わる」ときは、人それぞれだが、どんな終焉でも、過去の傷や恥の感情を呼びさます可能性がある。子ども時代に、自分が役立たずだと感じさせられた人は、その後失敗したと思うたびに、昔のつらい感情がよみがえり激しい痛みを感じる。終焉に際し、自分が終わるように感じることもあるだろうが、決して終わりはしない。

部族社会では、終焉を儀式化している。終焉が終わりではなく、新たな人生に踏み出すために必要な段階として終焉をとらえるようにするためである。

ニュートラルゾーン

終焉のショックのあと、ニュートラルゾーン（中立圏）の時期を迎える。ふつうはこの不愉快な時期からできるかぎり早く逃れたいと願う。しかし、この時が人生でもっとも重要な時期の一つなのだ。自分が「壊れてむきだしに」なるので、自分の存在と行動のあり方を考え直すことができるからだ。地獄と天国のあいだにいる人々へ、ブリッジズが送る助言は次のとおりだ。

1 一人きりの時間を必ず見つけよう。

空虚さを受け入れよう。気晴らしの道具を持たずにどこかへ出かけ、文字通り何もせずにいるとよい。この場合、大いなる啓示が降りてくるかもしれないなどと期待しない。大切なのは、心に浮かぶ思いや考えに注意を払うことだ。

2 記録をつけよう。

日記や自伝を書くのもよい。ニュートラルゾーンで経験することについて、自分に人生を「書き直す」機会を与えよう。

3 真の望みをとらえる努力をしよう。

人生の真の目的が何なのか、今日で人生が終わるとしたら、何をしようと思うだろうか。

聖パウロ、マホメット、ダンテ、ブッダなど、歴史上の偉大な人物も、「森に入る」、または「砂漠に入る」などニュートラルゾーンの必要性を感じていた。気を楽にして世事から逃れてほしい。

人間は何千年ものあいだ、隠遁が必要だと感じて、実行してきたのだから。

何かが始まるとき

ニュートラルゾーンの時期が過ぎたのは、どうしたらわかるのだろうか。大いなる新しい出発を、いつ始めたらよいのだろうか。

「始まりの時」は、たいてい振り返ってはじめてわかるものだ。その時点では、あまり強い印象を残さない。気乗りしないパーティで、結婚相手と出会うこともあれば、友人の家で、その後の自分の人生を変えてしまうような一冊の本を、開くこともある。

前進する準備が整うと、さまざまな機会が訪れる。毎日に活気が満ちてくる。ここで、自分に厳しすぎないように、以前の生活から続く部分をある程度は残すようにしたほうがよい。ニュートラルゾーンの時期から得た新たな気づきをたずさえて、ものごとが望むほど早く進展しなくても、気落ちしないようにしよう。

ブリッジズは、禅からヒントを得た言い回しを書いている。

「悟ったあとも、洗濯はせよ」

人生を変える一冊に出会うために――

離婚であれ、大学への復帰であれ、新しい仕事の開始であれ、重大なトランジションを経験する時、誰もが「ふりだしに戻る」のを感じる。これまでの年月が無駄になったという感覚だ。そしてこう思いがちだ。

「今までしてきたことを続けるべきだったのではないか。そう悪くなかったじゃないか」

本書が読者の支えとなり、やる気を与えてくれるように願いたい。トランジションはすべての終わりではなく、一種の循環であり、究極の見返りとして、それまでよりはるかに明確な方向づけが得られるのだから。

著者はラルフ・ウォルドー・エマソンを引用している。

「ゴールにたどり着いたときでなく、そこに向かってトランジションを経ていくときこそ、人は偉大なのである」

困難な時期を切りぬける方法を身につけたなら、人生のあらゆる問題に立ち向かっていく大きな自信が持てるようになる。この古典的名著を、今すぐに読みたいとは感じないかもしれない。ただ次に安定期が幕を下ろす気配がした時のために、心に留めておいてほしい。

Chapter 5

5

魂と神秘

自分の内奥を理解する

36

1854

森の生活
ウォールデン

ヘンリー・D・ソロー

考える以外に何もしない時間を、
生活の中に必ずもとう。

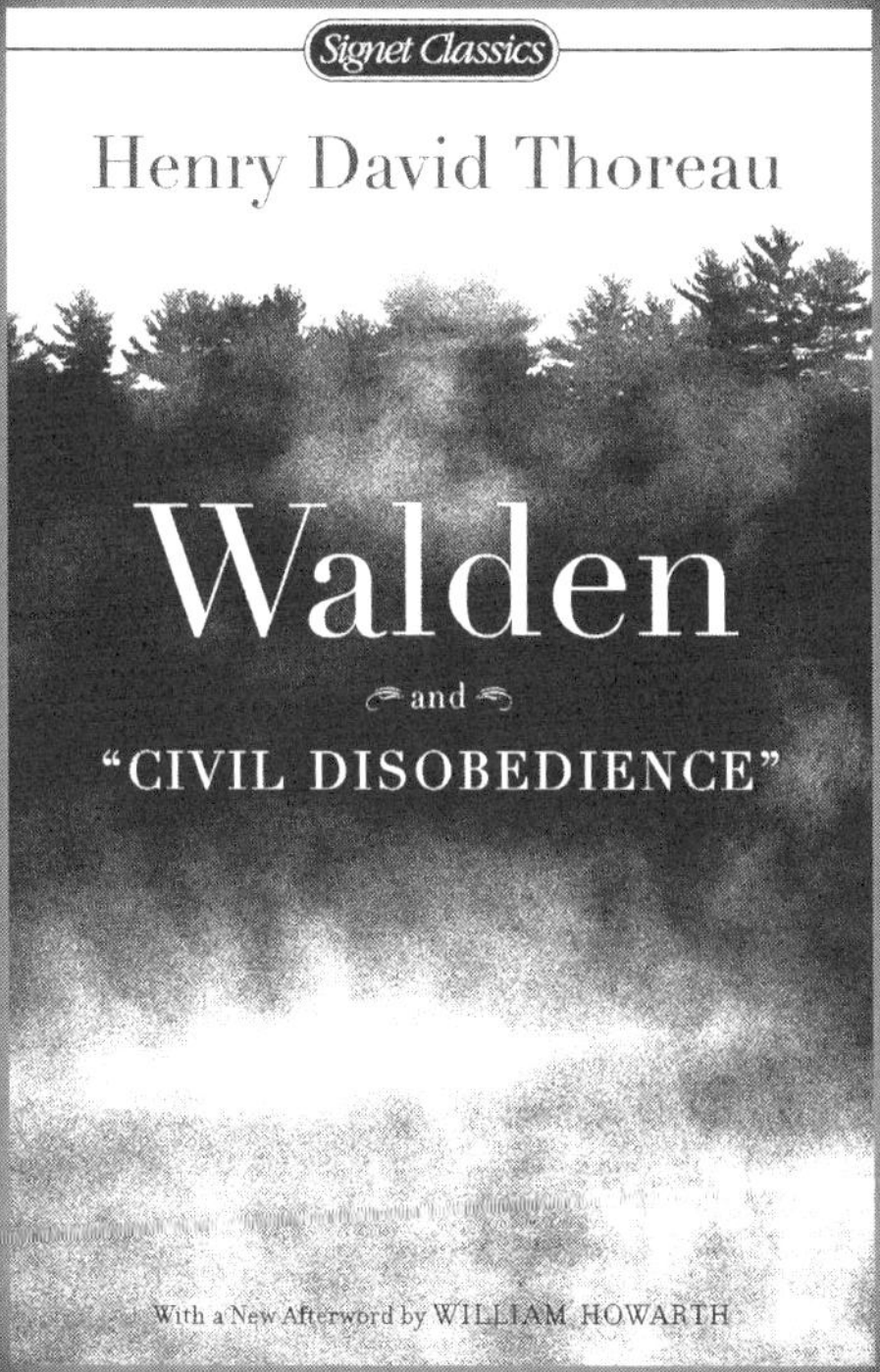

邦訳
『森の生活　ウォールデン』
講談社　佐渡谷重信訳

私が森へ赴いたのは、人生の重要な諸事実に臨むことで、慎重に生きたいと望んだからである。さらに、人生が教示するものを学び取ることができないものか、私が死を目前にしたとき、私が本当の人生を生きたということを発見したいと望んだからである。

独特の絵を描いたり、彫刻を制作し、その結果、いくつかの美しい作品を完成することとは結構なことである。しかし、それよりも遙かに素晴らしいことは、社会の環境と生活条件そのものをしっかりと見据えて彫刻し、絵画を制作することだ。そうしたことは実際にできる。実りのある一日であると感じ取ることこそが最高の芸術である。

もし、君が空中に楼閣を築いたとしても、その仕事が骨折り損というわけではない。空中にこそ楼閣が築かれるべきなのだ。さればこそ、こんどはその楼閣の下に基礎工事をして見給え。

急がず、賢明であれば、偉大で価値あるものだけが永遠に、かつ絶対的な存在であること、そして取るに足りない恐怖や、いろいろなくだらぬ快楽などは真実の影法師にすぎぬことに気づくのだ。このことに気づけ

Henry David Thoreau

ヘンリー・デビッド・ソロー

一八一七年、マサチューセッツ州コンコードに生まれる。一八三七年にハーバード大学を卒業後、教職を得るが、体罰が必要だと考えられていることに反対し、父親の営む鉛筆製造工場ではたらく。自然の世界に真剣に関心をよせるようになったのは、一八三九年、コンコード川とメリマック川を航行したのがきっかけで、この体験は十年後、本として出版される。一八四一年から二年間、エマソン家に寄寓、彼の子どもたちに非常になつかれた。

ウォールデン池はエマソンの所有地だった。そこでの生活のあとは、講演や超越主義の雑誌『ダイヤル』をはじめとする雑誌への執筆のほか、測量士、左官、庭師としてはたらいた。一八四九年、メキシコ戦争反対の思いから発表した論文、『市民の反抗 Civil

ば、心は常に爽快になり、崇高な気分となる。

❀

本書は実体験――二年間にわたる森の丸太小屋での生活――を描いたものでありながら、人間の自由と気づきの日記として読まれるのが今日ではふつうである。どちらの意味においても貴重な名作である。

一八四五年の七月四日、ソローは森に踏み込んだ。さほど人里離れたところではなく、彼がほとんどの人生を過ごしたマサチューセッツ州コンコードの中心部からわずか三キロ程度の場所である。それでも孤独な生活を送ることはできたので、ソローは社会の嘘や噂を離れて、とことん無駄をそぎ落とした生活をしようと考えた。三×四・五メートルの小屋はすでに建ててあったから、彼はひたすら自由だった。市場で売るために豆を少々育てたが、ささやかな生活の足しになるというだけのその行為さえ、楽しんで続けた。散歩、読書、バードウォッチング、著作、そしてただあるがままに生きるというだけの素朴な生活が続いた。

Disobedience（岩波書店）』は、後にマーティン・ルーサー・キングやガンジーに影響を与えることになった。論文『マサチューセッツ州の奴隷制度 Slavery in Massachusetts』は、『森の生活』と同じ、一八五四年に発表された。『コッド岬 Cape Cod（工作舎）』、『カナダのヤンキー　A Yankee in Canada（未訳）』が出版されたのは、彼の死後、一八六二年のことだった。エマソンは、『ソロー Thoreau』で、友人の自然と実用技術についての並外れた知識に驚嘆している。

『森の生活』の生活と態度

彼の発想がほとんどの人にとってあまりに突飛で、時間の無駄か、ことによると破壊的な行動にさえ見えるのは、昔も今も同じである。しかし、ソローは、自分は誰よりも豊かだと感じていた。物質的に必要なものはすべてあり、それを楽しむ時間もあった。ありとあらゆる所持品とともに生きているふつうの人は、それを維持するためにはたらき続けなければならない一方で、自然の美しさや、孤独がもたらす魂の微妙な動きを見落としている。

ソローが生きていたのは、奴隷制度のある時代だった。彼はその制度を維持する政府に税金を払うのを拒否して、一晩拘置されたこともあった。ただ、彼が反対したのは、黒人を奴隷にすることだけでなく、すべての人間が奴隷となることだった。マイケル・メイヤーが『「森の生活」と「市民としての反抗」 Walden and Civil Disobedience（未訳）』で述べているように、本書は解放の物語、欺瞞からの決別の記録と見ることもできる。ソローにとって、三キロ先のコンコードは最南部地方も同然だった。友人や家族はいたものの、そこは入っている人がそれと気づかない監獄のようなもので、みな物質主義と服従によって奴隷化していた。彼がこう言い放っているのは有名だ。

「大部分の人は、絶望したまま静かに生活を送っている」

ウォールデン池のほとりで過ごした時間は、「客観性の追求」とも言うべき意識の訓練だった。生まれたときの完全な心の自由は、「型にはまった知恵」と教育による偏見でゆがめられてきたと（自分の受けた高度な教育にもかかわらず）考えていた彼は、それを取り戻したかった。社会を映す鏡であることをやめ、自由な人間とはどういうものかを知るため、隠遁生活を始めたのだ。当時の偉大な探検家について論じた部分では、探検中に行方不明になったイギリス人のジョン・フランクリンと、彼を探しに行ったアメリカ人のグリンネルについて思いをめぐらせている。

フランクリンが行方不明になった唯一の人物で、彼の妻が夫を捜索するのに必死に頑張っているだけでよいのだろうか？ グリンネル氏は自分がどこにいるのか、はたして知っているのであろうか？ いやむしろ、マンゴー・パーク、ルイスとクラーク、フロビッシャーのような人間になり、君自身が心の川となり、大洋となり、心の中に高緯度地方を探検するがよい。

本書の影響

友人のラルフ・ウォルドー・エマソンとともに、ソローは今も、アメリカ的個人主義の価値体系の大黒柱としてそびえている。皮肉なのは、二人とも、アメリカやその他西洋諸国の今日の姿とも言うべき、金持ちが意味もなく集う遊び場と化した社会を激しく非難していたことだ。しかし、本書や本書に影響を与えたエマソンの著作は、かつてと同様、今以上の何かを求める人にとって魅力的である。そこにある思想の多くは、すでに大衆の意識の中に入り込み、現代の世代の自己啓発作家たちのおもな発想のみなもとの一つとなってきた。たとえば、自然や人間についての記述に次のようなものがある。

> もし人が自分の夢に向かって自信をもってまっしぐらに進み、自分が想像したような生活をしようと努力すれば、普段考えてもみなかったような成功にめぐり合うだろう。
>
> 私が誠に心強く感じているのは、人間は確かな能力をもっていて、自分の人生を高める努力をしようと自覚していることだ。

次などは、ノーマン・V・ピールやディーパック・チョプラが書いてもおかしくないような言葉である。

> 宇宙は常に、率直にわれわれの思索に答えてくれる。急いで行くか、ゆっくり行くか、いずれにしろ軌道は敷かれている。それならば、人生を思索することに進もうではないか。

本書は、環境に対する意識の繊細さという点でも時代を先取りしていた。叙述はおおまかに季節の流れを追っている。ソローは冬を楽しみはしたものの（自分で暖炉と煙突をつくった）、春のよみがえりの力と美しさをとりわけ心待ちにした。自然はそれ自体のために守る価値があるが、無駄をそぎ落した人生にとって、木や水、生物ほど多くを学ばせてくれるものはほとんどない。彼はこんな古風な告白もしている。

「ついに運命の伴侶を見つけた。私は樫の低木と恋に落ちた」

もっと詩的な箇所では、周囲の自然と一体になった感覚を伝えている。

今日はさわやかな夜である。全身がひとつになった気分であり、毛穴のひとつひとつが喜びを吸収している。私は自然の一部となって、《自然》の中を自由気儘に往来しているが、何か不思議な気分でもある。

しかし、彼が自然のうちに見たものは、やがて彼が人間のうちに見たものと結びつけられる。

もし、地球上のあらゆる牧草地が荒れ果てたままになっていても、それが人間自身を救済し始めようとすることの結果であるならば、私は喜ぶべきであろう。

進歩と繁栄

ウォールデン池の向こう岸を鉄道が通り、その慌ただしい行き来にソローは驚き、魅了される。

技術の進歩は国家の栄光を反映していた――いや、果たしてそうか？

人々が考えていることは、国家が商取引をし、氷を輸出し、電話で交信し、当然のように、時速三十マイルで走る汽車を走らせることを不可欠なことだとしている。……しかし、われわれが狒（尾なが猿）のような生き方をするか、人間らしく生きるべきかということになると、少々確信がもてない。

革新を求める強迫観念に対するこの一撃は、今日の文化にもぴたりと当てはまる。
ソローが、必死にはたらいて自力で出世する者を英雄視するベンジャミン・フランクリン的な考え方を退けたのは、驚くには当たらないことだ。彼にとって、社会的な地位は重要でなく、繁栄は、達成すべき目標というよりは、自然の恵み深さの中に見るものだった。彼は、二十代のときには「たいしたこと」をしなかった。仕事は、本を読み、書き、自然を楽しむ時間を買うためだけに必要とした。
だからといって、みな森に行き、小屋に住んで豆を育てなければならないというわけではない。ソローの森は、自分に正直に行動すると決めればすべてを与えてくれる、自然全体の豊かさの象徴だ。隣の人に何と言われるか怖れながら心の「村」に留まっても、私たちは足りないもの、つまらないこと、狭量な視野を見せつけられるだけだ。自分の独自性を保つことについて、よく引用される彼の言葉がある。

人が自分の同僚と一緒に歩調《ペース》を合わせようとしないとすれば、それは、多分、違ったドラムの音を聴いているからであろう。そのドラムがどんな拍子だろうと、また、どんなに遠くから聞こえてこようと、聴こえてくる調べに調子を合わせて、歩こうではないか。

人生を変える一冊に出会うために――

『森の生活』は、古典文学、東洋宗教、ネイティブ・アメリカンの伝承、そして自然そのものを知り尽くした人物による、偉大な自然の美しさと静寂を背景に描かれた、思考の記録である。読者は、これ以上に素晴らしい休暇が想像できるだろうか？　本書は読者を仲間にと誘う。ソローがしたように森やウォールデン池を楽しみ、人間や社会についての彼の意見を楽しむようにと。

終わり近くで、古いテーブルから現れた甲虫の話が出てくる。上に載せたコーヒーポットの熱で六十年の眠りから目覚めたのだ。この話は、ソローの哲学を総括している。甲虫を見た彼は、人間はみな甲虫のように、社会という「年を経た墓」から出て人生の夏を楽しむことができるはずだと感じたのである。

37

1987

神話の力

ジョーゼフ・キャンベル／ビル・モイヤーズ

つねに自分が愛情を向けられることを行おう。
自分の人生を奇跡に満ちた旅だと思おう。

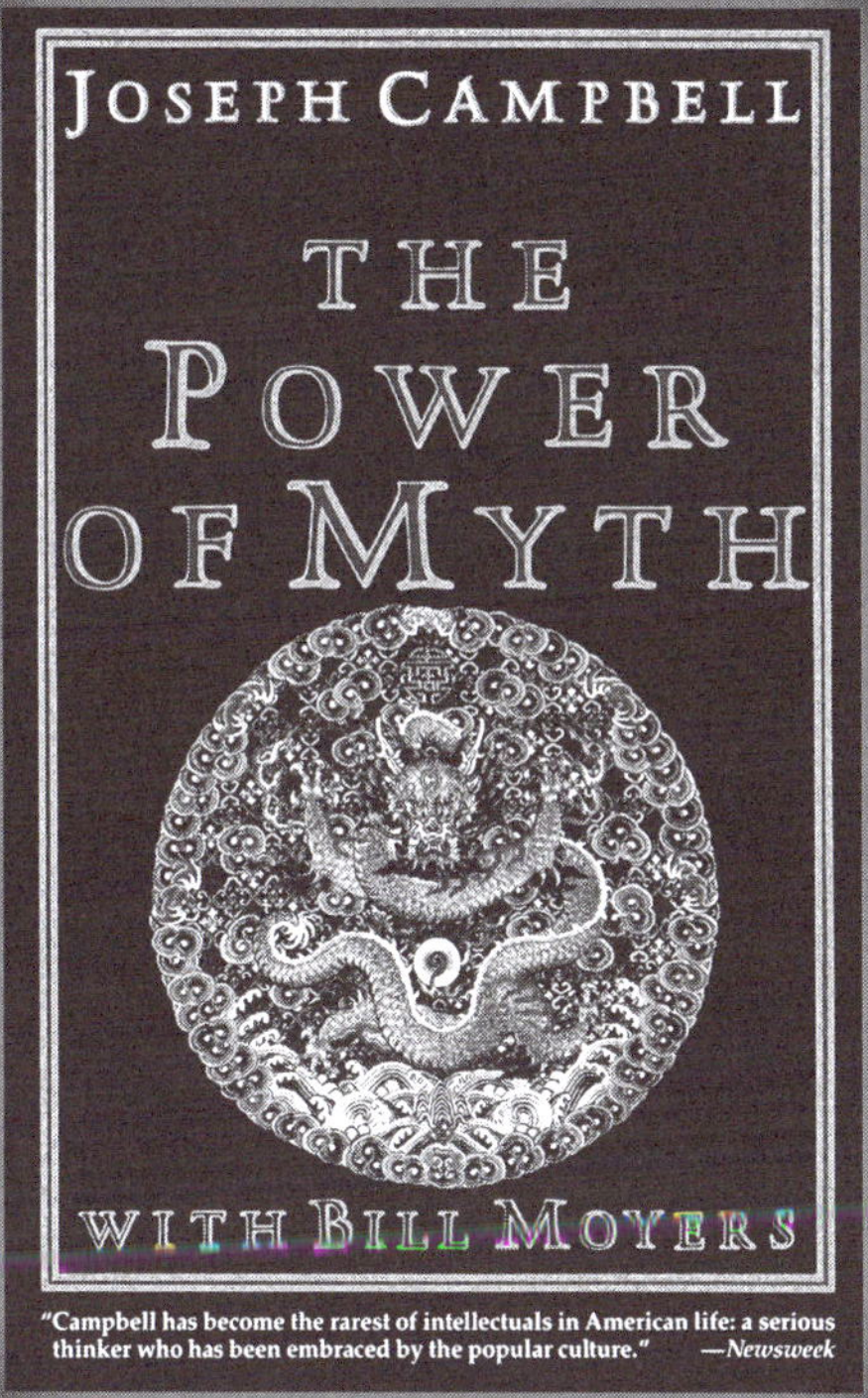

邦訳
『神話の力』
早川書房　飛田茂雄訳

モイヤーズ　至福を追求しているとき、なにか隠れた手に助けられているような感じを受けませんか。私の場合、ときどきそんな気がするんですが。

キャンベル　しょっちゅうです。じつに不思議ですね。いつも見えない手に助けられているものだから、とうとうひとつの迷信を抱いてしまいましたよ。それは、もし自分の至福を追求するならば、以前からそこにあって私を待っていた一種の軌道に乗ることができる。そして、いまの自分の生き方こそ、私のあるべき生き方なのだ、というものです。そのことがわかると、自分の至福の領域にいる人々と出会うようになる。その人たちが、私のために扉を開いてくれる。心配せずに自分の至福を追求せよ、そうしたら思いがけないところで扉が開く、と私は自分に言い聞かせるのです。

❀

これは、実り多い人生を生き抜いた一人の男の手による、熱情あふれる本だ。キャンベルは、まず物語の語り手だった。彼は現代人の抱える疎外感を取りこむ力があると感じていた。そして古い物語や神話を見つ

Joseph Campbell with Bill Moyers

ジョーゼフ・キャンベル

一九〇四年、ニューヨーク生まれ。キャンベル少年はネイティブ・アメリカンの神話が大好きだった。ダートマス大学で生物学と数学を学んだのち、コロンビア大学に転入。そこで、アーサー王伝説について博士論文を書いた。

一九二七年、キャンベルは奨学金を得てパリ大学に渡り、古い言語の研究をした。その後ミュンヘン大学に学び、サンスクリット文学とインド・ヨーロッパ語族の文献を読んだ。アメリカに帰国すると、ニューヨーク州のウッドストック近くに一人で小屋を借り、数年暮らした。

キャンベルは新設の女子大であったサラ・ローレンス大学で教職の地位を得る。三十八年間教鞭をふるい、その間に元教え子の舞踏家ジーン・アードマンと結婚した。キャンベルの著書は徐々に増え

け出し、人々に語ることに日々を費やした。尊敬を集める神話学者であったが「スター・ウォーズ」の制作では重要な役割を果たした。ジョージ・ルーカス監督は、キャンベルの『千の顔をもつ英雄 The Hero with a Thousand Faces』から着想を得て「スター・ウォーズ」をつくり、いにしえの賢者ヨーダは、キャンベルその人から発想したと語った。

キャンベルの中心思想の一つは、誰の人生でも大いなる神話に例を見出せるということだ。「英雄の旅」という彼の概念は、世に並ならぬ影響を与え、控えめな人々をも大きな前進へと駆りたてた。

『神話の力』は、文明の抱える物語と象徴について、キャンベルと、作家でジャーナリストのビル・モイヤーズとのあいだにかわされた極めて個人的な対話である。

二人の対談は、ジョージ・ルーカスのスカイウォーカー牧場で、あるテレビシリーズのために撮影された。このシリーズはアメリカ大衆の想像力に訴え、人々の心をつかみ、出版された本はベストセラーになった。収録のあと、キャンベルはほどなく亡くなった。『神話の力』は、彼の知恵と知識の片鱗を伝える最後のものとなった。

『「フィネガンズ・ウェイク」を開く鍵 A Skeleton Key to Finnegan's Wake（未訳）』や、古代インドの哲学書群「ウパニシャッド」を共同編集、翻訳した仕事もその中に入った。『千の顔をもつ英雄 The Hero with a Thousand Faces』は一九四九年に出版された。

彼はさまざまな聴衆を前に講演した。アメリカ国務省、ソ連科学アカデミー、カリフォルニアのエサレン研究所など、キャンベルは世界各地を訪れた。その後の著作も評価が高く、『神の仮面 The Mask of God（青土社）』シリーズ、『神話のイメージ The Mythic Image（大修館書店）』、『宇宙意識 The Inner Reaches of Outer Space（未訳）』などがある。一九八七年、ホノルルで死去。

神話の力

キャンベルの抱えた重要な課題は、「現代人に、神話がどのような影響を与え得るか」ということだった。人生は、ほんとうに英雄オデュッセウスや女神アルテミスの物語になぞらえることができるのだろうか。

キャンベルは、神話の登場人物の行動は、人間が持ちうる元型を象徴すると考えた。さまざまな問題にみまわれる彼らが、どういう行動に出るか。そこに人生の対処の仕方に関するヒントが読みとれる。例をあげれば、インドの古典『バガヴァッド・ギーター』に出てくる若き勇者アルジュナに自分を重ねるのは、うぬぼれではなく、この人物が何かを教えてくれると受けとることだ。

神話の世界では、決して孤独を感じることはない。そこに、すべての人々が共有する魂のための導きがあり、人生のあらゆるサイクルと経験のための地図が示され、それにしたがって進むことができるからだ。キャンベルは、神話を無数の異なる文化と人々によって奏でられる「宇宙の歌」と呼んだ。神話の存在があれば、経験のすべてが意味を持つ。神話がなければ、人生は無意味な浮き沈みがただ繰りかえされるだけにも思える。

人々は人生の意味を見出そうとして神話に目を向けるのではない。神話の目的は「ほんとうの意味で生きる」ことを人々に理解させることだ、とキャンベルは語った。人間の想像と経験が生み出す大きな時間の流れの中に自分が置かれていると感じなければ、人生はロマンや深みを欠くものになってしまう。自分の頭の中にある話やイメージは、利用できるもののうちのほんの一部だ。過去の文化と芸術についての知識を増やすことで、人生は計り知れないほど豊かになる。

至福を求めて

『神話の力』の中でキャンベルは、中世に広まった「運命の輪」という考え方を話題にした。これは人生の暗喩で、以来千年にわたり私たちをひきつけてきた。輪には中心があり、そこから縁まで光が放射されている。時とともに輪が回転すると、縁につかまっている人間は上がったり下がったりし、大いなる浮き沈みを経験する。

現代風に言うなら、より多くの給料といった報酬や権力、美しい肉体を追い求めるのは、運命の輪の縁につかまっているのと同じだ。人は、時には命がけで、容赦なく喜びと苦しみの循環を繰りかえす輪にしがみついている。

運命の輪という考えは、そうした状況を解決に導く道も含んでいる。キャンベルの言う各人の「至福」に焦点をあて、輪の中心に身を置く生き方を学ぶこともできるのだ。

至福とは、各人をひきつけてやまない力を備えた行為や仕事、情熱とともに生きることだ。至福はそれぞれに独自のものだ。前ぶれもなく訪れるかもしれないし、みずからがそれを長く退けている場合もある。

現代心理学用語を使うなら、至福とは「フロー」な状態である。(255ページ参照)自分がもっとも打ちこめることをしているとき、人はフローな状態を経験する。時間の感覚がなくなり、苦もなくよい発想がわいてくる。このときの歓喜は、単なる喜びとは一線を画する。

キャンベルの表現によれば、至福とは、誰の前にも必ず用意されている道であるという。その道には「隠れた手」があり、なすべきことを達成するのに適した環境を引き寄せてくれるのである。神話から言葉を借りれば、至福は宇宙の母である。安らぎと喜びと保護が、人々に尽きることなく与えられ、俗世に害されないように見守っている。

『神話の道 The Way of Myth（未訳）』の中でキャンベルは、「成功への階段」を上ることに人生を費やした人々を見てきて、結局のところ彼らが最後にわかるのはその階段が見当はずれだったということだけだ、と述べている。

映画「アメリカン・ビューティー」でケビン・スペイシーが演じる主人公は、これまで人生をほかの人間の期待に応えるべく生きてきた男だったが、ついに自分の望むように行動すると決めた。彼は縁につかまる人生にうんざりしていた。この映画が、そしてキャンベルの著作が伝えているのは、「現在のありふれた人生はつねに、より意味のある物語に変わる準備をしている」ということだ。

英雄の旅

キャンベルの読書量の多さは有名だ。彼がヨーロッパからアメリカへ戻ったのは、ウォール街の大暴落が起きる三週間前だった。その後五年間、仕事につくことができなかったが、キャンベルにとっては、素晴らしい時期だった。

「私は貧しさを感じませんでした。ただ、お金が全然ないと感じていただけで」

キャンベルは、ほとんど何もない小屋を借りて、毎日朝から晩まで読書を中心に過ごし、至福の状態にあった。

知識への単なる渇望で始まったことが「すべての神話に通じる鍵」を見つけるための探求に変わった。世界のさまざまな物語を読めば読むほど、下敷きとなる鋳型があることが明らかになった。ほとんどの物語は「英雄の旅」、つまりその人物が英雄であるかどうか試し、証明することになる一連の体験を描いていた。

だいたいにおいて、神話の始まりには、家や故郷に落ち着き、満たされないながらも平穏な生活を送る主人公が登場する。そのうち何ごとかが起き、彼または彼女は「使命」を受け、ある特別な目的や探しもののために冒険の旅に出る。

アーサー王の伝説では、王は聖杯を探す。『オデュッセイア』では、オデュッセウスはただ故郷に帰ることをめざす。「スター・ウォーズ」において、ルーク・スカイウォーカーはレイア姫を救い出さなくてはならない。

無数の小さな試練を経て、すべてが失われてしまいそうな極度の窮地に立たされ、それを英雄は耐えぬく。そして何らかの勝利がもたらされる。そのあと英雄は、手に入った「魔法の薬」（秘密の知恵やもの）を持ち帰り、効力を得ることになる。筋立ての味わいと変化に幅があるが、話の展開には基本的な型がある。

英雄の旅は、今の時代とどうかかわっているのだろうか。言い方を換えるなら、モイヤーズがキャンベルにたずねたように、英雄は指導者とどう違うのだろうか。キャンベルの答えはこうだ。

指導者とは、実行可能なことを見抜き、それを達成する者、企業や国をうまく率いることができる者であり、英雄とは、何か新しいことを実際に創造する者である。
昨今のビジネスは改革に焦点を当てている。各自の「旅」が重要になったことは明らかだ。

人生を変える一冊に出会うために――

神話は、一人一人の人生が、どのような形をとるにせよ、信じられないほどの広がりを持つ可能性を示している。

「凡人という言葉を聞くと、いつも変な感じがするんです。平凡な男だの女だの子どもだの、そんな人とは一度も会ったことがないのですから」とキャンベルは語った。

いっぽうで、キャンベルは、あまりにも多くの人々が偽物の人生を嘆き絶望しながら、それを受け入れていることを知っていた。そうした人々は人生に至福を感じず、その存在さえ知らないでいる。

キャンベルはあらゆるものに興味を持ち、博識だった。西洋文明は専門化に重きを置く流れにあるとキャンベルは気づいていたが、自分が多方面の知識を持ち、人類全体が擁する物語と人生経験との共通性を見出せることに誇りを抱いていた。

彼が英雄という考えを復活させたことで、人々は自分の経験と夢をはめこめる鋳型を手に入れた。英雄は人類の神話すべてに存在し、英雄を考えることに国境はない。キャンベルの人生がよく表しているように、考えに欲深さやせわしさは無関係であり、一瞬

一瞬の持つ豊かさを喜び味わうだけだ。はっきりと言えるのは、英雄と自分を重ねる時、自我の拡大ではなく、自己認識に焦点をあてているということだ。

一九六〇年代と七〇年代に盛んになった「人間の潜在能力」回復運動は重要なものだったかもしれない。この運動がキャンベルを促し、私たちは神話が何千年ものあいだ語り続けてきたことを思い出した。誰もが何らかの英雄になる権利を持っている、ということを。

38

1990

鉄のハンス

ロバート・ブライ

おとぎ話を通して、私たちは
埋もれている男の太古の力をよみがえらせる。

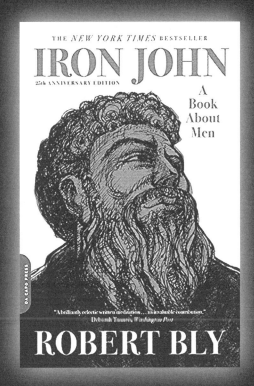

邦訳

『グリム童話の正しい読み方』

集英社　野中ともよ訳

この二十年間、男たちはより思慮深く、より穏やかになった。でも、このプロセスによって、男がより自由になったわけではないのだ。彼は母親だけでなく、一緒に暮らしている若い女性にも喜ばれる、ナイスボーイでしかなかったのである。

ナイーブな男にとっては、〝特別〟という言葉が重要になってくる。彼は特定の人々と、特別な関係を持つ。いや、たしかに誰でも、人と特別な関係を持つことはある。しかし、彼の場合は度を超しているのだ。相手が息子、娘、男友達、女友達、誰であってもかまわない。それが彼の思うところの特別な関係であるかぎり、彼は相手の暗い面をとやかく言うことはない。

鉄のハンスの物語には、北ヨーロッパで、一、二万年前に行われていた、男のための通過儀礼の儀式が反映されていると考えていい。ワイルド・マンの仕事は、若い男に、青年期がいかに豊かで、さまざまであるかを教えること。少年の身体は、そこで遠い昔に亡くなった祖先が鍛えてきた、肉体的な能力を受け継ぎ、そして彼の心は、幾千年のあいだ試練に耐えてきた、精神と魂の力を受け継ぐということを教えてくれる。

Robert Bly

ロバート・ブライ

一九二六年、ミネソタ州マディソンの農家に生まれる。ハーバード大学で文学士号、アイオワ大学で文学修士号取得。

存命中のアメリカの詩人でもっとも高名な一人であり、多くの作品集の編集も行い、若い詩人のよき指導者でもある。彼の翻訳によって広く読まれるようになった非英語圏の詩もある。反ベトナム戦争運動ではリーダー的存在だった。

本書以降に書かれたおもな本としては、現代の「青春期的」文化について論じた『未熟なオトナと不遜なコドモ：「きょうだい主義社会」への処方箋 The Sibling Society（柏書房）』、自己啓発作家マリオン・ウッドマンとの共著『処女王：男らしさと女らしさの融合 The Maiden King : The Reunion of Masculine and Femi-

ロバート・ブライは非常に高く評価されているアメリカの詩人である。その彼が、なぜ自己啓発のベストセラーを書くことになったのか？　収入の足しにと神話のセミナーを行っていたとき、グリム童話の『鉄のハンス』の話が、男の痛いところを突いていることに気づいたからである。その結果、『鉄のハンス』を解説する本が誕生して、男性解放運動の成立を助けることになり、彼のセミナーもまた、典型的な急進的環境保護運動家タイプの参加者たちを奮い立たせた。

nine（未訳）』がある。最新作は、ここ三十年間、いくつかの新しい題材を得て書いてきた詩から「ベスト」のものを選んだ『言葉の蜂蜜を食べるEating the Honey of Words（未訳）』。ミネソタ州在住。

今どきの男

初期のセミナーで、ブライは参加した男たちに『オデュッセイア』の一場面を再現させていた。オデュッセウスが、母権エネルギーの象徴である妖艶な魔女キルケに対し、剣をかざして近づくよう命じられる場面である。平和を愛する男たちは剣をかざすことができず、誰も傷つけたくないという思いから硬直してしまう。ベトナム戦争中に成人した彼らは、敵がいないと生きている気がしないような男らしさなど、まっぴらごめんだと思っている。思い込んだらそれ一筋の一九五〇年代の男性たちとは違い、彼らは異なる意見や計画も受け入れる。

世の中はこういう「ソフトな男」にずいぶん優しくなった。「いいやつだ」とブライも認める。だが、こういった調和を重んじる男たちは、その受身の姿勢のせいで、目立って不幸でもある。

剣をふりかざしたからといって必ずしも好戦的というわけじゃない、君だって「喜びにみちた決断力」を示すことができるんだ、とブライは教えようとする。

本書は、神話と伝説を通して男たちを男らしさの根源につれもどし、「繊細なニュー・エイジ男」としてさらに目覚めさせるか、力みなぎる猛者になる以外にも、その中間に別の道があることに気づいてもらうための本である。

物語のあらすじ

鉄のハンスの物語は、二万年ほどにもわたってさまざまな形で伝えられてきた。だいたいのあらすじはこうである。

一人の狩人が王様の命に応えて森の中のある場所へ向かう。今までそこへ行った男たちは、誰も帰ってきていない。奥へと入っていくと、湖の中からぐいと手が伸びてきて、連れていた犬がさらわれてしまう。桶で湖の水を徐々にかき出していくと、底には毛むくじゃらのワイルド・マンがいる。ワイルド・マンは森の外の城へつれていかれ、監禁される。

ある日、王子が黄金のマリで遊んでいると、それがふとしたはずみでワイルド・マンの檻に転がり込む。マリを返してほしければ自分を檻から出してくれとワイルド・マンに要求され、最初はしぶっていた王子も最終的にはその取引を受け入れる。その結果、少年は大人の男として一歩を踏み出す。彼は男らしい力を見つけたことによって、両親や「黄金のマリ」(若い頃のあのいきいきした気持ち)との訣別をいとわなくなるのである。

ワイルド・マンって誰? 何?

ワイルド・マンと野蛮人について、ブライは明確に区別している。野蛮人は、環境をめちゃめちゃに破壊したり、女性を虐待したりと、自暴自棄な痛みが外面に押し出されて他人への軽視や憎悪になっているタイプである。それに対し、ワイルド・マンは、自分の痛むところを直視する覚悟ができている。だから、野蛮というよりはむしろ禅僧かシャーマニズムの祈祷師に近い。ワイルド・マンは男らしさが最高の形で表れたものだが、野蛮な男の方は最低の形である。

文明化された男は、自分の野性的な部分を、より大きな自己に組み入れようとする。王子がすべてをなげうってワイルド・マンと森へ行ってしまったとき、王と王妃は単に彼が邪悪な者につれ去られたとしか考えなかった。だが、実際は、これは意味深い通過儀礼、目覚めである。幼い子どもは大切に光の繭にくるんで保護してやらなければ、という現代の強迫観念は、子どもを力のみなもとから引き離してしまう、とブライは警告する。薬物などへの依存や心理障害は、社会が「暗部」を受け入れられないことの反映である。

調和と高い意識を重んじるニュー・エイジの思想は、ナイーブな男にとって危険な魅力をもつ、とブライは考える。一方、神話は人生に全身全霊をそそげと私たちを誘う。自分を充分に理解するためには、心を「ただ一つの貴重なもの」（考え、人、目標、疑問）に集中させなければならない。そして、どんな犠牲を払ってもそれを追求しようと決意することが、大人になったしるしである。迷わず決意すれば、そのとき私たちの内なる王が目覚め、ついに力が解放される。

戦士をよみがえらせる

戦士のエネルギーは、しかるべきあつかいを受けなかったり、はけ口が見つからなかったりすると、非行グループの喧嘩、妻への暴力、小児愛、羞恥心などになって表れる。だが、適切にあつかい、洗練された形で発揮すれば、すべての人に喜びを与えることができる。そうでなければ、栄光の騎士や、ぱりっとした白い軍服に身を包んで勲章をつけた男に、私たちが無意識に抱く賛嘆の念をどう説明できるだろうか、とブライは問う。これは文明化された戦士のエネルギーのイメージなのである。

ブライはまた、人間関係において、「戦士の精神」を、また時折は「荒々しさ」を、用いるよう呼びかけている。そして、精神分析学者カール・ユングがアメリカの結婚を「世界中で最も悲しむべきものである。なぜなら男は会社で、戦いのすべてをやってしまうからだ」と評したことを伝えている。家庭では、男はかわいい子猫ちゃんだ。しかし「荒々しさ」をもつためには自分のものを自分のものとして守らなければならない。女も相手の男の限界がどこまでなのか知りたがっている。

負けを受け入れる

二十代、三十代を、一種の「天をかける少年」として過ごす男もいるかもしれない。空想の中では、何ものも彼を引き留めることはできない。しかし、無傷で生まれた男は、切り裂かれた部分、魂を招き入れる傷口をつくらなければならない。

多くの神話では、野生の動物が若い男に襲いかかり、足に傷を負わせる。鉄のハンスの物語では、王子を追ってきた騎士が足を刺す。王子が馬から転がり落ちると、兜で隠れていた黄金の髪が人々の前にあらわになる。

王子の人物像に深みが生まれるのはそれからだ。痛みと悲しみを受け入れることは、大高く舞い上がる能力をもつのと同じくらい男の潜在力に不可欠だ、とブライは述べている。

男らしさへの渇き

どの文化においても、男の通過儀礼の儀式は、己を深める体験として暗部の発見を課すという形をとっている。女は男を成人と認める権限をもっていない。多くの文化では、少年はそれまで彼の面倒を見ていた女から引き離され、しばらくの間、年長の男たちとともに生活させられる。現代社会には、通過儀礼を行う社会はほとんどなく、少年は十代の間、ずっと自由に過ごすことができる。自由は、荒っぽい行動、親（とくに母親）へのぞんざいな態度、服や音楽への興味などに表れる。

多くの男は女性エネルギーに満ちた環境で成長する。そのこと自体は悪いことではないが、少年には男らしさも必要である。男は成長するにつれ父親のことを考えるようになる。楽しさやくつろぎを求めるのをやめて厳しい現実に直面する、つまり、「父の家に入る」重荷について、神話や昔話は多くのことを語っている。たとえば、シェイクスピアの『ハムレット』は、母親の家から父親の家に移行するこの過程の手のこんだ暗喩だ、とブライは言う。

男の成長と成熟

鉄のハンスの物語では、王子は騎士に変装し、最初は赤、次に白、最後に黒い馬に乗って現れる。これらの色は、男の成長を象徴するものだ。つまり、「赤」は青春期の感情と解き放たれた性衝動を、「白」は法に則った仕事と生活を、「黒」は思いやりと人間性を花開かせる成熟を象徴している。

ブライによれば、大統領職の末期のリンカーンは黒の段階にあったという。彼はすべてを見尽くしていた。もはや感情（赤）や、外的な規範、法律（白）に左右されることはなく、他人を批判することもやめていたし、哲学的ユーモアのセンスもみごとに磨かれていた。本当に信頼されている人がいたら、おそらくその人は黒に移行し始めている。暗部をすでに自分の中に組み込んでしまっているので、彼には隠すところがない。

人生を変える一冊に出会うために――

ブライが語り直したおとぎ話は、なぜ多くの西洋の男たちの心に訴えてきたのだろう？

鉄のハンスの物語は一、二万年もの間、たき火の周りで語り継がれてきた。残念ながら、散逸したままの遺産のように、男たちは自分が何を失ってきたのか正しく把握していない。だが、本書の大ヒットは、本当の男らしさの主張が、今、遅ればせながら起こりつつあることを示している。女や社会全体も、それによってもっとよくなるだろう。

この手の本を笑いとばす男こそ、おそらくもっとも本書を読む必要がある。いちばん始末が悪いのは、自省する力がほとんど身についていないタイプだ。女は、力強く、しかし、破壊的でない男らしい精神をよみがえらせるために、いかなる努力も歓迎すべきである。本書が男たちのために行ってきたことを、女たちのためになしとげたのが『狼と駈ける女たち』（391ページ参照）で、こちらも強くお勧めできる本である。

本書は何度も読むに耐える本だ。とくに神話になじみがない人にはそうだろう。ブライの最初の散文の本だが、彼の選り抜きの素晴らしい詩もいくつか読むことができる。

39

1992

狼と駈ける女たち

クラリッサ・ピンコラ・エステス

自分の野性を取り戻すことは、
奔放にすぎることではない。
精神と肉体の健康のために不可欠である。

邦訳
『狼と駈ける女たち』
新潮社　原真佐子／植松みどり訳

野生の生物と野生の女は、ともに絶滅に瀕した種です。
わたしたちは長い期間にわたって、女の本能的本性が奪われ、押しとどめられ、疲弊するのを見てきました。長い期間にわたって、それは野生の生物や未開地のようにひどい扱いを受けてきました。

健康な女は狼によく似ています。頑丈で、ひきしまっていて、強靭な生命力をもち、いのちを与え、自分のなわばりをわきまえ、創意工夫にとみ、忠実で、闊達です。ところが、野生の本性から切り離されると、女の個性は痩せ衰え、幽霊のように空疎になるのです。（中略）女の生活が停滞し、倦怠に陥ったときこそ、野性的な女が登場するのです。それはこころの創造的機能が働いて、乾いたデルタをあふれる水で潤すときです。

現代の女性はいわば鈍磨した活動そのものです。女性はすべての人にとってすべてであることを強制されています。古い知恵はとっくに廃たれてしまいました。

❀

Clarissa Pinkola Estés

クラリッサ・ピンコラ・エステス

　ミシガン州の五大湖の近くで、移民のハンガリー人養父母に育てられた。エステスは大自然の中で、伝統ある伝承物語を聞きながら成長した。もともとの血筋は、メキシコ系スペイン人である。民族に関する臨床心理学と、異文化間研究において博士号を取得。ユング派精神分析家、また有名な詩人でもある。
『狼と駈ける女たち』の執筆は一九七一年にさかのぼる。収められた物語は、北米全域から集められた。著書はほかに、『物語の贈り物 The Gift of Story（未訳）』、子ども時代の経験を下敷きにした『忠実な庭師 The Faithful Gardener（未訳）』などがある。

現代心理学は、女性の奥深い側面を見過ごしている。女が切望するものを解き明かさず、女の神秘に目を向けず、女に時間を与えない。

エステスはさまざまな文化背景を持つ古い物語には、女たちをみずからの魂、本来のたくましい野生に再び結びつける力があると信じてきた。

本の題名は、著者の狼研究の成果から生れたものだ。エステスは、狼と女とが持つ活力と直観的で本能的な性質、そしてともに苦難の道を歩んでいることなど、共通点が多いと気づいた。狼と同じく、女が少しでも野生をふるおうとすれば、悪魔扱いされる。どちらも生れついた大地は固く覆われている。だが、ちょうど野生の狼がその数を回復しているように、女が内包する野生の宇宙ともう一度つながる時が来た。

『狼と駈ける女たち』は全体が驚くべき労作であり、多くの読者をとりこにしている。『鉄のハンス』（381ページ参照）が男たちの人生を変えたように、この本は幾多の女たちの人生を根本から変え続けている。人生におけるあらゆる側面に、神話や物語が豊かな意味を持つと言うだけでは足りない。私にできるのは、もっともらしくその側面の多彩さを説明することだけだが、ここに紹介する本書から要約した二つの物語が、有効なヒントになるかもしれない。

あざらし女

その昔、厳しい自然の場所で、一人の狩人が舟で狩りに出かけました。日が落ちてしまいましたが、まだ一匹の獲物もありません。狩人は、海の中から突き出た、大きなまだらの岩のところに来ました。薄明かりの下で、岩は全体がたおやかにうねっているように見えました。近よってみると、動いていたのは驚くほど美しい女たちでした。一人さびしい暮らしをしていた男は、あこがれで胸がしめつけられました。そして岩のふちに置いてあったあざらしの皮に目が留まり、盗んでしまいます。女たちがそれぞれの皮をまとって、海の中へ帰っていった時、一人の女が自分の分がないと気づきました。

男は女に呼びかけます。

「ぼくの妻になってくれ。ぼくは一人なんだ」

女が答えます。

「それはできません。わたしは違うところのもの、海の中に住むものなのです」。

そこで男はこう言いました。

「ぼくの妻になってくれ。夏が七回過ぎたら皮を返すから、自由にするがいい」

しかたなしに、あざらし女は狩人の申し出を受けました。

やがて子どもが生まれました。オールックと名づけて、二人はたいへんにかわいがりました。あざらし女は、自分の知っている海の生きものの話をすべて語って聞かせました。ところが、時がたつにつれ、あざらし女のからだは乾ききってしまいました。肌が青白くなり、目はかすんできました。そして、女が皮を返してもらう約束の日がやってきました。

「わたせない」と夫が言いました。女が帰ってしまっては、息子に母がなく、自分には妻がなくなってしまうというのです。

その夜、オールックは風に混じって、大きなあざらしの、鳴き声を聞きました。声をたどって海へ向かうと、岩のあいだにあざらしの皮があります。においで、それが母のものだとわかりました。息子が皮を持ってくると、女は喜び、息子を連れて海にもぐりました。女は子どもを、大きなあざらしをはじめとする仲間に引き合わせたのです。

女の顔色はよみがえり、からだに力がわいてきました。自分の家にもどってこられたのですから。女は輝かしきもの、聖なるものとして知られるあざらしとなり、誰も捕えることはできませんでした。しばらくして、女はわが子を陸に戻さなければなりませんでした。成長した息子が、海岸で、ある一頭のあざらしと語り合っているのがよく見かけられたということです。

あざらしは、昔から、野生の魂を美しく象徴するものだとエステスは言う。あざらしは、たいていの場合、人間に穏やかに接する。そして、若い女、経験の浅い女に似て、危険が潜んでいること、相手に何らかの意図があることに気がつかないことがある。誰もが、ある時点で「あざらしの皮の喪失」、純粋さすなわち魂の略奪、自己の意識の弱体化を経験する。その時はいまわしく、また、少なくともつらいことに感じられるものだが、後になり、人の意見を聞いてみると、自分の経験が最善の形であったと知る。その経験により、自分が何者か、人生はどういう意味を持つのかが明らかになるからだ。そして、ものごとの深奥に触れることができる。

この話は、家族と仕事とがある「水面上の世界」と、個人的な思考、感情、願望を内包する「海の世界」との、二重性を思い起こさせる。魂の実家をあまりに長く訪れないでいることはできない。長く離れすぎれば、人格からうるおいがなくなり、肉体から活力が失せる。女たちの多くは、自分の「あざらしの皮」を失っている。あまりに多くを与えすぎるせいかもしれないし、あまりに完璧主義、野心的すぎるせいかもしれない。つねに不満を抱えているせいかもしれないし、何かをしてみようという意志に欠けているせいかもしれない。

現代の女性には、あるお決まりの期待がかけられる。しかし、どこかの時点で「いや」だと言い、あざらしの皮を取り戻す必要がある。そのために、一週間森で休息したり、一晩友人たちと泊まりがけで出かけたり、誰からも何も言われず一日に一時間の休憩をとったりすることなど、どんなことをしてもいいだろう。

周囲は、彼女の行動を理解できないかもしれない。だが、長い目で見れば、当の女と同じくらい、取り巻く人々にも恩恵がもたらされる。そして、女は、元気を取り戻し、肉体も充電して、もとの場所に戻ってくる。

骸骨女

たいそう寒いところに住む、一人暮らしの漁師がいました。ある日漁師は、しばらく漁に出なくてもいいほどの、大きな魚が網にかかったという手ごたえを感じました。男は心がおどりました。ところが、引き上げた獲物を見てとても驚きました。女の骸骨だったのです。

この女は父親にがけから放り投げられ、水底にしずんでいました。漁師は「獲物」にぞっとして、また海へ放り出そうとしました。けれども、息をふきかえした骸骨は、男の氷の家へとどうしてもついてきます。

漁師はあわれに思って、骸骨女を洗ってきれいにし、休ませてやりました。それから男は眠ってしまいました。夜中、骸骨女は男の目から涙が流れているのに気づきました。女はその涙を次から次へと飲みました。とてものどがかわいていたのです。それから、女は漁師の心臓をつかみ出し、それを使って自分の命を取り戻しました。もとどおりの人間になったのです。そして、女は、男の寝床に入りました。

その後、女の知り合いである海の生きものたちのおかげで、二人は食べものに困ることなく暮らしました。

エステスは、これは男女関係にかかわる物語だと理解した。あなたが独身なら、深く愛することのできる相手や、裕福な相手を探していることだろう。そういう誰かがいれば、漁師と同じように「しばらく漁に出なくてもいい」からだ。独身者は人生をより謳歌するために、喜びや楽しみを求めるのだ。

ところが、（最初の気持ちの高揚がおさまったころに）つり上げたものをよく眺めると、漁師同様、相手を「また放り出そうと」する。思っていたより負担が大きく、ますます本気の事態になってくるからだ。相手はもう楽しいばかりではない、骸骨女に変わってしまう。それは、身を落ち着けること、必ずやってくる死、長く続く責任、人生の浮き沈み、老い、現在の人生の終わりに対する恐れそのものだ。

運がよければ、「骸骨」が離れてくれず、家まで（限界まで、無防備な部分まで）追ってくる。時とともに、それが与えてくれるものの大きさと、恐ろしさの反面、魅力もあることがわかってくる。そして、どうしたわけか、この相手のために何かしたくなる。

見返りに、それはこちらを豊かにしてくれる。今まで存在さえ知らなかったものや場所からもたらされる豊かさを、味わうことになる。

骸骨女の話は、エステスが「生―死―再生」のサイクルと名づけるものに関連する。現代の文化の中で、人々はとにかくも死に恐れを抱く。いっぽう、古い時代の文化では、新たな生は、死と一対となって訪れることを誰もが知っていた。

真剣にかかわり合うのを避ける時、顔をそむけようとしているのはその相手に対してではない。おなじみの人生のサイクルと歩調を合わせたくない気持ちの現れだ。こうした関係の中では、成長は望めないので、次の関係を探し求めることになる。つまり、「生」をどこまでも高めていく経験しかしない。これでは精神は縮む。どんな関係も多くの終わりと始まりをはらんでいる。すべてが終わりだと思えるようなことが、関係を一新するのに必要な変化となる。

女たち は(また男たちも)生―死―再生のサイクルを認め、進んで受け入れなければならない。みずからの野生を忘れずに生きるためには、それが必要なのだ。エステスは骸骨女について、こう書いている。

彼女はいやでも応でも表面に浮かび上がります。死の女神がいなかったら生を真に知ることもなく、生を真に知らなかったら忠誠もなく、真の愛も献身もないのです。

人生を変える一冊に出会うために――

この本を読む時、読者はふつうの読書とは違う経験をするだろう。読むと同時に話に引き込まれ、その後本を離れて思索をめぐらす時間が訪れる。これが、正しい読み方だと言ってもよいだろう。最初は読みこなすのに厚すぎると感じるかもしれない(原書は五百ページを超える)。しかし、そこに込められた多くの教え一つ一つに耳を傾けてほしい。

時間をかけて自分の奥深くに取り入れてもらいたい。そうすれば、なぜこの本が、こんなにも多くの人々の心を揺り動かしてきたのかがわかってくるだろう。

結びの言葉を置こう。こう考えてはいないだろうか。「もし自分の中の野生を認めて生きるなら、自分も家族もめちゃくちゃになる！」

そうではないと、エステスはこう語る。「そうすることで、自分の人生に対し、より誠実になれる。仮装して歩き回らなくてもよくなるのだ。創造し、愛し、正当なものを追い求め、直観を信じるのに、そして真に自分の力に目覚め、本来の自分と同調する女となるのに、もう恐れなくてよい。これらはすべて生まれながらの権利であり、恐れることは何もない」のだと。

40

1986

内なるヒーロー

キャロル・S・ピアソン

私たちはみな、あるパターン「元型」にしたがって考えたり、行動したりする。「元型」の力を知り、それを活用しよう。

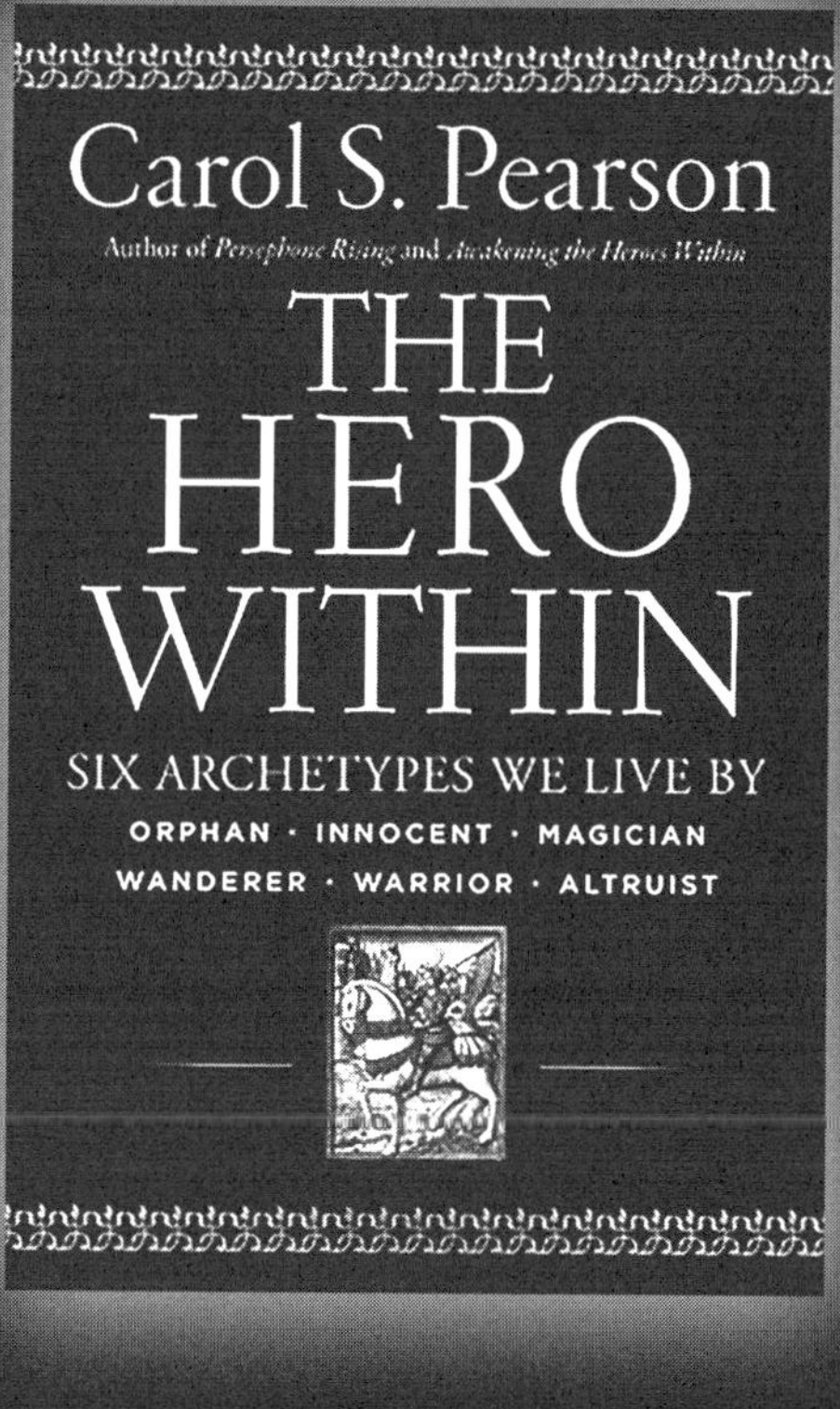

未邦訳

それぞれの元型には固有の世界観があり、それぞれに違う人生の目的、人生に意味を与える理論がある。孤児は安全と怖れの克服、豊かさを求める。殉教者は正しくあろうとし、世の中を善（思いやりと責任）と悪（自己中心性と搾取）の戦いと見る。放浪者は自立して怖れを飼いならすことを望む。戦士は強くあろう、世に影響を与えようと努め、無能で受身になることを避けようとする。魔術師は自分の内なる知恵に忠実であり、宇宙のエネルギーと調和しようとし、その反対に、偽物で皮相的であることを避けようとする。

人間が戦士から魔術師に変わるときには、パラダイムの変換が起こる。現実のとらえ方が本当に変わる。世の中は危険と苦痛、孤独に満ちているのと思っていたのは本当のことではなく、自己を形成してきた過程で、単に自分がそうとらえていたに過ぎなかったのだと気づく。

❀

ほとんどの自己啓発書は、あなたのどこが問題なのかを告げ、それをどうすべきなのかを説こうとしている、とピアソンは序文で述べている。

Carol S. Pearson

キャロル・S・ピアソン

南部のキリスト教原理主義の家庭に育つ。大学時代、ジョーゼフ・キャンベルの『千の顔をもつ英雄　Hero with a Thousand Faces（人文書院）』を読んだことが、彼女の人生を変えた。「無上の喜びを追求せよ」という同書の提言にしたがって、神話や元型心理学について書くことに没頭し始め、結局、その分野の知識を活かして仕事をするようになる。本書は、女性学の課程で教えていたメリーランド大学の長期休暇中に書かれた。

企業コンサルタントとしての経験も長く、『仕事における魔法　Magic at Work（未訳）』、『創造的リーダーシップと日々の魔法　Creative Leadership and Everyday Miracles（共著、未訳）』のような著書もある。ワシントンDCに元型研究応用センターを設立し、もっとも新しい著書としては、企業イそれに対し、本書が示そうとしているのは、人生を神話的物語、旅という観点から見ることによって、どうすれば現在のあなた以上のものになれるかということだ。

ピアソンはこのベストセラーを「心の取扱説明書」と表現している。英雄的性格など自分には縁がないと考えていては、個人や社会の問題は解決しないという信条から、本書は生まれている。自分にも非凡な人生が生きられると思っている平凡な人のために書いた、と彼女は言い、神話の元型（戦士、愛他主義者など）の力を利用することが人格の変容にいかに大切かを、説得力ある形で示している。

学術的な専門書ではないが、徹底したわかりやすさで、ユングの元型心理学が一般読者にも理解できるように解説されている。ピアソンは、ユングのほかにも、「英雄の旅」という概念を有名にした神話学者ジョーゼフ・キャンベル（371ページ参照）や、ジェイムズ・ヒルマン（411ページ参照）に大きな影響を受けたと述べている。

メージとブランド構築にどのように元型を応用できるかについての最初の主要な研究となった『ヒーローとアウトロー The Hero and the Outlaw（未訳）』、『組織心理を読み取る Mapping the Organizational Psyche（未訳）』がある。

元型とは何か？

元型の種類、すなわち人間の心が自分を表していくパターンについての研究を開拓したのは、カール・ユングである。永遠の可能性を持つこの型を、うまく活用するには、まず、元型とは何かをよく知る必要がある。たとえば、自分が「愛他主義者」として過ごしてきたと気づいたとしたら、もっと思考や行動に「戦士」の要素を取り入れる必要があるということかもしれない。自分の中の「孤児」や「無垢な者」に気づいたとしたら、「戦士」を目覚めさせようという願望がわき起こるかもしれない。

元型に良し悪しがあり、悪いものから良いものに向上することを目指そう、ということではない。それぞれの元型は、状況に応じて表に出てくる私たちの一面、あるいは、人生の異なるステージを迎えるにあたり開拓すべき一面を表している。

元型をまとめると

【元型】	【課題】	【信条】
孤児	逆境を生き抜く	人生は苦しみ
放浪者	自分を見つける	人生は冒険
戦士	自分の価値証明	人生は戦い
愛他主義者	寛大さを示す	大きな善への献身

無垢な者　　幸福になる　　人生は喜び
魔術師　　自己変革する　　望む世の中を作る

「孤児」の元型

裏切られた、捨てられた、だまされていると感じたことはないだろうか？　だからといって、絶望してはいけない。なぜならそのような体験は「あなたを探求へと誘う神話的出来事」だからだ、とピアソンは言う。多くの神話や物語で、英雄は育った環境を克服して豊かな人生を手にする。シンデレラには悪い継母がいて召使いのようにこき使われたし、生まれたばかりのオイディプスは死んでしまうようにと山の中に置き去りにされたし、ディケンズのオリバー・ツイストは怖ろしい孤児院から脱け出さねばならなかった。

私たちはみな「無垢な者」として生まれるが、犠牲者的な態度や依存的な状態に執着せず、人生に立ち向かうのが孤児の仕事だ。保護と安全を求めるのをやめ、さらに、ほかの人が自由になっていくことが気にならなくなったら、そして「人生は苦しみだ」と結論づけるのをやめ、心配することと期待することのバランスをとれるようになったら、「孤児」を自分の中に取り込むことができたということである。苦しみを知りながら、苦しみがすべてではないと考えることができるようになる。

「放浪者」の元型

誤解された、疎んじられた、あるいは、未知の状況に追い込まれたと感じたとき、中心に出てくるのが「放浪者」である。もっと自由でもっと「自分」らしい違う人生への誘いだ。放浪者は人生を冒険と考え、その象徴は「旅する騎士」「探検家」「カウボーイ」「ヒッピー」である。しかし、新たな未知の土地を求める衝動は、現実の世界だけでなく心にも向けられる。

元型が明らかになるのは青年期、家族や地域社会の中での自分の位置を客観的に見始めるときが多いが、もう一つ注目すべき時期は中年期、多くの人が「責任感のある機械」であることを拒否するときである。だが、自分の安らぎの場所が檻と化していることに気づいていても、放浪者でありたいという欲求はうしろめたい気持ちを呼び起こす。自分が責任を放棄したら、誰が責任をもつのだろう？

「放浪者」にとって避けては通れない問いは、自分は単に困難から逃れようとしているのか、新しい自分を探しているのか、ということである。放浪への欲求は、つらい別れや怖ろしい未知へ飛び込むことを意味するかもしれないが、それなしに成長することはできない。

「戦士」の元型

ピアソンが言うには、この元型の「強い生命力」を活かすのに、情け容赦ない攻撃者になる必要はない。おそらくそういった悪いイメージのため、多くの人は「戦士」の面を出すことを避けている。「孤児」や「無垢な者」は、「戦士」と、それがもたらすかもしれない変化を怖れる。だが、明確な態度を示さなければならないとき、それができるのは「戦士」だけだ。それを理解していれば、私たちは「怖ろしく残忍な戦士」になることはなく、むしろ、ピアソンが「人生のダンス」と名づけたものを始めることができる。

元型を信奉する詩人のロバート・ブライ（381ページ参照）は、この元型の価値をみごとに要約している。

「いつも戦士をうまく使っていれば、王を目覚めさせるほど多くの戦いをしなくてすむ」

今日の「戦士」は、限界を打ち破り、さらなる高みを目指して、敵よりも自分自身と争うことが多い。新しい「戦士」は、人より優位に立つことよりも、よりよい創造的な解決方法を求めているのである。

「愛他主義者」の元型

戦士的な文化では何かを達成することがすべてだが、人はみな自分の業績とは別に、人間として尊重されることを望んでいる。目立ったはたらきをするわけではないが、何の見返りも求めずに愛や思いやりをふりまく人がいなければ、それはたいした社会ではない。人間が個人的な権力や富への欲求によってのみ行動するような状況にしないためには、指針となる、より大きな意義が必要である――ここに「愛他主義者」の価値がある。

この元型の欠点は、不必要な犠牲だ。多くの人が、自分の大志や欲求を他人のために投げ出して生きているが、犠牲はたいてい報われず、当然のことと見なされることさえある。「愛他主義者」は献身と豊かさの象徴だが、その献身は情熱によるものだけであって、期待されていると思うから献身的になるのは「愛他主義者」ではない。

「無垢な者」の元型

人間は「無垢な者」として生まれ、理想とは正反対の「現実」に出会いながらも、一部の者は理想郷を探し続ける。私たちは英雄的な旅を終えて初めて理想郷に帰ることができる、とピアソンは言う。たとえば、パウロ・コエーリョの寓話『アルケミスト』（131ページ参照）では、主人公のサンチャゴは、人生を豊かにする一連の冒険を終えて初めて宝の箱を見つけることができた。子どもの頃もっていた宇宙への信頼感は、「無垢な者」をふたたび目覚めさせることにより、取り戻すことができる。

「戦士」は「人生はすべて自分次第だ」と学んでいるが、「無垢な者」は、宇宙の本質的な豊かさへの信頼に守られて生きている。「戦士」は、「人生は限られた資源を人と争う時間競争」だと信じているが、「無垢な者」は、必要なものはそのとき手に入ると信じている。

「魔術師」の元型

「魔術師」の人生のとらえ方は「無垢な者」と似ているが、もっと力を必要とする。「無垢な者」

は、宇宙がものごとを実現してくれると信じているのに対し、「魔術師」は、もっと積極的に変化を起こそうとする。危険で革新的なことに対しても、明確な態度を示すことをいとわない。しかし、「戦士」と違い、人生を完全にコントロールできるという幻想は捨てていて、それによって、よりうまく流れや動きを読むことができる。このため彼らは「魔術のような」ことができるように見える。旅において彼らはあえて自分を変え、報酬として力を得る。この元型で有名な人物に、ガンジーやマーティン・ルーサー・キングがいる。

人生を変える一冊に出会うために――

ピアソンの観察でもっとも興味深いのは、私たちの文化が「戦士」から「魔術師」に移行しつつあるという指摘である。「戦士」の文化は、得るものにさほど意味やメリットがなくなっても「進み続ける」気風を特徴とする。「魔術師」の文化はもっと変化に寛大で、自分のやり方にあまり執着せず、決して完璧ではない現在の世界で勝者になろうとするより、新しい世界をつくろうとする。

「戦士」は、意志と粘りで変化を起こそうと戦略を練る。「魔術師」は、想像力が独自の弾みを生むと信じる。どちらがよいだろう？　「魔術師」は自分より大きな力の協力を取りつけているので、結局は、その分強力に見える。それに、たいていの人は戦うより魔術を使う方が好きである。

本書が最初に出版されたのは、一九八六年のことだった。のちの版には、どうすれば読者が元型を日常生活に順応させ、取り込むことができたかが掲載され、新しい参考文献もついた。しかし古い版しか手に入らなくても心配するには当たらない——本書のいちばん大切な部分は各元型を説明しているところで、その部分はあまり変わっていないからである。

41

1996

魂のコード

ジェイムズ・ヒルマン

宿命を与えられたのはスターや修道女だけではない。
誰もが心にこうありたいと思う人物や
人生のイメージをもっている。

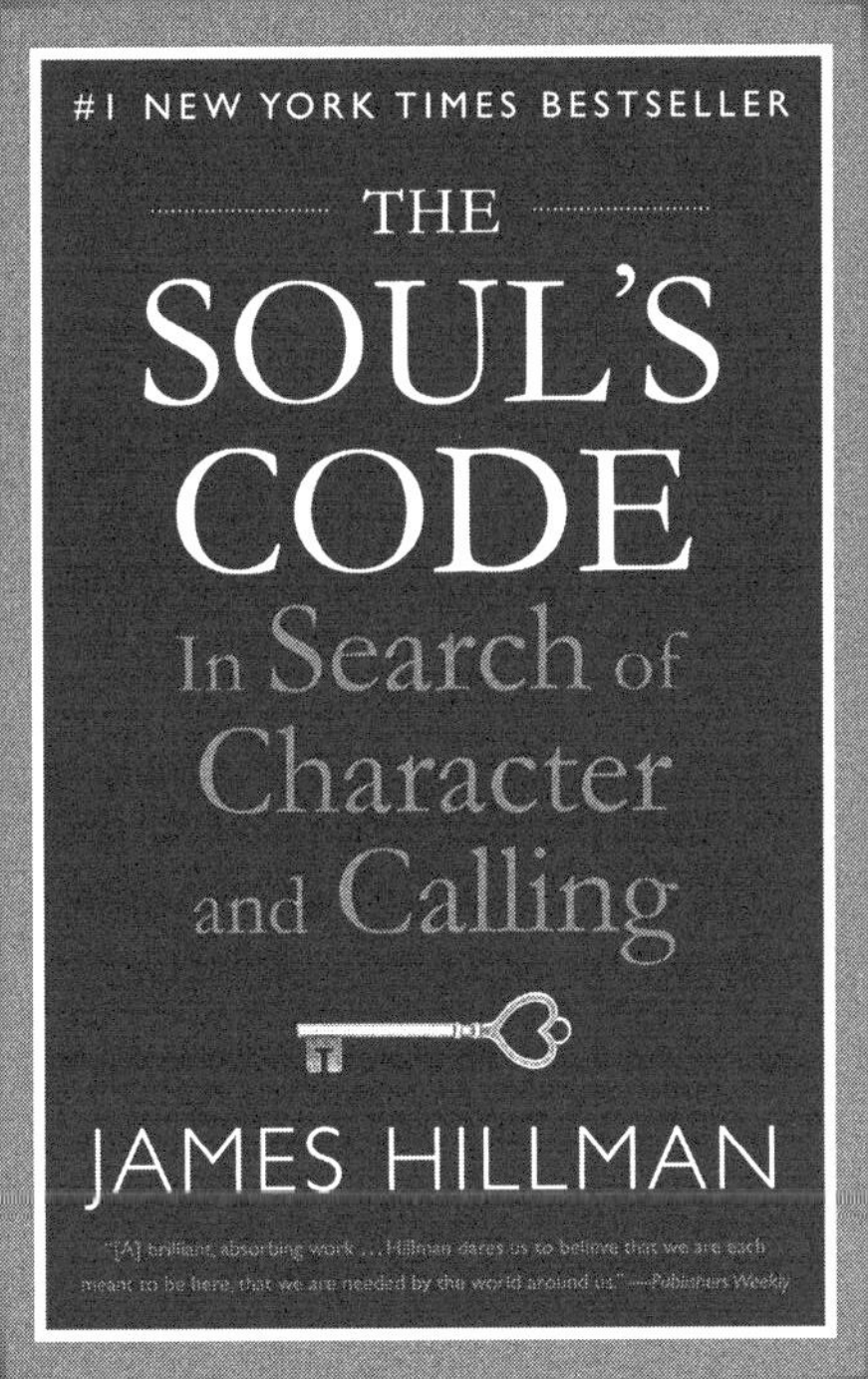
#1 NEW YORK TIMES BESTSELLER
THE
SOUL'S
CODE
In Search of
Character
and Calling
JAMES HILLMAN
"[A] brilliant, absorbing work . . . Hillman dares us to believe that we are each meant to be here, that we are needed by the world around us." —Publishers Weekly

邦訳
『魂のコード』
河出書房新社　鏡リュウジ訳

そこでまず最初に、現代人が人生をどのようにとらえているか、そのパラダイムをはっきりさせねばならない。人生とは、遺伝と環境の相互作用であるという――本当にそうだろうか。そこには何か本質的なものが欠けている。あなたがあなたであると感じさせる、何かが欠けているのだ。もしわたしが、遺伝的なものと社会的な力のせめぎあいの産物でしかないという考え方を受け入れたら、わたしは何かの単なる結果になってしまう。

民主主義的な平等性は、個人の召命《コーリング》のユニークさをもってしか、論理上の基盤を持ち得ない。自由は、召命の完全な自律性によって立っているのだ。独立宣言の書き手が、万人は生まれながらにして平等であるといったときには、この言葉は必ず、次の言葉を伴うと考えていただろう。つまり、万人は生まれながら自由である、と。人を平等にするのは、召命があるという事実だ。そしてわたしたちが自由であらねばならないとするのも、召命の働きなのだ。

❀

James Hillman

ジェイムズ・ヒルマン

一九二六年、ニュージャージー州アトランティック・シティで生まれる。一九四四〜四六年にかけて海軍の衛生科に勤務したのち、ドイツの米軍ネットワークで報道記者を務める。戦後はパリのソルボンヌ大学、ダブリンのトリニティ・カレッジに学び、精神分析医として開業。一九五九年にチューリヒ大学で博士号を取得し、その後十年間、チューリヒのユング協会で研究活動に取り組み、個人を神話、芸術、思想などのより幅広い背景の中で考える精神環境学（のちに元型的心理学）を確立する。

イエール、ハーバード、シラキュース、シカゴ、プリンストン、ダラスの各大学で教鞭をとった経験をもつ。著書には、『自殺と魂　Suicide and the Soul（未訳）』、『魂の心理学　Re-visioning Psychology（青土魂のコード、人の運命を決めるものは存在するのか？　ヒルマンはこの疑問にかき立てられ、人間をつき動かすもの、その人固有の生き方に向かわせる「何か」を探して、女優ジュディ・ガーランド、科学者チャールズ・ダーウィン、実業家ヘンリー・フォード、ミュージシャンのカート・コバーンやティナ・ターナーらの逸話を広く集めた。

堂々たる樫の巨木も元は「どんぐり」の中に入っていたように、人間の中にも生かされることを待っている生命ある種子、イメージがあるというのが彼の見解だ。これは新しいものではない。古代ギリシャでは、私たちの中にあって私たちを導く見えない力をダイモーンと呼んだし、古代ローマではゲニアスと呼んだ。

社)』、『夢はよみの国から　The Dream and the Underworld（青土社)』、『癒しのフィクション　Healing Fiction（未訳)』、『心理療法と世の中が悪くなりゆく百年の歴史　We've Had a Hundred Years of Psychotherapy and the World's Getting Worse（共著未訳)』、若さを重視する文化の中で老いを探求する『老いることでわかる性格の力　The Force of Character and the Lasting Life（河出書房新社)』などがある。ダラス人文科学・文化研究所を設立し、カリフォルニアのパシフィカ大学院にも関わっている。コネティカット州在住。

人間は結果でなく物語

魂が持つこのイメージは、ほとんどの文化で昔から知られてきた。しかし、今日の心理学や精神医学ではまったく無視されている。イメージ、性格、運命、ゲニアス、召命、ダイモーン、魂、宿命――みな大仰な名詞だ、とヒルマンは認める。現代人はこれらの言葉を用いるのを避けるようになったが、だからといってそれがなくなったわけではない。それなのに心理学は、人間というパズルを性格特性、類型、強迫観念などに分解することができるだけだ。

ヒルマンは、ジャクソン・ポロックの伝記にある心理面の解説に触れている。それによると、なんとポロックの絵のリズミカルな線や弧は、兄弟たちがワイオミングの農場の地面に競って「創造的放尿」をしているとき、幼くて加われなかった結果だということになっている！

このような解釈は魂を殺す。人を動かすのは内なるイメージであって環境ではない、という考えを否定する。人生をそのように見なせば人生の活力は衰える、とヒルマンは言う。私たちは空想を愛しはしても、空想的な理想や物語を自分のために充分応用していない。創作作品として生きることをやめ、単なる結果となり、人生は遺伝子と環境の相互作用になり果てている。

人間が自分を縛るもう一つの要因は、時間やものごとの因果関係の見方だ。つまり、「あの出来事が起こったから、私はこうなった」「今の私は○○の結果だ」という考え方である。本書はそうした考えにはくみさず、生まれたばかりだろうが、中年であろうが、年老いていようが、決して変わることのない人間の本質的な部分を見据えている。

私たちの親とは？

どんな人間になるかは親によって決まるという信念を、ヒルマンは「親の誤解《ペアレンタル・ファラシー》」と呼び、それについてみごとな説明をしている。人間は生まれ落ちるときすでにイメージをもっていると考えてみると、子どものことがいちばんよくわかる、というのだ。子どもの癇癪や強いこだわりは、心理療法で「治療」しようとするより、こういった背景から見るべきだ。

ユーディ・メニューインは、四歳の誕生日におもちゃのバイオリンをもらい、すぐに放り出した。たとえ四歳であっても、目覚めを待つ内なる偉大なバイオリニストにとって、おもちゃは屈辱だったからだ。私たちは子どもを、まだ独自の人間性をもたない白紙の人間であるかのようにあつかう。その結果、子どもはゲニアスの導きによって生まれつき人生の計画表をもっていたかもしれないのに、それを否定される。

ダイモーンという観点から見れば、両親の組合せは必然的なものである。「親」となる卵子と精子、そしてその持ち主を選んだのはダイモーンだ。これはどう見ても本末転倒に思えるが、ヒルマンに言わせれば、だからこそ考えられない二人が結婚し、はやばやと妊娠し、だしぬけに育児放棄するといったことが多くの親たちに起こるのだとしている。

さらに彼は、母親と父親として文字通り生物学的な両親のことしか考えない貧しさを指摘する。自然が母であり、本が父であるということもありうるのに——人間を世の中に結びつけ、指導してくれる存在なら何でもよいのである。そして、イギリスの哲学者アルフレッド・ノース・ホワイトヘッドの「宗教は世界への忠誠心だ」という言葉を引用し、世界が私たちにその神秘を提供し、愛情を込めて明かしてくれる力をもっていることを信じなければならないと述べている。

「あなたは私のもの」

本書は、ダイモーンが愛においていかに自己を主張し、進化生物学の論理を無視したこだわりや愛の苦悶を引き起こすかも示している。生まれた直後から別々に育った一卵性双生児は、愛用のアフター・シェイブ・ローションや煙草は同じでも、もっとも重要な選択である配偶者選びではおおいに違った傾向を見せることがよくある。

ミケランジェロは、神々や人間の像を彫るとき、彼が「心のイメージ」と呼ぶものを見るように努めた。対象の内なる魂を明らかにすることを目指したのである。そういった心のイメージは誰もがもっている、とヒルマンは言う。恋をしたとき、私たちはゲニアスをかいま見せて本当の自分を明らかにできるので、自分がきわめて重要な存在になったように感じる。愛する者同士の出会いは、心のイメージの出会いであり、想像力のやりとりである。想像力が燃えあがるから、恋をする。想像力を解き放つことによって、一卵性双生児でさえ、同じであることから解放される。

悪い種子

愛の反対である「悪い種子」の問題になると、本書も佳境に入ってくる。ヒルマンは一つの章のほとんどをアドルフ・ヒトラーという特異な人物に費やしている。信頼できる情報によれば、ヒトラーの性癖は「悪い」ダイモーンにとらわれていることを示していた。

本書に登場するほかの人物といちばん違うのは、性格とその外側の衣の組合せである。ヒトラーの「どんぐり」は悪い種子であっただけでなく、その悪さに何の疑いも抵抗も示さない性格の衣に包まれていた。一粒の種子を見ることで、この男の魅力がいかにして多くの人々を集団的狂乱へと駆り立てたかを、私たちは知ることができる。また、ジェフリー・ダーマーのようなサイコパスの連続殺人犯たちが、どうやって犠牲者を魅了できたのかも、その応用によって理解できる。

だからといって、怖ろしい行動は悪い種子から生まれたものだからしかたない、と言っているわけでは決してない。しかし、犯罪者の心をダイモーンとその衣という観点から見てみると、これまでの邪悪さに対する考え方（撲滅すべき、あるいは「愛によって追い払う」べきもの、というような）で見るよりもよくわかる。種子は偏狭なこだわりによって悪魔のようになるが、本来目指しているのは栄光である。社会はこの衝動に気づき、より害の少ない結果に向けて道を開いてやるべきである。

私たちは闇をさげすみ無垢を尊重する文化に生きている。ディズニーランド、セサミストリートといったアメリカの大衆文化はとくにそうで、砂糖の衣のない種子は受け入れない。ところが、あいにく無垢は邪悪さを引きつける。ナチュラル・ボーン・キラーはフォレスト・ガンプの秘密の相棒だ、とヒルマンは述べている。

魂の神秘

多くの著名人の人生を検討してきたヒルマンは、平凡さについて疑問をもつようになる――平凡なダイモーンというのはありうるのか？　彼によれば、平凡な魂はなく、それは日頃の言葉にも反映しているという。私たちはあの人の魂は美しいとか、傷ついているとか、深い、子どものようだなどと言う。だが、あの人の魂は中級だとか、平均だとか、ふつうだなどとは言わない。

魂は物質ではないが、きわめて物質的なこの社会を経験したいと切望している。ヒルマンは、映画『ベルリン・天使の詩』を読者に思い起こさせる。天使が人間の暮らしにあこがれ、ふつうの人のふつうの暮らし、その苦しみを味わいたいと切望するストーリーだ。天使や神々から見れば、私たちの人生に「日常」やありきたりのことはまったくないのである。

人生を変える一冊に出会うために――

ピカソは「私は成長しない。私のままだ」と言った。人生は何かになることではなく、すでにあるイメージを実現することだ。私たちは空想の天国に手を伸ばし、人間として成長しなければという思いに取りつかれている。しかし、自分を超えようとするよりは、世の中とその中の自分の場所に「降り立つ《グロウ・ダウン》」方がずっと理にかなっている。私たちが「スター」と呼ぶような人たちの人生がえてして困難でつらいものであることに、ヒルマンは驚かない。大衆が彼らに与えたイメージは幻影であり、それは必ず悲劇的な地への転落につながる。

多くの人の人生の紆余曲折は本書に紹介された著名人たちほどドラマチックではないだろうが、もっと大きな好ましい変化をもたらすかもしれない。性格について、現在の私たちは「戦いの前夜に兵士が家にあてて書く手紙にも、将軍がテントで練る戦略と」同じくらい目を向けるようになった、とヒルマンは言う。召命は、成功より誠実さを、栄達より人をいたわったり愛したりすることを志向するようになっている。そのような見方に立てば、人生そのものが偉大な作品である。

42

1992

失われた心 生かされる心

トマス・ムーア

心を込めて生きることによって空虚感を満たそう。
自分の個性と暗い部分を受け入れることで、
自分らしさを解放しよう。

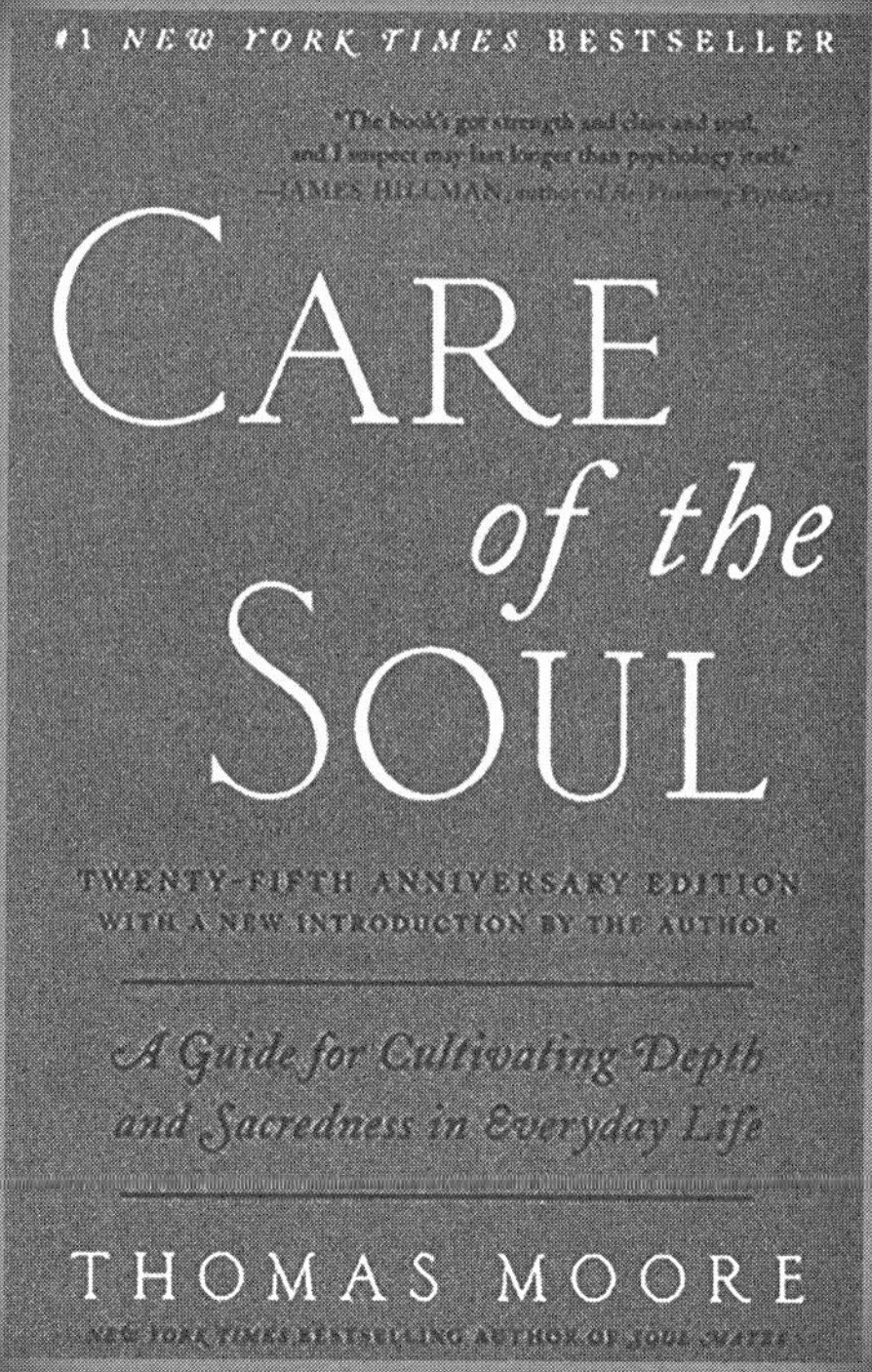

邦訳
『失われた心　生かされる心』
経済界　南博監訳

『心を生かそう』とする場合は、日常生活や幸せの追求について、まったく別の見方をします。……欠点を『直す』より、重大な決定や変化に目を向ける。そしてそれと並行して、日々の暮らしの細かいことに気を配るのです。

『心』は、忙しい社会では育ちません。何かを受け入れ、味わい、影響を受けようとすれば、非常に時間がかかるからです。

❀

本書はニューヨーク・タイムズ紙のナンバーワン・ベストセラーとなり、ほとんど一年間にわたってランクインし続けた。批評で絶賛されたのも、この種の本としては異例のことだった。自己啓発の人気作ながら、おそらくあなたがこれまで読んできたどんな本とも違う。現代の生活には神秘がないという彼の主張は、神聖で真摯な感覚に満ちている。ベストセラーになったということは、多くの人がこの主張に共感しているということだろう。

本書は、寛大な友人——あなたのすべてを知りながらも、あなたのす

Thomas Moore

トマス・ムーア

修道士として十二年間、カトリックの修道会で過ごしたほか、四つの学位——シラキュース大学で宗教学の博士、ウィンザー大学で神学修士、ミシガン大学で音楽学修士、デ・ポール大学の音楽と哲学で学士——を取得している。

作家、心理療法士であり、神話的要素を改めて科学研究に取り入れようとする元型的心理学の主唱者である。本書のほかの著作として、『内なる惑星：ルネサンスの心理占星学 The Planet Within（青土社）』、『想像力の作法 Rituals of the Imagination（未訳）』、『暗いエロス Dark Eros（未訳）』、『心のカフェ Cafe of the Soul（未訳）』、『ソウルメイト 愛と親しさの鍵 Soul Mates（平凡社）』、『日々の生活をふたたび高揚させる The Re-enhancement of Everyday Life（未訳）』がある。

ばらしさを信じて疑わない——からの手紙を読むような安らぎを与えてくれる。これは、彼の心理療法士としての経験や、修道士として過ごした歳月など、幅広い学識があいまってのことだろう。神話、歴史、そして芸術からも霊感を受けた本書には、人間経験の豊かさがあふれている。ムーアがおもに影響を受けたのは、フロイト（心の奥底を探求）、ユング（心理学と宗教は不可分だという信念）、ジェイムズ・ヒルマン（411ページ参照）、そして、フィチーノやパラケルススといったルネサンス時代の教養人たちである。

また、ジェイムズ・ヒルマンの著作集『青い炎　A Blue Fire（未訳）』の編集も行った。近年は、『ヨブ記　The Book of Job（コスモスライブラリー）』、木版画の挿し絵の瞑想録『本来の自己：逆説と生きる　Original Self：Living with Paradox（未訳）』、『心の宗教　The Soul's Religion（未訳）』を発表している。

妻と二人の子どもとともにニューハンプシャー州に住む。

「心を生かす」とは？

「心を生かす」とは、「日常生活に詩をもち込むこと」つまり、私たちの生活の想像力のない部分に想像力を取り戻し、すでに知っていると思い込んでいることを改めて思い描くことである。実りある人間関係も、やりがいのある仕事も、個人の力や安らぎも、みな心の贈り物である。だがそれらを得るのは非常に難しい。心は身体の不調、苦痛、空虚、あるいは漠然とした不安などによってその存在を知らせてこない限り、たいていの人にとってはないも同然だからだ。

心のはたらきは、一見、単純だが、実は複雑である。食わず嫌いをしていたもの、たとえば、仕事、結婚、場所などを受け入れ、深くかかわるようになっただけで、きらいでなくなることがしばしばある。ムーアは詩人ウォレス・スティーブンスのこんな言葉を紹介している。

「おそらく真実は湖一周の散歩次第である」

いやな気分や体験を心から外科手術のように取り去ろうとするより、「いやなこと」をまっすぐに見つめ、それが語りかけることを聞く方が、ずっと人間的だし誠実だ。目をそらしてしまったら、心のメッセージを受け取ることはできない。苦しんでいる当人か、助ける側のどちらかにでも、治したいという気持ちがあると、実際に起こっていることがよく見えなくなる。

それまでの自己啓発や心理療法は、問題解決を目的としていた。だがムーアが示した心の文学は、「問題は何かと考え、気づく」ためのものだ。心は運命の変転とつながっている。運命はとかく期待に反し、自我や意志の望み通りにならない。そう考えると不安になるが、運命の変転を受け入れる余裕をもち、その力に敬意を払うことによってのみ、不安を小さくすることができる。ビクトル・ユゴーは『ああ無情』でこう述べている。

海よりも広大な光景がある。それは空だ。空より広大な光景がある。それは心の内奥だ。

自分の深さと複雑さを楽しむ

ムーアは、池に映る自分の姿に恋をした美青年、ナルキッソスの神話を再検証して見せる。彼は心も愛もない自己陶酔から悲しい最期を迎えるが、やがてその自己陶酔の強さから、より深い自己と彼をとりまく自然を映し愛する新しい命に再生する。「ナルシシズムに陥った人は、自分の本質がどんなに深く興味深いものかまったく気づいていない」とムーアは述べ、ナルキッソスは象牙のようだとする。美しいが、冷たくて硬い。だが彼が生まれ変わった花は、根を持ち、全世界の美につながるものだ。とはいえ、私たちの内なるナルキッソスを殺すべきではない。もっとも望ましいのは、偽りの謙遜という反対の極に走ることではなく、高い理想と夢をもち続け、それを実現するもっと効果的な方法を見つけることである。

ムーアは、安易であまりに一面的な一部の自己啓発書は読まない方がいいと忠告している。自己には多くの側面があり、競合する要求（たとえば、一人でいたい気持ちに対し、人とつき合いたいという気持ちなど）を併せもつことによって、人生はより充実したものになる。あるときは自我を楽しませ、また、あるときは超然とした哲人になることもできる。どちらも妥当なことだし、つねに意味のある生活を送らなければと考える必要もない。

同じ心をもつ人はいない

「人間の個性は、合理性や正常性と同じくらい、狂気や歪みからも生まれている」とムーアは言う。偉人たちの伝記がその証拠だ。リンカーンの人生さえ欠点がないわけではない。あなただって例外のはずがあろうか？　悪いところをかくそうとすれば自分自身を失うという悲しい結果を生むだけかもしれない。そのことにはとくに注意しなければならない、と本書は警告している。

現代の心理療法士はたいてい、短時間で「正常性」を取り戻せるような特定の問題に、患者を取り組ませる。治療に用いられるのは薬物、認知療法、神経言語プログラミングで、内省の出番はない。それに対し、「心を生かす」ことには終わりがない。心は時間の影響の外にあるものだからである。神話、自然、芸術、そして夢だけが――どれも時間の力のおよばないものだが――自分の神秘について正しい洞察を与えてくれる。

本書は四部十三章から成り、あらゆる人間の状態をあつかっている。前半であつかわれているテーマには以下のようなものがある。

愛

愛を「人間関係をつくること」という観点から見るべきではない。それは、むしろ「心の出来事」であって、意外にも相手が誰かはほとんど関係ないかもしれない。愛は、衛生的に消毒された現代生活の日常からの救済であり、神秘への扉である。だからこそ、私たちは力いっぱいつかもうとする。

嫉妬

ガールフレンドの浮気を疑ってかっとなってしまったという若い患者がいた。ところが、彼は、自分の考える恋愛関係は今風ではないし、受け入れられないと信じてもいた。この理想の純粋さが、現実の恋愛関係を邪魔し、嫉妬が表面化するという見苦しい結果を招いた。

とはいえ、嫉妬がすべて悪いわけではない。限界を認めさせ、人を地に足のついた状態にして心の役に立つからだ。ムーアは「共依存」についての現代的な考え方を公然と無視し、他人との関係のうちに自分が何者であるかを見出すのもよいと述べている。

力

心の力は自我の力とは違う。私たちが目標に向かって計画し、管理し、はたらくのは自我の力によってである。心の力はそれよりも水の流れに似ている。みなもとがわからなくても、私たちはそれを受け入れ、それが人生を導くにまかせなければならない。心とともに生きるなら、原因と結果の「消費者論理」や、時間を有効活用するという考えは捨てなければならない。

暴力

心は力を愛する。だから暗い想像力に出口が与えられないと暴力となって噴き出してしまう。地域社会や文化全体に心の豊かさがないと、心に向けられるべき崇拝は、物質、たとえば銃などにそそがれる。オスカー・ワイルドが述べたように、悪徳を切り離した美徳は本物ではありえない。

憂うつ

人生の否定的側面から身を守ろうとする文化はみな、憂うつを敵とする。だが、「光一辺倒の」社会では、その不自然さを埋め合わせるために、憂うつはかならず極度に強いものになる。ムーアは憂うつを贈り物と表現している。小ぎれいな価値観と目標の包みをとき、私たちに心を知るチャンスを与えてくれるからである。

人生を変える一冊に出会うために――

本書の終わりの方で、ムーアが、世間から離れて暮らした十二年間の修道士生活をやめ、科学研究室で過ごしたある夏のことが語られている。彼は新たに見つけた自由を楽しんでいたが、研究室の若い科学者に確信をもってこう言われ、ショックを受けた。

「君はこれからもずっと、司祭の仕事をしていくことになるよ」

本書の成功は、自己啓発文学がいかに私たちが無意識にその作法や宗教的指導を頼みにしてきた伝統的な心の生かし手に取ってかわったかを示すよい例だ。

ムーアは、現在の自己啓発書は「救済のおとぎ話」だとし、それらにかわり、暗い部分や複雑さを包含しうる自己認識の探求に私たちを送り返そうとしている。本書が範としたのは、中世やルネサンス期の、人生の試練に哲学的慰めを与えてくれるような、さほど野心的でない自己啓発的指南書である。そのため、現代の自己啓発書にあっては異色の存在かもしれないが、実際は古く尊い伝統を引き継いでいるのである。

ルネサンス期の医者は、人の心は夜空の星に起源をもつと信じていたが、現代では、人間は「自分がつくるもの」だと考えられている、とムーアは言う。もちろん私たちは、現在謳歌している自分がつくった自由を大切にしなければならない。だが、本書が与えてくれるものはまったく違う。それは、私たちの中にある永遠なるものとは何だろう、と問うことの勧めである。

43

1978

愛すること、生きること

M・スコット・ペック

「人生は困難なものである」と認めてしまえば、事実はそう深刻ではなくなる。責任を引き受けてしまえば、よりよい選択ができるようになる。

邦訳
『愛すること、生きること』
創元社　氏原寛／矢野隆子訳

大抵の人たちはこの真理を充分悟ってはいない。むしろ彼らは、たえず自分の問題、重荷や障害が大きすぎると、大仰にあるいはひっそりと嘆いている。まるで、人生は総じて楽なものだ、楽であるのだというように、である。

ベンジャミン・フランクリンが言ったように、「辛い経験が教えてくれる」のである。この理由から賢明な人々は、問題を恐れずに迎え入れ、それがもたらす苦しみをも歓迎することを学ぶ。

これらの手段、私が訓練と呼ぶ、建設的に苦しみをひき受け経験する手段は、次の四つである。楽しみを後まわしにすること、責任をひき受けること、真実に忠実であること、そしてバランスをとること、である。（中略）十歳にもなればほとんどすべての子どもが使いこなせるような、単純な手段である。大統領や一国の王でさえ、この単純な手段を用いるのを忘れて没落することが多い。

M. Scott Peck

M・スコット・ペック

一九三六年生まれ。ニューヨークで恵まれた環境に育つ。選ばれた子どもだけが通う私立学校で学び、ハーバード大学に進んだ。一九六三年、ケース・ウェスタン・リザーブ大学で医学博士号を取得。その後九年間、米陸軍医療部隊の任務に就いた。続く十年ほどのあいだに、ペックは独自の心理療法を確立した。『愛と心理療法』が書かれたのは、一九七〇年代半ば、ペック三十九歳の時だ。ところが、ニューヨーク・タイムズ紙のベストセラーリストに登場したのは、一九八三年になってからだった。その後、本は長くリストに留まり、ついにギネスブックに掲載された。一九九三年には続編『行く人の少ない路をさらに先へ　Further Along the Road Less Traveled（未訳）』が刊行された。

ほかに、人間の邪悪性を癒

これは、ふだん自己啓発書を読まない人が読む自己啓発書だ。自己改善の本につきものの、無限の喜びと幸せを約束する魅力は、この本にはない。それにもかかわらず、たいへんなベストセラーであり続けている。「人生は困難なものである」という有名な出だしから、ロマンティックな恋の神話の嘘、悪、精神疾患、著者の精神と心の危機など、気がめいる話題が続く。

おそらくこの本が「バラ色の希望」を掲げないため、その内容を難なく信頼することができるのだろう。前提となっているのは、最悪を知れば、その先にあるものを自由な目で見ることができるということだ。良い人生を送るためにもっとも重要なのは自律だとする。自分を高めるため、また、十分な心の健康を得るためにしても、簡単な方法はないということ、そして義務と責任がものごとの達成のための種子となるということに、賛同できるだろうか。できると言うなら、あなたはペック博士の話に無理なくついていける。

ペックは今の時代を特徴づける重要な点は、科学的世界観と精神的世界観の融和であると考えている。心理学と精神世界の探求とのあいだで引き裂かれてしまったと感じるすべての人々に、この本は喜びをもって迎えられている。

すことを問う『平気でうそをつく人たち People of the Lie（草思社）』、共同体での暮らしを論じる『ふぞろいの太鼓 The Different Drum（未訳）』もある。『誕生が待たれる世界 A World Waiting to Be Born（未訳）』では、個人と社会のレベルで礼を尽くすことについて考察する。また、『魂の拒絶 Denial of the Soul（未訳）』は、安楽死と難病の問題を扱う。

マティーニ好きのチェーンスモーカーで、「自己啓発の権威」のイメージにはそぐわない。ゴルフ愛好家でもあり、著書に『こころに効くゴルフ Golf and the Spirit（ＰＨＰ研究所）』もある。コネティカットと、カリフォルニアのボデガ湾に居を構え、妻リリーと暮らす。

訓練

セルフコントロールは、ペックの説く自己啓発のもっとも重要な要素だ。彼の言葉を引用しよう。

訓練なくして問題は解決できない。かつ、少しばかりの訓練では、少しばかりの問題が解決できるだけである。完全な訓練によってはじめてすべての問題を解決することができる。

楽しみを後まわしにすることができる人は、精神的成熟への鍵を手にしている。一方で、衝動性を持つのが精神の習慣だ。苦痛を見すえることを拒否しているうちに、ノイローゼをひきおこす。大きな問題を抱えこむいちばんの原因は、はじめの段階の小さな問題を見すえず、「事実に忠実である」ことができない点にある。ほとんどの人々が犯す大きなあやまちは、問題がそのうち関係ないところに去っていくと思いこんでいることだ。

こうした責任を欠いた態度は、人をむしばむ。私たちの文化は自由を土台として成り立っている。しかし『自由からの逃走』の中でエーリッヒ・フロムが述べたように、人間には元来、政治的権威の傘下に入り、個人的権力を放棄したいという気持ちがある。つまるところ、人は真の自由の選択を避ける。否定的なものから遠ざかるのと、まったく同じようにだ。ペックの言う「訓練」では、現実を受けいれるという意味で「成長」をめざすだけではなく、みずからの前に広がる途方もない数の選択肢を正しく認識することにおいても「成長」をめざす。

生き方とその見返り

本書が与えてくれる視点のうち、もっとも重要なものの一つが、精神的成長を探究する生き方を選択する人々はごくわずかだということだ。資質の備わった軍曹の多くが、士官になることを拒否するのと同じく、心理療法にたずさわる人々が、健全な精神の力には、ほとんど興味を示さないというのがペックの意見だ。自動操縦される人生のほうが、どのような大きな変化よりも好ましいのだ。

『愛と心理療法』には、実話が豊富である。展開されるやりとりの中には、人生が変わるようすが見てとれるものがある反面、その他の場合、人々は変化を単純に拒否している。または、最後になってめんどうになり、やめてしまう。人はそういうものではないだろうか。極限状態においてよりも、むしろこうした日常的な状況において、人はいつの間にか勇敢で豊かな人生から目をそむけてしまうものなのだ。精神疾患に対する恐怖よりも、機会を失ったことを素直に嘆く気持ちに注目するべきだと、ペックは語っている。

なぜこうなるのだろうか。「行く人の少ない生き方」は精神的成長への道だ。ふつうの人生の幹線道路とくらべれば、この道は岩だらけで照明も暗い。向こう側の人々は十分幸せそうだ。しかし精神的な生活のもたらす見返りはとてつもなく大きい。たいていの人には想像もつかないほどの心の平安と、不安からの解放が、現実のものとなる。その時、重荷はつねに取り除かれた状態となる。それは自分だけの重荷ではもはやないからだ。

また一方で、人が精神的に深まれば、そこに責任もつきまとう。精神的に子どもから大人へと移行したのだから、これは避けがたいことだ。ペックは聖アウグスティヌスを思い起こしている。「愛情深く勤勉であるなら、望むことを何でもしてよい」とこの聖人は語った。これまで精神的に抱えていた「臆病と怠惰」のせいで、非常に限られた存在となる結果を招いたのと同じように、「訓練」は無限の人生経験への扉を開く。より賢明な者だけが、退屈で地味な人生を送っていると他人に思われるのに満足を覚える。外側からは殺風景に見える壁は、内側に歓喜が輝いているのをこちらに見せまいとしているだけなのかもしれない。

愛は決断である

行く人の少ない道で燃料となるのは何だろうか。言うまでもなく「愛」だ。人はふつう愛に努力はいらないと考える。「恋に落ちる」というようにその状態に陥るのだと。愛は神秘的な側面を持つかもしれないが、同時に努力を要するものだというのがペックの見解だ。愛は決断だ。「愛したいという欲求はそれだけでは愛でない。愛とは、愛が行なうところのものである」

愛する感情の中で恍惚を感じるのは、ある意味で幼児期への退行だ。母親と自分が一つであると感じていた時代に戻ってしまう。全世界とふたたび気持ちを通わせ、すべてが可能だと感じられる。けれども、赤ん坊がやがて自分を個として認識するように、恋愛する者も最後は自分自身に立ちかえる。ペックによれば、この時点で、「ほんとうの」愛の作業が始まる。恋に落ちることはだれでもできるが、愛する決断ができるのは一部の人である。愛の始まりをコントロールすることは不可能だが、「訓練」により、それに対する反応を律することができるようになる。いったんこの愛の「筋肉」が使われるようになれば、それはなかなか失われることがない。そして、もっとも生を活気づける最高の方法で、愛を導く力を強めてくれる。

人生を変える一冊に出会うために——

賢明な読者は次のことに気づかれたかもしれない。精神的変化は必ずゆっくりとしたものになるというペックの考えと、やり方がわかれば、あまり苦労せずに自分の中の制限が取り除かれるという認知心理学の見解（マーティン・セリグマン43ページ、デビット・D・バーンズ63ページ、アンソニー・ロビンズ147ページ参照）とのあいだの差だ。これは、自己啓発書を基本的に二分するものだ。一方は、懸命な努力を必要とする考え方であり、人格形成と精神の探究もその課題となる。他方は、人間が抱える問題は根深いものではなく、心理技術の応用によって対処できるとする。

前者のやり方は、訓練とセルフコントロールを必要とし、後者は、適切な技術さえあれば、なりたい存在になれるとする。

後者だけを歓迎する読者は、ペックの本を読んでバランスを取ってほしい。たとえば、現代心理学ではまったく触れられない経験について、ペックは取り上げている。それは

「恩寵」だ。思いもよらない平安と感謝と自由の心地が満ちあふれる――これが、人間の経験する最高の状態、訓練とセルフコントロールとともに歩む人生の果実であるとペックは考える。「道徳」「訓練」そして「長期にわたる忍耐」のすばらしさを、ペックは本の中で強調しており、そのために時代遅れと受けとられることもある。しかし、彼は大勢に流されることなく、心理療法において人間が精神的存在として扱われていないことを公然と非難もしている。本書を読むと、ユングやニュー・エイジの思想である「集合的無意識」「シンクロニシティ（共時性）」といった内容が含まれているのに驚くだろう。どういうわけか、キリスト教とニュー・エイジと心理学が、ここではうまく融和している。

本書は、深刻さの度がすぎると感じる人もいるだろうし、人生を変えるほどの示唆にあふれていると思う人もいることだろう。自己啓発書目録を作成するなら、その中の最重要書に入る一冊であり、販売部数は七百万部を超えている。精神的成長への路には抵抗がつきまとうとペックは書いているが、その「行く人の少ない路」に歩み出す人々の数は確実に増えている。

Chapter 6

6

変化を求めて

あなた自身を変え、世界を変える

44

バガヴァッド・ギーター

心の平和を求め、なすべき仕事をし、
宇宙の神秘に感嘆せよ。

邦訳
『バガヴァッド・ギーター』
岩波書店　上村勝彦訳

しかし、思考器官により感官を制御し、執着なく、運動器官により行為のヨーガを企てる人、彼はより優れている。
あなたは定められた行為をなせ。

世間が彼を恐れず、彼も世間を恐れない、喜怒や恐怖や不安を離れた人、彼は私にとって愛しい。

あなたが我執により、「私は戦わない」と考えても、あなたのその決意は空しい。〔武人の〕本性があなたを駆り立てるであろう。

以上、私は秘中の秘である知識をあなたに説いた。これを残らず熟慮してから、あなたの望むままに行え。

❀

「ギーター」はヒンズー教の聖典とされる宗教哲学詩だ。長大なインドの叙事詩『マハーバーラタ』の中の、短いながらも非常に愛されている部分で、親縁関係のある二つの部族、クル族とパンドゥー族の闘争を描いた詩的年代記である。タイトルは「聖なるものの歌」あるいは「神の歌」といった意味で、ファン・マスカロ（英訳者）はこれをインドの精神性の最高峰たる「交響曲」と述べている。

本書は、若い男と神の会話という形式をとっている。

王家パンドゥー族出身の若い戦士アルジュナは、戦いを前にして、パニック状態になっている。倒すべき「敵」は、よく知っている従兄弟たちだ。

切羽詰まったアルジュナは、戦車の御者となって彼を見守る守護神クリシュナに助けを求める。だが与えられた答えは彼が望んでいたものではなかった。クリシュナは、宇宙がいかに動いているか、最高の生き方とはどんなものかを、この機会に死すべき人間に伝えようとしたからだ。

この作品が素晴らしいのは、詩、経典、自己啓発書、といった様々な要素を併せもっているところだ。ここでは最後の自己啓発書的側面について取り上げてみたい。

苦境の意味

この物語は、行動するかしないか、カルマとダルマについての寓話である。アルジュナはこの戦いを望んではいなかった。親戚とは絶対に戦えないという気持ちには、誰もが同意できる。なぜこんな行為をすべきなのか、アルジュナが思い悩むのはもっともなことである。

ジョーゼフ・キャンベルが『神話の力』で述べているように、忌まわしいものや邪悪なものに「イエス」と言い、それが自分の世界に存在すると認めるのは、成熟することの一部である。彼の言う「すべてに対する肯定」は、状況には逆らえないという意味ではなく、何かが存在する権利を否定することはできないということだ。存在しているものは何らかの理由で存在しているのである。たとえその理由が、あなたにとって戦わなければならないものであってもだ。真剣に生きるのをやめ、高みの見物を決めこめればいいが、それはできない。私たちは生きている限り行動しなければならず、その行動が何かに影響するのを避けることはできないからである――これがカルマだ。

全力で生きなければならないとしたら、何を指針とすべきだろうか？　行動は欲求に動かされることもあれば、目的意識によって引き起こされることもある。

より簡単に見えるのは、欲求によって生きるほうである。何の疑問も持たずにすみ、自己認識もほとんどいらない。だが実際には、それは宇宙の法則に反することであり、たいていは精神なき人生に至ることになる。それに対し、目的によって行動することは、複雑でとらえどころなく見えるが、実はもっとも自然な生き方である。私たちの存在を救済するものであり、喜びの源でさえある。これを表す言葉がダルマだ。

本当の理性とは何か

本書が偉大なのは、欲求に引きずられて機械的に生きることより、目的によって生きることを選ぶ理性的な精神を具現化しているからだ。もし、アルジュナが欲求にしたがって戦わなかったら、彼は何も学ばなかっただろう。クリシュナが彼に命じたのは、「よき戦いをせよ」ということである。これこそ彼の義務、目的、ダルマである。

迷いから解放されたアルジュナに、さらにクリシュナが告げたのは、敵の運命はどのみち彼らが「自ら招いた」ことであり、アルジュナは聖なるカルマの道具にすぎないということだった。

なぜ神が戦争を勧めるのかという問題に、あまりこだわりすぎるべきではない。この物語の肝心なところは、自分の行動と存在に疑念を持つ若い戦士が、理性を見せるところである。今日私たちは、理性を知性と同じもののように考えがちだ。しかし、これは怠惰な考え方である。「課題に取り組んで答えを出す」能力がありさえすれば、鼠でもコンピューターでも、人間と同じ水準だと見なすようなものだ。

本当の理性とは、大きなものごとの枠組み、とくに自分の存在を納得のいくものにし、満たしてくれる仕事や行動の中で、自分の場所を見つけるプロセスである。それこそ人間を人間たらしめているものである。

本書は神秘の世界への逃避を描いたものではない。理性への道を示すことで、人間の卓越した能力と偉大な資質を明らかにしているのである。

好きな仕事をする意味

三つの「自然の構成要素」、タマス（闇）、ラジャス（火）、サットバ（光）についても触れられている。

ラジャス的人生は、絶え間なく行動し、仕事に追われ、何にでも手を出し、休む間もなく、飽くことなくものや人を渇望する生き方である。獲得すること、到達することが人生の中心となり「自分のものと、まだそうでないもの」に目を向ける。

これはおなじみの生き方ではないだろうか？　この「結果」中心の人生は、タマス（怠惰、退屈、不注意、無視を特徴とする）よりは高度だが、すぐれているとは言えない。

では、光の人生、サットバはどうだろう？　高貴な決意をし、行動に平和を感じていれば、あなたはサットバの人生を生きている。仕事は安らぎの場となり、まったく報酬がなくても気にならない。

本書が仕事について述べているいちばん大切なことは、好きな仕事をしていないと、魂が曇っていくということだ。もし、それが不可能なら、今やっていることを好きになろう。そうすれば「結果」への怖れや不安から自由になれる。賢者はつねに心に結果を描いているが、それに距離を置くことで一層よい結果を出す。

瞑想による心の平和より高度なのは、自分の行動の結果へのこだわりを放棄することによる平和だ。この境地に至れば、人は厳然と定められた期待から解放され、予期せぬことや驚くべきことが起こっても悠然としていられる。

堅実な自己を発見する

あなたはテレビを見ながらくつろいでいる。その年のアカデミー賞のリポートが始まり、オスカーの行方や、有名人の集う授賞式後のパーティのようすを伝えている。一緒に見ていた誰かが言う。

「これぞ全世界のあこがれの的だね」

あなたはうわべは楽しそうに番組を見ながら、ふと劣等感を感じる。

「ミーハーって言われてもいい。私も出たい！　何の不足があって私が招待されないわけ？　月曜の朝、いつも通り仕事にもどらなくちゃならないの？」

心理学ではこのように考えることを「対象思考」と言う。他人に最大の関心を向け、認められようとすることである。ハリウッドは、外部の評価で人間の価値が決まる聖地として名高い。そこでは次のオーディション、次の演技、次の仕事で自分がどう思われるかを、つねに心配していなければならない。根本的に怖れの人生であり、ものごとが思い通りに進まなければ、絶望の人生になる。

本書が教えてくれるのは、他人の賞賛がなくても心の平和は得られるということだ。自分に本当の価値があることがわかるのである。

そうなるためのおもな方法の一つに瞑想がある。怖れや貪欲といった感情から離れる方法だ。それによって私たちは変化に左右されない自己を発見する。つまり、ディーパック・チョプラ（195ページ参照）の言葉を借りれば「批判に免疫ができ……いかなる挑戦も怖くなくなり、誰に対しても引け目を感じなくなる」。行動の世界で得られるものに比べると、これこそまさしく真の力である。

人間が意識する欲求は、低次元であるほど、みな同じである。だが瞑想の状態に至ると独自性を獲得する。瞑想に導かれた行動は、ふつう否定的なカルマを引き起こすようなことはない。純粋で完全な認識を得た状態から生まれたからである。「完全な瞑想によって完全な行動が生じる」と本書は述べている。

また、賢明な人は成功したときも失敗したときも変わらず、出来事や感情にあおられてふらふらしない、というメッセージもくり返される。人生のはかなさや時間の経過の無情さを認めることによって、本書は皮肉にも堅実さを得るための指南書となっている。宇宙はたえず変化しているかもしれないが、人間はきわめて安定した状態まで心を鍛えることができる。現代社会では、どんなに大きな自信も、自分がちっぽけで重要でない存在だという気持ちによってくじけてしまう。本書はそんなときのための素晴らしい薬である。

人生を変える一冊に出会うために――

宗教書に対して「あやしげな本」という偏見をもっていた人は、本書が至高の精神について述べた偉大な作品の一つであることを知って、驚いたかもしれない。

クリシュナはアルジュナに言う。

以上、私は秘中の秘である知識をあなたに説いた。これを残らず熟慮してから、あなたの望むままに行え。

神の力がどんなに強くても、人間には自由意志がある。心の言葉である詩という形式だからこそこのメッセージが時代を超えて伝わるほどの力をもち得たのは、皮肉なことなのかもしれない。

本書はまぎれもない自己啓発書だ。学術的でも複雑でもないが、もっとも深遠な知恵のみなもとであり、二十一世紀のあわただしく重圧に満ちた生活にもっともふさわしい、堅実な心と仕事をする喜びへの道を提供しているからである。

45

聖書

愛、信仰、希望、神の栄光。
人間は完璧になりうる。

邦訳
『聖書』
日本聖書協会　聖書協会共同訳

あなたが決意することは成就し
歩む道には光が輝くことだろう。（「ヨブ記」第22章28節）

主はわたしを青草の原に休ませ
憩いの水のほとりに伴い
魂を生き返らせてくださる。主は御名にふさわしく
わたしを正しい道に導かれる。（「詩篇」第23篇）

終わりに、兄弟たち、すべて真実なこと、すべて気高いこと、すべて正しいこと、すべて清いこと、すべて愛すべきこと、すべて名誉なことを、また、徳や称賛に値することがあれば、それを心に留めなさい。（「フィリピの使徒への手紙」第4章8節）

わたしを強めてくださる方のお陰で、わたしはすべてが可能です。（「フィリピの使徒への手紙」第4章13節）

疲れた者に力を与え
勢いを失っている者に大きな力を与えられる。（「イザヤ書」第40章29節）

もし神がわたしたちの味方であるならば、だれがわたしたちに敵対できますか。（「ローマ人への手紙」第8章31節）

祈り求めるものはすべて既に得られたと信じなさい。そうすれば、そのとおりになる。（「マルコによる福音書」第11章24節）

❀

たいていの人は聖書を、神聖な宗教書か壮大な歴史書、あるいは偉大な物語集だと考えている。だが、こういった手垢のついた見方が、この本を、新しい視点でとらえる妨げとなっている。聖書は、人間とはいかなるものかを考えるアイディア集ととらえることもできるのだ。

進歩を望む思いが現代文化を形づくった

つい忘れがちなことだが、今日の世の中は『旧約』『新約』の両聖書をおおいに拠りどころにしている。トマス・ケイヒルは『ユダヤ人の贈り物：文明をつくりだした砂漠の遊牧民　The Gift of the Jews : How a Tribe of Desert Nomads Changed the Way Everyone Thinks and Feels（青土社）』で、このように述べている。

> バイブルがなかったなら、私たちは死刑廃止運動、刑務所改革運動、反戦運動、労働運動、公民権運動、原住民の人権運動、南アフリカの反アパルトヘイト運動、ポーランドの連帯運動も、韓国、フィリピン、中国など極東諸国における言論の自由と民主化の運動を知らなかったに違いない。近代以降のこれらの運動はいずれもバイブルの言葉を旗印に掲げていて（後略）

私たちの考え方は、おそらく「進歩」という概念によって決定的に変わった。はるか昔はずっと、歳月はめぐるものだと考えられていた。だから、未来のことをほとんど気にしない当時の人々が、自分の文化を理解する上で重要視したのは、偉大な創造の物語だった。明日は今日よりよくなるかもしれないなどと、当時の人は考えたこともなかった。神はたくさんいたが、みな冷淡だったり気まぐれだったりし、人類にとくに目をかけてくれるわけでもなかった。

だが、神がシナイ山上にいるモーゼに、直々に人類への戒めを告げたことにより、状況は変わった。この新しい唯一の神は、恐るべき存在ではあったが、彼の民をつねに心にかけていただけでなく、先のことも考えてくれた。エジプトで奴隷となっていたユダヤ人を約束の地へと導き、目的をとげるため歴史を通して力を行使してきた——つまり、進歩の神なのである。

今日では当たり前のことと思われているが、ものごとは進歩するという考え方は、西洋文化を形づくり、ほとんどすべての非西洋文化でも受け入れられてきた。ケイヒルが言うように、あらゆる大きな解放運動では「出エジプト記」の言葉がよく使われるが、そういった運動は「このままではいけない」という進歩を望む思いから生まれた。そして、この思いこそ、多くの自己啓発文学を導く光でもある。

人類の新時代を告げた「愛の力」

『旧約』が数千年にわたってさまざまな人々を鼓舞してきたものだとすれば、『新約』は個人の魂の救済のシンボルである。『旧約』は、個人というものに重きをおいたという点で画期的だった。しかし、『新約』は、個人は世の中を変えられるだけでなく、変える義務があると説くことで、個人重視の論理をさらにつきつめた。世の中を神の思う姿に変えようという『新約』の挑戦は、イエスという見本を示すことで、積極的に愛するための手引書となった。

愛は癒やし創造するものであるということも——進歩と同じように——現在ではまったく当たり前のことと考えられている。だが、アンドリュー・ウェルバーンが『キリスト教の始まり The Beginnings of Christianity（未訳）』で述べているように、「力と知恵ある命令が、自意識を得る以前の太古の人間に対する神の啓示であったように、愛は、個性と自意識をもつ人間に対する神の啓示である」。

愛の力という聖書のテーマは、人類の新時代を告げるものだった。キリスト教徒を抑圧するためにダマスカスに向かっていたタルソ人のサウロ（のちのパウロ）は、「光の輝きで目が見えなくなっ」た。この素晴らしい自己変革の物語は、愛は地位や権力より強くなりうるという、それまでになかった新しい考えを示した。

アブラハムの信仰テスト

ユダヤの一神教がおこる前の多くの神々は、おもに人間の欲望を映したものだった。望むものが得られなければ、それは明らかに神々があなたに怒っているということだった。ユダヤ教とキリスト教の神はもっと複雑で、おのが目的をとげ、全能であることを示すために、自分を信仰する崇拝者を求めた。創造と破壊の神というだけでなく、人間とともに創造する神となったのである。

アブラハムの話を見てみよう。山に行って生け贄を捧げるよう命じられた彼は、生け贄として求められるのが自分の一人息子であることを知りながら、命令に従う。驚くべきことに、息子を犠牲にすることをいとわない。だが、いよいよというときになると、神は近くの茂みで身動きできずにいる雄牛を、身代わりの生け贄として与えるのである。この途方もない信仰テストに合格したおかげで、アブラハムの子孫は何代にもわたって繁栄する。

しかし、ここで問われたのは単なる神への忠節だけではないし、アブラハム一人の信仰でもない。テストに合格したのは人類そのものだ。私たちは、怖れにふるえ、物質的世界にしばられた動物であることをやめて、冷静な信仰をもつ存在となることで神の意志を映すことができたのである。

平等主義と個人の尊重

ほかの宗教や哲学は社会というものを、私たちがそれぞれの役を演じる芝居と考えてきた。それに対しキリスト教は、社会が発展し、もてる力を最大限に発揮するための一単位が個人であるとして、歴史を重視した。歴史は、地上に天国を作ろうとする人類の努力の物語となった。それにも増して、キリスト教は、信者が自分の運命を受け入れなくてもいいことにした。また、徹底した平等主義だった。人類はもはや、ほかの人間や気まぐれな神々の囚人でもなければ、「運命」や「星」にしばられてもいなかった。このような個人重視によって、人間は、もう階級や民族や貧富といった要因で自分が判断されることはない、というまったく新しい考えを得た。

聖書、とくに『新約』は、「各人の持つ生命の、伝達不可能な特異性」（テイヤール・ド・シャルダン475ページ参照）を見て理解するのに画期的な媒体だった。聖書の幅広い視野が生んだ共同体でならば、人間は必ず特異性を最大限に発揮することができる。この信念こそ、ローマ法王ヨハネ・パウロ二世を強固な反共産主義に駆り立てたものだ。共産主義は、個人より大きい共同体のために、個人の個性を犠牲にすることをいとわない体制だったからである。

人生を変える一冊に出会うために——

聖書は新たな目で見直される価値がある。もはや原罪やキリストの犠牲についての本、あるいは、教会の厳格な位階制や宗教戦争の産物などと見る必要はない。

それよりも、思いやりを持ち、自己を実現、改善し、他人に何も要求しない徳を持て、というもっとシンプルなメッセージに目を向けよう。壮大な歴史物語として楽しみながら、自己変革のための根源的な手引書という側面にも目を向けることによって、私たちは聖書を正当に評価すべきである。

46

1859

自助論

サミュエル・スマイルズ

歴史は、ひたむきな志と忍耐によって
驚くべき偉業をなしとげた人間で満ちている。

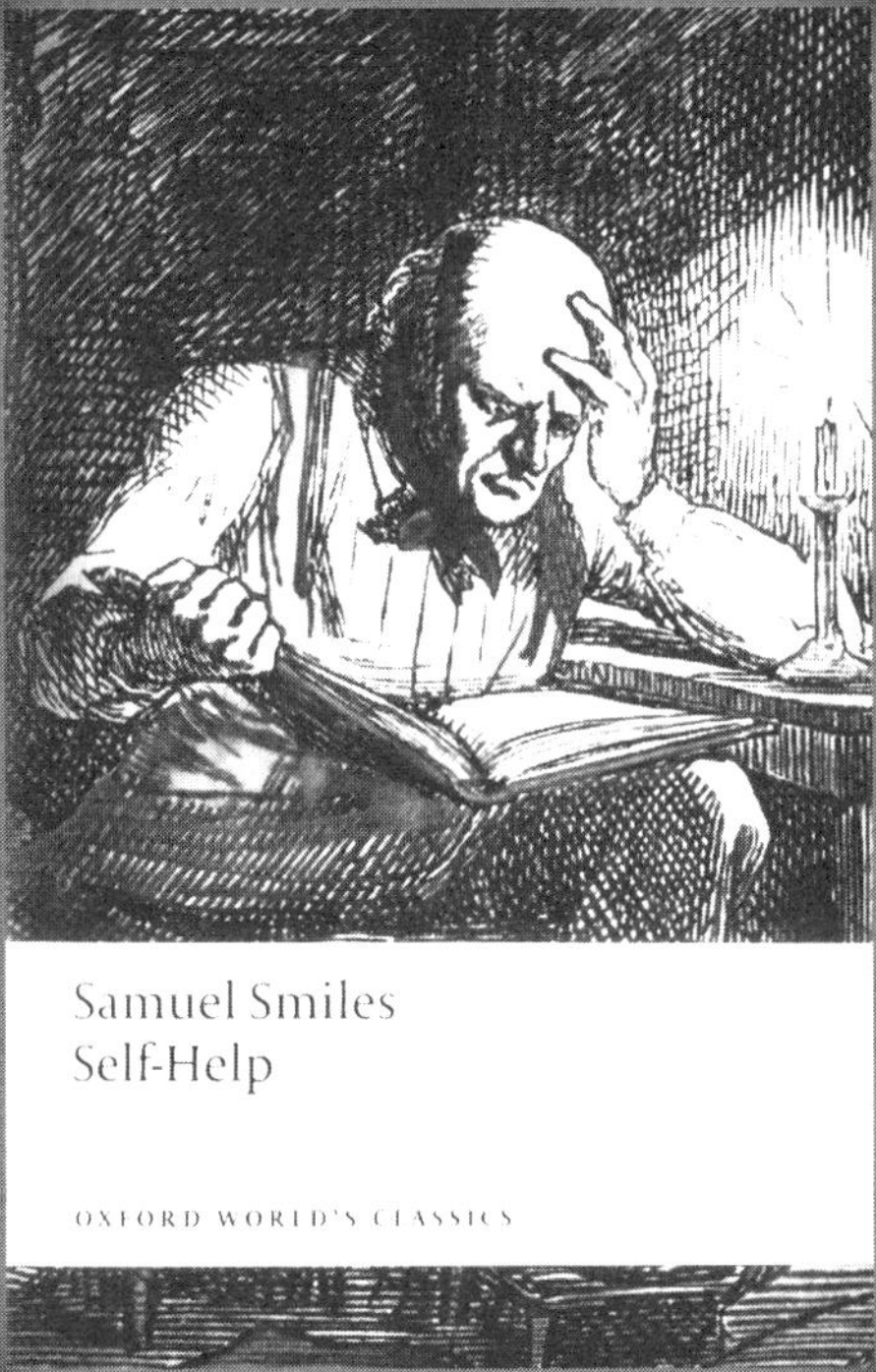

邦訳
『自助論』
三笠書房　竹内均訳

世間には、人格者ぶった偽善のやからも多い。もちろん、真にすぐれた人格はめったに見まちがえられたりしない。だが中には、立派な人格が金もうけの役に立つと考える連中もいる。彼らは、ことさら人格者ぶって軽はずみな人々をたぶらかそうとする。

チャタリス大佐は、正直なことで有名な一人の男に「君のような評判が得られるなら、1000ポンド払ってもいいね」と持ちかけた。「なぜですか？」とたずねられると、このならず者の大佐は「それを元手にすれば、軽く一万ポンドだって稼げるからさ」と臆面もなく答えたという。

どんなに厳格な法律を定めたところで、怠け者が働き者に変わったり、浪費家が倹約に励みはじめたり、酔っぱらいが酒を断ったりするはずがない。自らの怠惰を反省し、節約の意味を知り、酒におぼれた生活を否定して初めて人間は変わっていく。

われわれ一人ひとりがよりすぐれた生活態度を身につけない限り、どんなに正しい法律を制定したところで人間の変革などできはしないだろう。

Samuel Smiles

サミュエル・スマイルズ

一八一二年、スコットランドのハディントンで製紙工の家に生まれる。十一人兄弟の長男。十四歳で学校を卒業したあと三年間はたらき、エジンバラ大学に入学して医学を学ぶ。医師となるが、すぐに政治に関心を移す。一八三八年には過激な週刊紙『リーズ・タイムズ』の編集者となり、一八四四年まで在職。功利主義者のジェレミー・ベンサムやジェイムズ・ミル（ジョン・スチュワートの父）に影響を受け、貿易自由化、選挙権の拡大、工場労働者の労働条件の改善などに取り組んだ。

やがて政治改革に幻滅し、個人の成長を提唱するようになる。退職の翌年、鉄道書記となり、のちに本書として結実する一連の講義を行う。本書は何ヶ国語にも訳されているが、日本では明治時代に『西国立志編（講談社）』の名で訳出

『自助論』は、ダーウィンの『種の起源』、ジョン・スチュアート・ミルの『自由論』と同じ年に出版された。ダーウィンが、環境への適応と生物の進化の密接なかかわりを説き、ミルが自由を基盤とする社会を示して見せたのに対し、スマイルズが世に問うた作品は、ひたむきな志から人生を築きあげた人物たちを描き、今なお読む者を奮い立たせる。ほかの二冊のような学術的、哲学的深さはないかもしれないが、自己啓発という分野とその自己責任の精神を説く草分けの書となった。

ビクトリア朝時代の多くの家庭では、『聖書』に次ぐ重要な本としてあつかわれていたこともあり、本書は今日ではビクトリア朝的価値観（産業、倹約、進歩など）の格式ばった陳列棚と見なされている。だが、古くさい文体と道義心という見てくれだけで、この本の価値を判断してはいけない。幅広い文学の歴史から見れば、ベンジャミン・フランクリンの『フランクリン自伝』、ホレイショ・アルジャーの立身出世小説など、障害を越えて前進する人間を描く作品の流れをくむものだということがわかるだろう。実在の人間の生き方を通して語ってこそ、自助の倫理に命を吹き込むことができる。

され、当時、広く読まれた数少ない英語圏の本の一つとなり、西洋に啓発されたビジネスマンたちのバイブルともなった。大富豪の実業家リーバーヒューム卿やアメリカの作家たち、成功情報専門誌『サクセス・マガジン』の創刊者オリゾン・スウェット・マーデンなど、本書のおかげで今の自分があると言う人も多い。

その他の著書として、『鉄道の開拓者ジョージ・スティーブンソン伝　A Biography of Railway Pioneer George Stephenson（未訳）』、五巻からなる伝記集『技術者の生涯　Lives of Engineers』、『向上心　Character』（三笠書房）、『倹約　Thrift』『義務　Duty』（以上、「スマイルズの信念が自分をつくる」三笠書房）、『陶工ジョサイア・ウェッジウッドの生涯　A Life of Potter Josiah Wedgewood』などがある。死後、一九〇九年に自伝が出版された。

努力と天才

『自助論』は人間の本質についての書物であり、それゆえ、その説得力は色あせることはないとスマイルズは信じていた。だが、それを正しいと見るには、成功のおもな要因が、今なお忍耐と際限のない努力であるということが前提となる――はたしてそうだろうか？

芸術家とは、創造性がほとばしるままに傑作を描く天衣無縫の天才だと言われる。しかし、スマイルズが紹介する「芸術家の生涯」に共通して見られるのは、彼らの芸術的才能に勝るとも劣らない並外れた勤勉さ、仕事への不屈の熱意である。スマイルズは、彼らが切り開いた数々の技法が長年の試行錯誤の結果であることを示すことで、もっとも高名な画家こそもっとも「才能」があるという迷信を打ち砕いた。実際には、才能だって決して多くの人がもっているわけではないが、芸術的ビジョンを達成するためなら、血のにじむような苦労をも受け入れようという心構えをもつ者もきわめてまれだ。何ヶ月もの間ずっと床《ゆか》に寝ることをいとわなかったからこそ、ミケランジェロはシスティーナ礼拝堂の天井画を完成させることができた。ティツィアーノはカール五世のために『最後の晩餐』を描き上げるのに七年の歳月を要したが、見る者はそれを勝手に「創造性のほとばしり」によるものと考えるだろう。

画家のデイビッド・ウィルキーのモットーは「はたらけ！　はたらけ！　はたらけ！」だったし、ヨハン・セバスチャン・バッハはこう述懐していたという。「私は勤勉だった。私と同じくらいせっせとはたらけば、誰でも同じくらい成功できるだろう」。当の本人が自分が天才でないとわかっているのに、歴史はとかく、たゆまぬ努力や重労働を天才という輝かしい一語に読み換えてしまう。スマイルズはこう言う。

どんな分野であれ、成功に必要なのは秀でた才能ではなく決意だ。あくまで精一杯努力しようとする意志の力だ。この意味で、活力とは人間の性格の中心をなす力であり、つまるところ人間それ自身であるともいえよう。

博物学者ジョージ・ルイ・ビュフォン（一七〇七―八八）のことも紹介されている。四十四巻からなる彼の著書『博物誌』は、当時の博物学の知識を総括し、進化論の予兆となるものだった。この研究をなしとげるためには非常な自己鍛錬を要し、彼はその結果、「天才とは忍耐である」と結論する。また、作家ド・メーストルは、「待ち方を知ることこそ、成功の大いなる秘訣である」と述べたという。さらに、アイザック・ニュートンが、問題の解決方法をつねに考えることが天才をつくると承知していたことも紹介されている。

スマイルズは、偉大な前進をなしとげた人々の事例すべてに見られるおもな要素として、忍耐、心の管理、仕事への集中をあげ、これらは政府のお金や教育で得られるものではなく、自ら創るべき才能だとした。

人格

「人格形成」という言葉は、今日ではよく、冷たい雨に打たれたり、十日間でヒマラヤ越えしたりする人を語るとき、失笑とともに使われたりする。だが、一八五〇年代においてさえスマイルズが警告していたように、教育も富も高貴な家柄も、人格のかわりにはとうていならない。今日、私たちが生きている、いわゆる知識社会では、データや情報を創造的に活用することがもっとも重要視されているが、スマイルズは、知識以上に「人格は力である」と主張する。

本書は一見、今より単純だった時代のための単純な本に見えるかもしれない。だが、人格を育てて精神を解放する必要性を頑固なまでにくり返し説くことによって、永遠の真実を明らかにしている。その真実とは、天分や文化的条件などの強い影響があっても、人格は、それとは関係なく形成できるということだ。たとえば、化学者ハンフリー・デイビー卿のこんな言葉が紹介されている。

「私は私というものを自分自身でつくってきた。うぬぼれで言うのではない。まったく誠実な気持ちから言うのだ」

またデイビー卿は、勇気は冒険物語に出てくるようなものではなく、日常の小さな決断に宿るものだと述べている。決断とはそのつど自立を宣言することだからである。これはスティーブン・R・コヴィー（137ページ参照）の言う「効果を極める人」のもつ大きな特徴だ。

だが、人格はどうすれば身につくのだろう？　また、何の役に立つのだろう？　ビジネスという分野は、現在でこそ、もっとも賢明で創造的な人々の活躍の場と見られることも多いが、十九世紀は違った。だが、スマイルズは、やがてビジネスが脚光を浴びる時代が来ることを予見していた。彼は、ビジネスでもっとも重要なのは商取引、つまり誠実な言葉と行いだとずばりと言った。信用は自由社会をつなぎあわせる接着剤であり、その結果、信用される人は末永い成功を引き寄せる。かつては信用できる商人がとても少なかったために、プロテスタントの商人はその絶大の信用で大もうけした、とマックス・ウェーバーが述べているのは有名である。

ドラッグやアルコールほど、精神をむしばみ人格を破壊するものはない。スマイルズは、節酒をきわめてすぐれた美質とたたえることも忘れなかった。古い映画で、牧師が酒を「破滅への道」などと激しく非難するのを見ると、私たちは笑ってしまう。むやみに酒を怖がっているのがおかしいのだが、それは私たちが酒に対して「分別がある」からだ。だが、前夜の酒のせいで今日の仕事がかたづかないとか、自分が凡庸だと認めるだけの「つきあい」の酒を飲むといった行動を続けることによって、じわりと生じた害が一生つみ重なっていくことについては誰も認めようとしない。スマイルズは、ウォルター・スコット卿のこんな言葉を思い出す。

「すべての悪癖のなかで、飲酒はもっとも偉大さと折り合いが悪い」

人生を変える一冊に出会うために――

サミュエル・スマイルズの時代には、大英帝国は地球のおよそ四分の一を支配していた。帝国のつねとして、宗主国を支えることを強いられた植民地に、それ相応の不幸をもたらした。よい面――社会改革、いくつかの進歩的な政治規範、純粋な活力、そして創意工夫――は、どれもさらなる「進歩」への信念にもとづくものだった。

ミルの『自由論』の一つの効果は、そういった評価を比較できる言葉で対比して見せてくれたことだった。また、政府の干渉に対する抗議文的な性格をもっていたために、期せずして社会主義——個人が保護されて努力の必要がなくなることを共同体の理想とした——への道を切り開くことにもなった。しかし、スマイルズは、ミルが実際に言った言葉はこうだと釘をさす。

「国家の価値は、結局のところ、それを構成する個人の価値である」

もし、今世紀、進歩の理想が復活するとしたら、それは政府ではなく個人の信念の力によるものだろう。ミルの説く政治的自由の原則は個人の進歩の基本的条件ではあるが、私たちが自由に行動できるのは本書の精神のおかげだ。興味深いことに、スマイルズは若い頃、過激な政治改革者だったが、個人の改革の方がずっと急を要することに気づき、政治改革に取り組むのをやめたという。

男女差別の記念碑とも言うべきか、本書で紹介される人物の中に女性は一人もいない。はたらく男性を対象とした講義から生まれたものなので、当時の男性はおそらく女性を見本としてすんなり認めることはなかったからではないか、というのがせめてもの言い訳である。少しぐらい女性を取り上げていれば、今の世の中でもう少し日の目を見ていたかもしれない。だが、スマイルズを許す人は、きっと報われる。この自己啓発文学のタイタニック号は、ふたたび浮上するに値する本である。

47

1841

自己信頼

ラルフ・ウォルドー・エマソン

どんな重圧があっても
自分自身であれ。

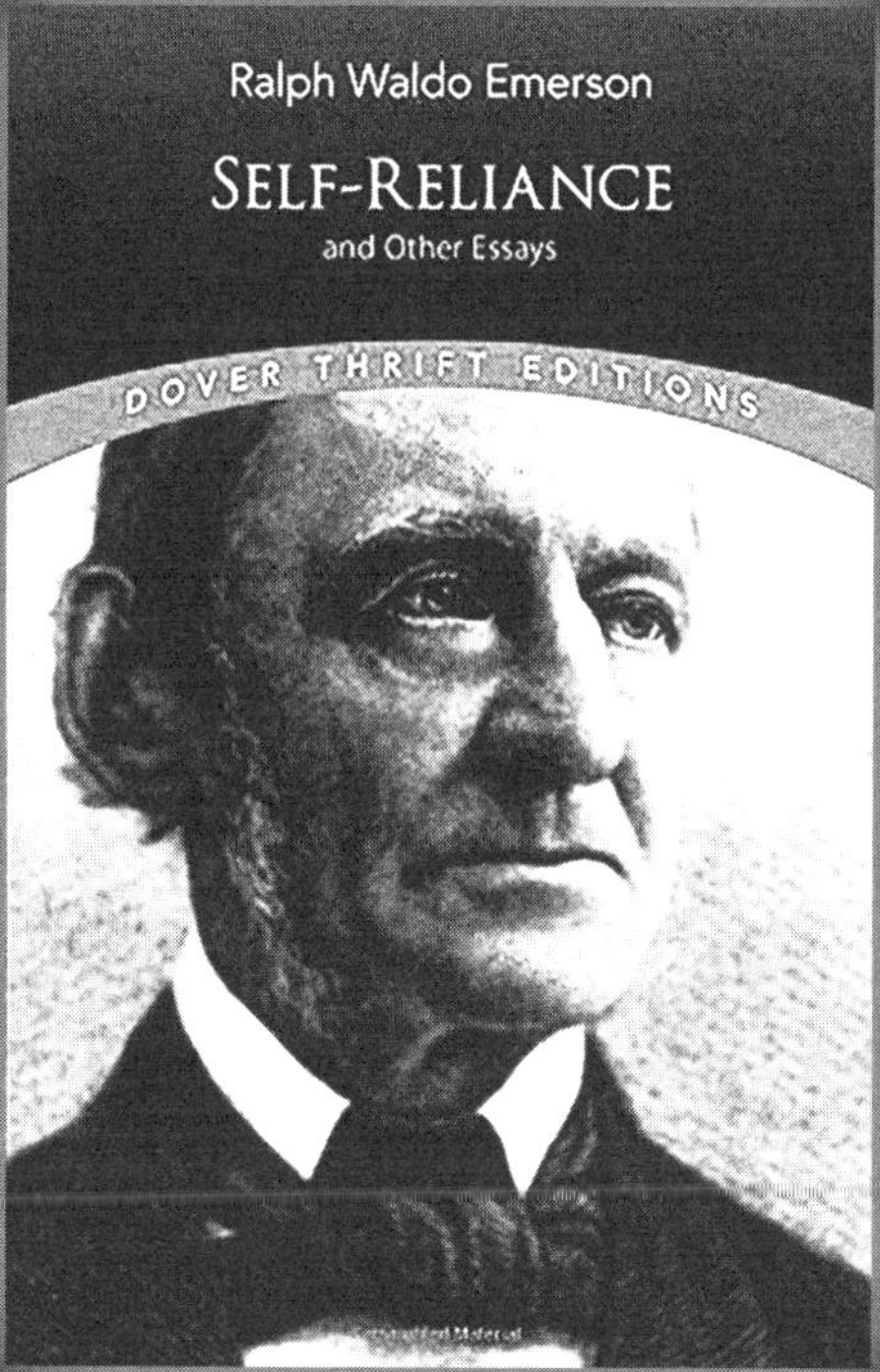

邦訳
『自己信頼［新訳］』
海と月社　伊東奈美子訳

私どもは無限の天知のふところに抱かれ、私どもはその真理を受け、そのはたらきをあらわす手段とされている。私どもが正義を質し真理を見抜くとき、私どもは自分では何もしているのではなく、その光をわが身に通しているに過ぎない。

社会は一種の合資会社であって、社員は株主全部によりよくパンを確保するため、パンを食べる人の自由と教養を放棄する申し合せをしている。社会で最も要請されている美徳はみんなにならうことである。自己信頼は社会の忌み嫌うものである。社会は真実と創造的人間を愛さず、美名と慣習を愛する。

一個の人間になろうと思う人は、世間に迎合しない人にならなければならない。

❀

三十ページばかりの短い文章である。この「50の名著」で取り上げた中ではもっとも短い。凝縮された濃い内容で、自己啓発の真髄が書かれていると言ってよく、その思想がこれまで与えてきた影響ははかりしれ

Ralph Waldo Emerson

ラルフ・ウォルドー・エマソン

一八〇三年、ボストンに八人兄弟の次男として生まれる。十四歳でハーバード大学に入学、四年後、まん中より少々下の成績で卒業する。しばらく教員を務めたあと、ハーバード大学神学部に通い、ユニテリアン派の牧師となる。結婚するが、妻のエレンは結核ですぐ死亡。その後教義についての議論がもとで職を辞すと、ヨーロッパを旅し、カーライル、コールリッジ、ワーズワースらと会う。

一八三四年、コンコードに居を構え、リンダ・ジャクソンと再婚。彼女との間には、五人の子どもが生まれる。一八三六年に『自然 Nature』を著し、超越主義の原理を定める。そのほかの超越主義者に、ソロー、マーガレット・フラー、エイモス・ブロンソン・オールコット、エリザベ

ない。アメリカの個人主義の価値体系を築き上げるのに貢献した主要な著作の一つであり、今日の自己啓発書の作家たちの知的基盤の一部を築いた。

西洋文化における偉大な哲学の賢人として、エマソンは今なお重要な存在でむしろ、今がいちばん評価されている。自分の可能性を追求したいという切なる願いは、これまでもつねに人間として自然なことではあったが、今では、それは手の届かない望みでなく、当然の権利だと思われているようだ。エマソンは自分の哲学を理想主義と言ったが、それは空想的、非現実的、あいまいだという意味ではない。むしろ、リチャード・ジェルダードが『エマソン入門／自然と一つになる哲学 The Vision of Emerson』で述べたように、「内部に石のように堅固なものをもっている」。

エマソンにとって、自己信頼は、単なる独立独歩の開拓者精神ではなかった。もちろん、彼は何でも自分でやる精神を賞賛したし、自然を満喫しもした。だが、それ以上に、彼にとっての開拓地、真の自由とチャンスの地は、平凡さや服従のない心のあり方だった。

ス・ピーボディ、ジョーンズ・ベリーらがいる。その後二年の間に、ハーバードで物議をかもす二つの演説を行う。一つは、アメリカのヨーロッパからの知的な独立を主張したものであり、もう一つは、すべての宗派と教会の信仰の独立を嘆願するもので、宗教主流派の激怒を呼んだ。

一八四一年、および一八四四年に、『自己信頼 Self-Reliance』、『霊の法則 Spiritual Laws』、『償い Compensation』『経験 Experience』を含む二つの論文集を、また、一八五〇—一八六〇年の十年間に、『代表的人間 Representative Man』、『英国的気質 English Traits』、『人生の管理 The Conduct of Life』を出版。著作や講演活動から退いて十年後の一八八二年に死去。

独自性と自由

友人にして弟子であるヘンリー・D・ソロー（361ページ参照）と同じく、エマソンは、たとえ「正当な理由」があったとしても、自分の本分を見出しもしないうちに、世の中を改革、改善しようとして走り回ることは、愚かなことだと考えていた。次のような有名な言葉がある。

万人は社会の進歩を誇りとしているけれども、だれひとりとして向上してはいない。

自分のことをよく考え、本分を見つけることができなければ、私たちはたいして有用な存在にはなれない。

自覚がないと、個人の美点や自由にほとんど関心を払わない社会の手で、いとも簡単に型にはめられてしまう。

ある程度の地位や相応の物質的環境を得ることと引き替えに、嬉々として社会の都合に同調する、これがほとんどの人がたどる道である。そして、限界から自由になったとうそぶくが、実際は服従することに安心感を感じているだけである。

しかし、私たちはなぜ現状を打破しなければならないのだろう？　なぜ危険を冒すのだろう？

アリが人間の生活を楽しむすべを知らないように、自分の小さな世界の外を見たことがなければ、ほとんどの人は自分に足りないものに気づかない。生きているという実感を得るために、私たちはセックス、出世、食事、買い物などに頼りがちだ。だが、エマソンは外面的な見せかけに惑わされることなく、真の富、平和、力を示すのは内なる領域だと見通す。無自覚な服従から逃れる唯一の正当な方法は、独自の道を見つけ、歩むことである。本編には、その道へと導く天の声が満ちている。

人は自分の考えを、それが自分のものであるからという理由で無雑作に捨てている。

「自分の考え」を表現するうちに、見てくれだけ強固で不可欠と思われた社会や他人との絆は弱まっていく。もはや行動するのに彼らの承認はいらない。次のように語ったマーティン・ルーサー・キングと同じ境地に至るのである。

「私はここにいる――それ以上、何もできない」

つまり、これが自分であり、自分はこういう人間だということだ。

人間のいちばんの義務は、家族に対するものでも、仕事や国に対するものでもなく、天の声に対するものである。天の声は、こうせよ、こうであれと求める。「義務」は、独自の道を行く責任を放棄する言い訳として非常によく使われる。しばらくの間は、天の声を脇に追いやり、明らかにお金や満足や、より心地よい環境を得られそうな道を行くこともできるが、やがては天職がふたたび自己主張を始めるだろう。

エマソンにとって、天才とは、偉大な芸術家や科学者がもっているものではなかった。私たちの誠実な行い、他人がどう思うかを気にかけない行いこそ、天才のかけらであり、それがふくらんで人生の一日一日を形づくるに違いないと考えた。この本質を見つけ、表現することによってのみ、真の人間性が明らかになる。それに対し「服従は何も語らない」。

明快さと知識

エマソンは古代東洋の宗教書（ウパニシャッド、ヴェーダ、バガヴァッド・ギーター）に大いに影響を受けている。それらの哲学は、すべてのものの独自性を明らかにした。人生は幻想や偽の結びつきに満ちており、それらは私たちが永遠で不変のものと再会するのを妨げる。私たちは自分の思考過程を意識することを通して、自己欺瞞や幻想の霧をはらい、社会が勝手につくったいわゆる人生の「筋書き」を消し去りたいと願う。自己を信頼するためには他人の言葉は決して必要ない。ハーバード大学出身のソローは、大学は多くの学問を教えてくれたものの、その根本については何も教えてくれなかったと主張していたが、やはり同校出身のエマソンは、それに同意しなかった。

一般的な教育は、ものごとを知的に分類するのが主な目的で、根本を明らかにするためのものではないということに、エマソンは気づいていた。私たちが真の気づきに至るには、瞑想的思考が必要である。それは、知識を仕切りごとにしまい込むことではなく、不変の知恵をまるごと受け入れるために心を開くことだ。

こうして得た根源的な知恵をエマソンは直観と呼び、人に教わることを教育と呼んで区別した。彼は、自分の意志の強さだけを頼みとすることに再考を促した。私たちを宇宙の力や法則と調和させてくれる瞑想的思考の力を借りれば、本質的に正しい「うまくいく」状態や方法に、導いてもらえるからである。

内なる宝

同時代の人たちはエマソンを、誰よりも欠点が少ない賢者、あるいは預言者と見なしていた。だが、エマソンもほかの人たちと同様、人生につきものの希望や幸福感、挫折を味わっていた。彼を傑出した存在にしたのは、出来事の良し悪しで一喜一憂するような感情生活を送る必要はないという信念だった。本編はこのような言葉で締めくくられている。

> 政治上の勝利、地代の騰貴、病気の回復、旅に出た友の帰郷、その他何か好都合な出来ごとがあれば意気は上り、良い日が自分を待ち構えているように人は思うものだ。それを信じてはならない。自分以外に自分に平和をもたらすものはない。節操の勝利以外に自分に平和をもたらすものはない。

この言葉は、私たちがよりどころとする人間のありようと、幸運についての考え方の核心に訴えかける。とはいえ、エマソンは、すべての幸福はつまるところ自然に生まれてくると信じていた。過去の出来事にいつまでも囚われているのは人間らしいことではない。人間は超然として生きる能力を充分にもっている。

人生を変える一冊に出会うために──

エマソンは、自己信頼への導き手としては、最高の作家かもしれない。本編は単なる歴史的著作ではない。純粋な責任と自覚の世界、言い訳がなくチャンスだけがある彼の世界に、読者はすぐに引き込まれてしまう。

成功したいと願うことは、宇宙に抗う鋼のような意志を持つことではない、と彼は言わんとしている。それよりも、自然、時間、宇宙の様相や流れをもっとよく知り、宇宙の流れと連動すれば、私たちは果てしなく大きな力の一部になれる。ここで紹介した引用で彼が語っている原則は、人間を縛るためのものではなく、世の中に対する人間の意識の創造的な反応である。人生は、文化の歪んだ型や枠で形づくられるのではなく、この完全な宇宙を反映するべきだ。自己を信頼する個人は、世の中の単なる産物の一つとなるのではなく、世の中に生き、それを改善する力をもつべきである。

48

1955

現象としての人間

ピエール・テイヤール・ド・シャルダン

自分の独自性を理解し、表現することが、そのまま世界の進化につながる。

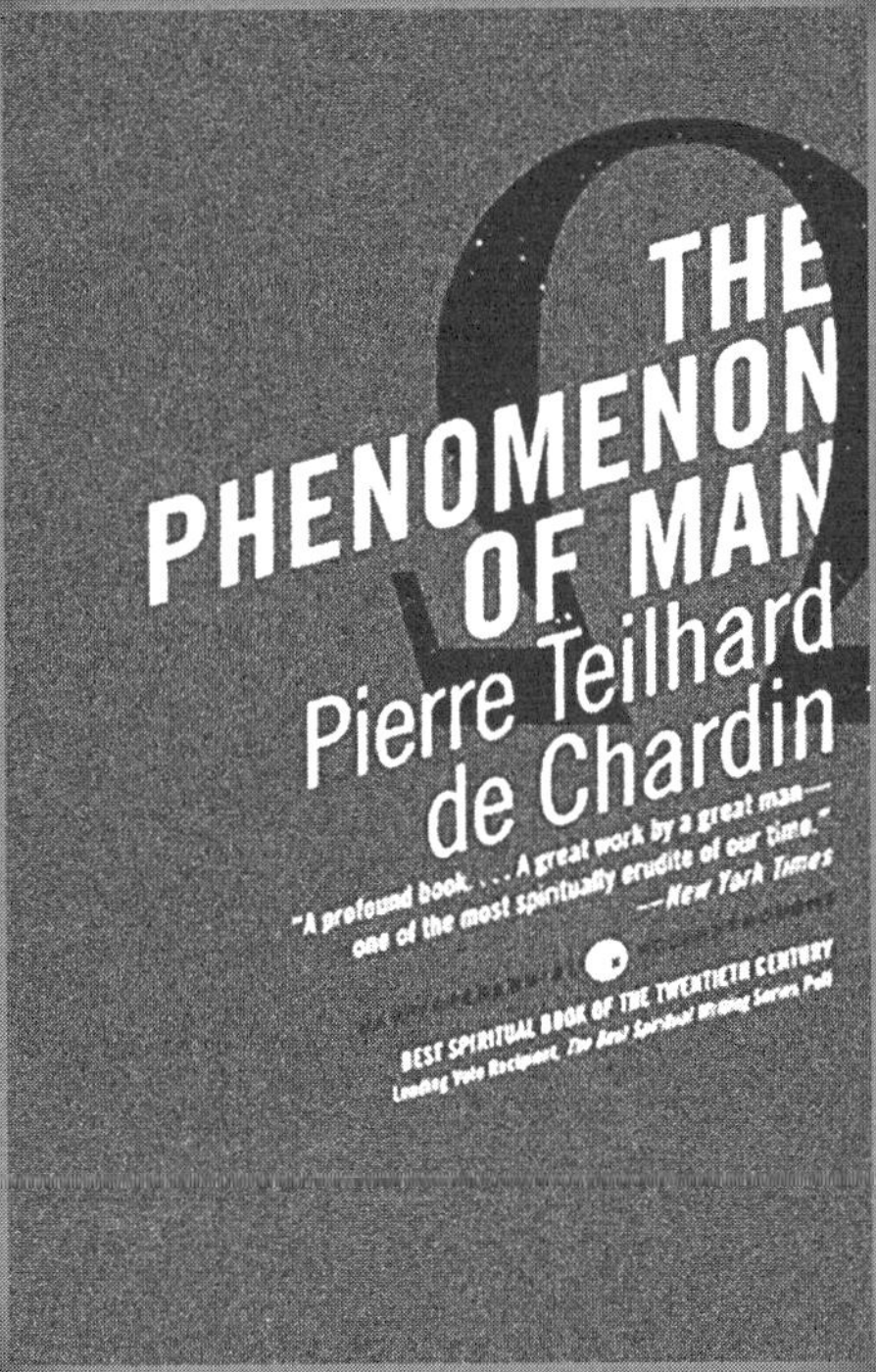

邦訳
『現象としての人間』
みすず書房　美田稔訳

思考力の段階に達した生命は構造からいって、つねに高く上昇することを要求しなければ継続しえない。われわれが行動しはじめるのに直接必要な二つの点が確保されるなら十分である。第一の点は、われわれにとって未来に単に生命の存在だけでなく、が、少なくとも集団の形で存在することである。第二の点は、現在の生命の水準をこえたその生存形態を想像し、発見し、それに達するために、進化が通ってきた過去の道を最大限の一貫性でもって未来にむけてたどらせる方法について考え、もっと先へ進んでいくほかないということである。

人間は、長いあいだ信じられてきたように、宇宙の静止した中心（つまり進化のうごきにかかわりをもたない宇宙の中心）ではなく、進化の軸であり、その矢印の先端であると考える方が、もっと理想的なことであろう。

❀

ピエール・テイヤール・ド・シャルダンが『現象としての人間』を書きあげたのは、一九三八年のことだった。原稿はそれから十七年間日の

Pierre Teilhard de Chardin

ピエール・テイヤール・ド・シャルダン

一八八一年、フランスのオーヴェルニュ地方に生まれる。十一人家族の中で、テイヤールは四人めの子どもだった。あるイエズス大学の寮生となった彼は、十八歳でイエズス会に入り、六年間の訓練を受けた。二十四歳の時、カイロの大学へ物理と化学の教員として派遣され、そこで三年を過ごした。次の四年間はイギリスのサセックスで、神学の研究に努めた。この間に、テイヤールは地質学者、古生物学者としての能力を磨いた。一九一二年、ついに彼は司祭に任じられる。パリの自然史博物館で地質学の研究を深めるために帰国したテイヤールであったが、第一次世界大戦の勃発によって仕事は中断となる。彼は担架兵となり、その功績により、軍事勲章とレジオン・ドヌール勲章

目を見ることなく、本が世に出たのは彼の死後であった。テイヤールは高名な古生物学者であったばかりでなく、イエズス会の司祭でもあった。彼の著作は正統とみなされる範囲を超えている、というのが教会の判断だった。そのため、出版の申請はことごとく却下された。ほかの者であれば、司祭職を辞したり、少なくとも状況を苦々しく感じたことだろう。だが、テイヤールはそのどちらでもなかった。これほどの自由な精神の持ち主にしては不思議に感じられるだろうが、彼は最後まで服従の誓いを守った。

　知的に、また現実的にも孤立した（科学的研究を推進したため中国に「追放」された）テイヤールは、一切の枠を取り払った急進的な思想を、自分の中に発酵させることとなった。彼のそうした考えの中には、ようやく理解されはじめたばかりのものもある。先見の明を持つ人の価値が認められるには、時の経過を待つしかない。二十一世紀に至っても、人類の未来について、彼ほど説得力あるビジョンを提示できた人間はほとんどいない。

を授かった。

　ソルボンヌ大学で博士号を取得したのち、一九二三年にテイヤールは中国に向かう。自然史博物館の仕事のため、そこで一年間を過ごした。一九二六年から、彼は二十年にわたり中国で暮らすことになる。これは、教会による事実上の追放であった。原罪と進化に関するテイヤールの授業内容が、その原因だった。彼は、中国の古生物学と地質学の研究に多大な貢献をした。北京原人の発掘隊の一員でもあった。

　戦後、テイヤールはパリに戻ることを許され、知的な交流と学究生活を我がものとする。だが、一九四七年に心臓発作に襲われ、静養を余儀なくされた。テイヤールの著作の束は、友人のもとに残され、死後の出版を待つこととなる。

私たちの進化

テイヤールの進化論は、物質の世界だけではなく精神の世界にもおよんだ。類人猿のレベルから人間に進化したと導き出しただけでは、人間にとって不十分だと彼は考えた。「なぜ」自分たちが進化したのかを知るところまで、人間は到達しなければならない、というのが彼の信念だった。今日の進化生物学者たちは、多くの裏づけによって、数千年のあいだ、人間の脳が変化していないと証明している。しかし、単に脳の構造が変わっていないというだけでは、人間という生物に変化がなかったと言いきれない。テイヤールは、人類が「思慮」を身に備えた時から、進化は必然であったととらえた。人間は「単に生命の存続だけでなく、生命を超えるもの」として存在していくのだ。

おそらくテイヤールには、科学を、人間の運命というより大きな問題にあてはめるための、独特な適性があったのだろう。ふつうの科学者たちは、テイヤールのように熟考するのをためらう。聖職者でありながら、科学の素養と純粋な好奇心を持つ者は少ない。古生物学者そして人類学者として、テイヤールは人間の起源を発見することに集中した。過去を知れば知るほど、よりはるかな未来の姿が見えてくると、彼は信じて疑わなかったようだ。

現象としての人類

テイヤールは『現象としての人間』を科学書と考えていたが、あまりにも専門的で特殊な本だと見られるのが、大いに不満だった。そこで彼は逆説的な立場をとった。人間を科学的にとらえる方法からさらに進もうとするために、科学はまだ準備を整えたばかりだと説いたのだ。

真正な自然科学とは、世界という緊密な結びつきをもった表象のなかに人間全体をいつの日か組み入れるにいたる科学のことである。

テイヤールの言う人間とは、自然科学の面からも人文科学の面からも、さらに正しく解明されるべき一つの現象だ。人間の歴史を探究することと、歴史に刻まれた業績と出来事とを、総体的な一つの動きとして見る必要がある。私たちは「人類」という言葉に慣れすぎてしまい、すでに概念としてとらえるのをやめてしまったかのようだ。じつはこうした考え方の歴史はたいへん浅い。それは、あらゆる戦争、領土の分割、文化の差別を超えた、統一という観点からとらえられるべきものだ。

テイヤールの考えでは、人類は世界の中心ではなく、「進化の軸であり、その矢印の先端」である。つまり、自然より上の立場に人類を置くのではない。知的なそして霊的な探究を深める中で、みずからをより複雑で知的な存在へと飛躍的に高めていくのが人類だということなのだ。人類がより複雑で知的になればそれだけ、物理的現象から影響を受けにくくなる。宇宙や星や銀河が絶えず外へと広がるのと同じように、全世界はごく自然に単純な状態からいっそう複雑な状態へと「巻きこみ」を進行させている。すなわち、人の心もこの法則にしたがって発展する。「ヒト化」とは、テイヤールの言葉で表現するなら、「人間がより人間的になる過程」のことであり、言い換えるなら、人間の持つ潜在的能力の現実化なのだ。

個性＝進化

宇宙の物理現象と地球の現実世界の探求を極めたテイヤールであるが、人間の個性の問題に立ち返るのがつねだった。一九四七年、新しい人権宣言の可能性を論じる中で、テイヤールはユネスコに向け講演を行なった。彼は、個人の自立ではなく「各人の持つ生命の伝達不可能な特異性」のために、人権宣言を創り上げるべきだと主張した。高尚な意見と感じられるが、その意味するところはこうだ。人類は、人類という存在を超えようとする人々によって発展を見ることは決してない。種として進化を遂げるためには、むしろ、一人一人が存分に個性を表現できる場を用意しなければならない、と考えたのだ。

人類が技術的な進歩を極めればそれだけ、霊的な次元への探究心が強まる（テイヤールはこれを「内面化」と呼んだ）。ただし、進化というものは、個人を無視してその過程を進めることはないし、速さが一定でもない。進化は飛躍の形をとり、そしてつねに、ある一人の人間に帰結する。

精神圏とオメガ・ポイント

一九二五年、テイヤールは「精神圏（noosphere）」という言葉を生み出した。生物圏（biosphere）が、地球を取り巻く全生物の生存圏であるのに比較して、精神圏は、精神の面からそれに対応する。それは地球を覆う目に見えない想念の層であり、人類の精神的そして霊的状態、あらゆる文化、愛、知識の総体だ。それぞれの人間が自分自身を物質と精神の両面から養うためには、地球全体から必要なものを得なければならなくなると、テイヤールは予見した。その逆も考えられたはずだ。個人のおよぼす力が、ある物理的な一部分に限られてしまったなら、その影響は時間とも空間とも無関係になるからだ。こうして世界が縮まれば、私たちの思いと相互の関係とで、地球はまるごと包まれていく。

精神圏という概念は、現在のネットワーク社会において明らかに成熟の時を迎えている。そしてこの概念は、コンピューターおよびインターネット理論にかかわる人々に多大な影響を与えている。インターネットが出現する五十年前に、テイヤールはすでにこれを予想していたというのが彼らの見解だ。精神圏という考え方はまた、地球を一つの生命体とみなす、ジェームズ・ラブロックの「ガイア」の思想に先立つものであった。

人類がより内省的になり、時空の中における自身の立場を正しく理解できるようになれば、その進化は、ゆるやかな上昇ではなく、大きな跳躍となって進みはじめるとテイヤールは語った。現在の物理的な自然淘汰は遅々とした歩みであるが、それに代わり、加圧されたパワーの勢いで、全体の想念が洗練されていくことになる。最終的には、人類は物性から完全に自由になるだろう。私たちは新しい形の存在と変わるべく否応なしに前進する。そうした存在になった時、すべての潜在能力は現実のものとなっているだろう。テイヤールは、この到達点を「オメガ・ポイント」と呼んだ。

人生を変える一冊に出会うために――

『現象としての人間』は楽に読みこなせる本ではない。不可解な言葉にも出合うだろう。しかし、テイヤールが考えを語り、反応をみるための、きちんとした読者を得る機会が一度もなかったことを忘れないでほしい（読みやすいエッセイを求めるなら、テイヤールの『人間の未来　The Future of Man』や『神のくに・宇宙賛歌　Le Milieu Divin』がいいだろう）。いずれにせよ、これはテイヤールのもっとも重要な、そしてもっとも有名な本であり、その影響はさらに増すばかりに思える。

「生命を超えるもの」という考えは、白昼夢のように感じられるかもしれない。しかし、テイヤールにとっては、ただ一人しか理解しない真実でも、依然としてそれが真実であることに変わりはなかった。それはやがて全員に受けいれられることになると、彼は信じた。彼の死後、本はベストセラーになりはしたが、二十世紀の過酷な現実のもとで、究極のオメガ・ポイントに向かって休むことなく進むよう人類は運命づけられているという考えを、人々が忘れがちになっていったのも無理はない。弊害がつきものではあるが、霊的な進歩と知的な発展は、それでもやはり可能である。実際のところ、テイヤールは、社会進化の自然な一段階としての全体主義に似せて、ものごとをとらえていた。全体主義は、よりよい組織と共同体の形態に、とって代わられる運命にある。

『現象としての人間』は第一級の自己啓発書だ。著者は一連の考え方を示す中で、個としての生命体が持つ時空を超える場所に、私たちを導いていく。人類全体を大きな目でとらえた時、人は自分自身の課題をより明確に知り、より力強くそれに取り組むことができる。星空を見上げれば「自分の小ささがわかる」とはよく言われることだ。テイヤールならば、これに共感することはなかっただろう。彼の持論では、すべての人間に、世界の進化において欠かせない役割がある。テイヤール自身の謙虚さを知るにつけ、こうした重要な役割を担おうとも、大きなエゴを持つ必要はないとわかる。より正確に言うなら、その役割を果たすためには、自分の個性と能力を最大限に発揮することが求められるのだ。

49

1957

肩をすくめるアトラス

アイン・ランド

勇気をもって考えることが、自分の運命をつくりあげ、
価値あるものを創造し、
より高い人間のあり方を可能にする。

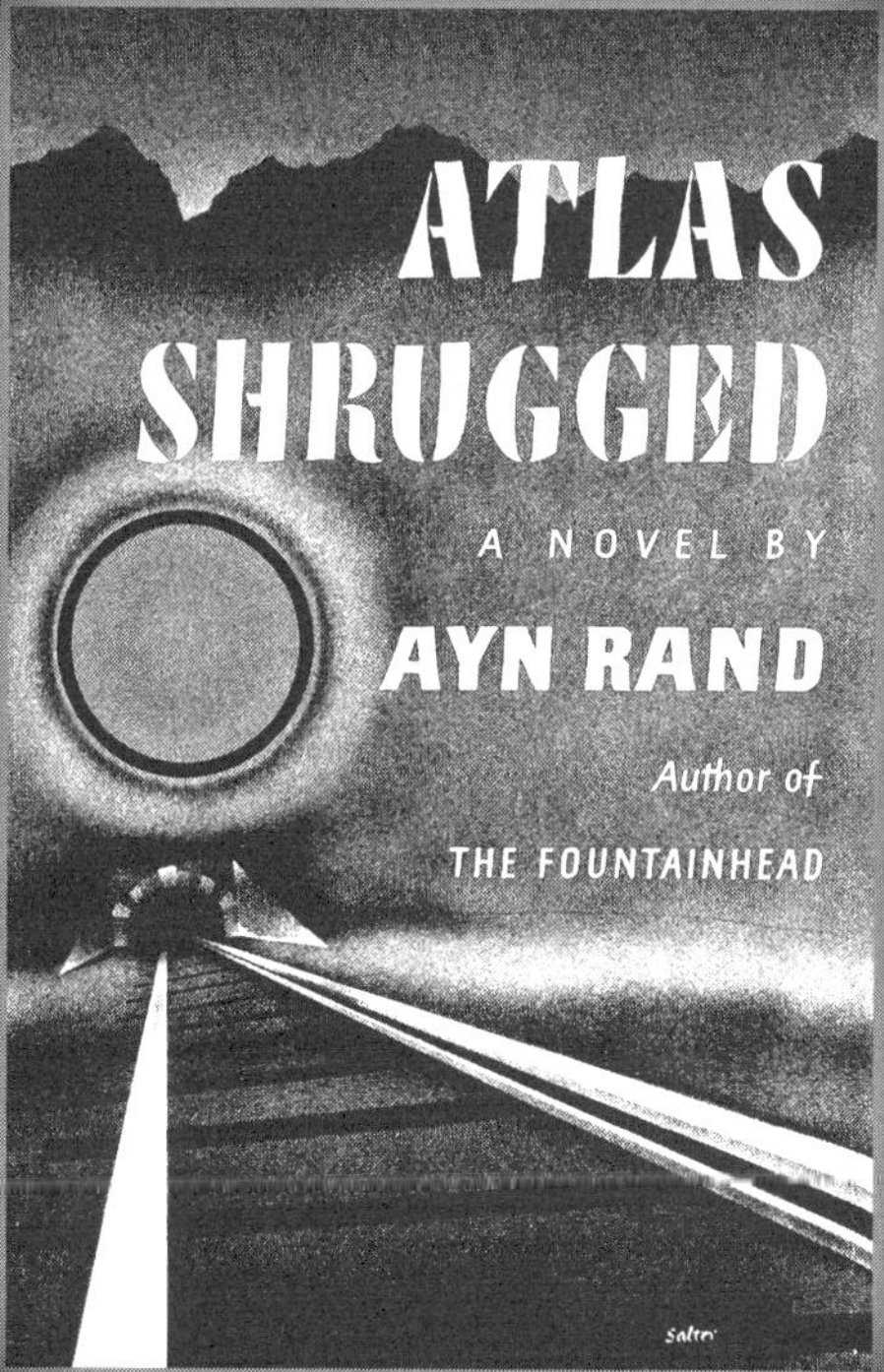

邦訳
『肩をすくめるアトラス』
ビジネス社　脇坂あゆみ訳

線路と遠景を溶かす霞、いつなんどき引き裂かれて大災害が現れるかもしれぬ霞が前方にみえる。彼女は機関車後方の運転室にいて、障害物が現れれば自分の胸とガラス板が何よりも先にぶつかるというのに、ここにいれば安全だと、これまでにないほど安心できるのはなぜだろうとおもった。その答えを理解して、彼女は微笑んだ。それはすべてを見通し、進路を完全に把握した第一人者でいる安心感だ――自分よりも先にたつ未知の力によって未知のものの中にひきこまれていく盲目的な感覚ではない。それは人生で最高の興奮、信じるのではなく、知ることだ。

機械をみるといつも心が躍り、自信が沸いてくるのはなぜだろう?……そのモーターは鋼鉄で鋳造された道徳律なのだ。

人生がフラストレーションであり、幸福が人間には不可能であると叫んではいけない。自分の燃料を確認することだ。それは諸君が行きたかった場所に連れてきてくれただけなのだから。

❀

Ayn Rand

アイン・ランド

一九〇五年、サンクトペテルブルクに生まれる。本名は、アリッサ・ローゼンバウム。ボルシェビキ革命が勃発したとき、父親は家族を連れてクリミア半島に逃れるが、帰ったときには家業は国営化されていた。一九二四年、ペトログラード（現在のレニングラード）大学を卒業、その後、シナリオ学校に入学する。翌年、シカゴにいとこを訪ねるためにソ連を発ち、以後、二度と戻らなかった。六ヶ月後、映画脚本家になるためハリウッドに引越し、名前をアイン・ランドに改める。

映画の脚本はなかなか認められなかったが、一九三五年、戯曲『公判中の女　Woman on Trial』が『一月十六日の夜　Night of January 16th』というタイトルでブロードウェイで上演された。一九三六年の最初の小説『私たち、生ける者　We

批評記事やメーリングリストで侃々諤々の議論を巻き起こしている本である。好き嫌いは分かれるようだが、「二十世紀のもっとも魅力的な本」というランキングがあったら、十位以内に入ることは間違いない。

ランドは大衆を動かすために小説を使った哲学者だ。ボルシェビキ革命後、個人の自由が制限されるのを自分の目で見てきたロシア移民でもある。その彼女が書いたこの大作によって、あなたは初めて、自由であることや資本主義の本質を考えることになるかもしれない。本書は、人間はどこまで利己的であってよいのかという、生き方の基本的問題に取り組んでいる。より高い次元で言えば、人間が到達しうる、そして、到達すべき高みについての論文とも言える。


the Living（未訳）』と、続く『賛歌 Anthem（未訳）』は、批評家には好意的に迎えられたが、ベストセラーにはならなかった。風向きが変わるのは、自分の理想像を実現しようと戦うモダニズムの建築家を描く七百ページの大作、一九四三年の『水源 The Fountainhead（ビジネス社）』の成功からである。『肩をすくめるアトラス』は発売後、すぐにベストセラーとなった。

　彼女のノンフィクション作品としては、広報紙『客観主義ジャーナル』への執筆をはじめ、『新しい知識人のために For the New Intellectual（未訳）』、『資本主義：知られざる理想 Capitalism : The Unknown Ideal（未訳）』などがある。

　一九八二年、肺癌で死去。

『肩をすくめるアトラス』とは？

ミステリー、パルプフィクション、ロマンス、哲学書が一つになったような作品である。主人公のダグニー・タッガートは、タッガート大陸横断鉄道を実質的に経営する、仕事に憑かれた若き女性副社長。全国的に腐敗しつつある会社を立て直そうと戦っている。そこに、妥協なき実業家ハンク・リアーデンや、華麗なる鉱山貴族フランシスコ・ダンコニアといった登場人物がからんでくる。

だが、鍵をにぎる登場人物は終盤になるまで姿を現さない。姿を現すとき、読者の好奇心をかきたてていたいくつかの疑問についても答えが明らかになる。なぜ、存命中の哲学者の中でもっとも偉大な人物がロッキー山脈の安食堂で軽食をつくっているのか？　当代きっての発明家がどうして鉄道の地下保線員になるに至ったのか？　世界を救うはずだった人たちが救わないと決めたら、どうなってしまうのか？　ジョン・ゴールトは誰だろう？

目的にしたがって生きる理性と責任

著者が本書を書いたのは、人間が、自分を動物と違う存在たらしめているある特質を無駄にしている、という怒りにつき動かされたからである。その特質とは理性だ。「私はなぜ生きているのだろう？」「何をし、何を創造すれば、生きている資格があるのだろう？」と問わなくなった人間は、ランドにとって死んでいるも同じだった。

人々は、自分の怠惰が不問にされれば、他人の怠惰も指摘しないことにし、それによって、「社会」はあらゆる凡庸な者ののらくら仕事の保護者となる。このように「人間らしく」生きるためなら貰いは少なくていいという考え方を、ランドはそれこそ反人間的と見た。登場人物の一人はこう言う。たいていの連中は、真剣に生きる気はなくて、「生きることから逃れたがっている」のだと。ダグニーがフランシスコ・ダンコニアに、どんなタイプの人間を最低だと思うかと聞くと、彼は即座に答える。「目的のない人間だ」。

タッガート大陸横断鉄道の経営は、ダグニーにとっては聖なる義務だった。現場に出たり、データを分析したりしているときだけ、本当に生きている気がした。列車は彼女が全人生を見通しているということの象徴だ——定められた目的地に向かって脇道にそれることなく猛スピードで走る。あるシーンでは、新しく建設されたジョン・ゴールト線を、時速百六十キロで走る機関車の中で、彼女はエンジンの轟音を超えてひらめきを得る。

「動かずに望むのは——あるいは目的なく動くことは悪じゃなかっただろうか？」

お金を稼ぐことの尊さ

ランドにとって、富はその人が重要な思想をもっている証だった。何かを創造し、それを通してお金を稼ぐことは、人間の徳の本質以外の何ものでもない。ナポレオン・ヒルはこのことをあからさまにこういった。「考えよ。そして、儲けよ」。ほかの手段（相続、詐欺、あるいは公的援助など）で得たお金は「略奪品」のようなものだ。だが、本書では、文明を進歩させ、世の中を動かし続ける人たちが「俗悪な物質主義者」「泥棒」と嘲笑われる。

たかり屋たちが「公共の利益」の名のもとに会社を衰えさせているのに、なぜそれでも自分の鉄道会社を救わなければならないのか、という大きな問題にダグニーは直面する。「富を生む者は誇りをもつべし！」と本書は叫ぶ。革新し、創造する自由のために戦え、そうすれば何も生産しない罪を免れることができる、と。

最良の社会というのは、自分が生み出した最良のもので、他人が生み出した最良のものを買うことができる社会だ。アメリカ連邦準備制度理事会議長のアラン・グリーンスパンは、ランドの影響を受けたもっとも著名な人物であり、一九五〇年代は、ニューヨークでの取り巻きの一人だった。シシリアとクルックシャンクは『グリーンスパンの魔術 The Greenspan Effect』で、多くの人がアメリカの長期にわたる好景気の立て役者と認める彼の、ある発言を紹介している。それによるとランドに会う前、彼が「アダム・スミス的」だったのは、資本主義の理論構造を評価していたからだが、ランドに会ったあとは、資本主義の道徳的力を確信するようになったという。

『肩をすくめるアトラス』と個人

長い間、嘲笑の的であったランドの思想の多くは、現在では当たり前の知恵になっている。私たちは彼女のように起業家を崇拝しているし、資本主義が純粋であるほど、各個人の才能を最大限に活用でき、よりすぐれた製品やサービスを提供できることは、今日では自明のことと思われている。二十一世紀の経済生活は、単なる技術の勝利ではなく、個人の想像力によって生まれた発明の文化だ。

本書を貫く主題は「$＝ドルマーク」である。アメリカの理想を愛し、移民としてやって来たランドにとって、この聖なる記号は、国家、宗教、伝統に対する創造的な精神の勝利を象徴するものだった。凡庸さと、その拘束からの解放を意味するものでもあった。このようなドル崇拝と利己主義は不愉快で見苦しいものにも見える。だが、本書は、「より多くの人のための善」の倫理がとことんつきつめられたとき、何が起こるかをあざやかに描き出している。その倫理はもののみごとに国家全体から精神を奪い取る。それに対し利己主義は、アダム・スミスが述べたように自然に則したものであり、それゆえ、より道徳的な結果をもたらす。

ランドは二十一世紀の起業家の守護神だ。なぜなら精力的に創造することの徳を説いたからである。「平等」が他人のために自分の夢を犠牲にすることを意味するなら、ランド的に考える人はおおむねそれに反対するだろう。平等な権利の追求は高潔なことかもしれないが、人類の進歩の原動力となってきた生命の活力を、結局は絞め殺してしまう。

人間のもっとも偉大な義務は生きる喜びを認めることだ、と本書は語る。ダグニーの全人生は苦しみそのものに見えるが、彼女は人生を支配する権限に苦しみを与えることを拒否する。ほかの人のように「人生なんてそんなもの」などと言う気はないのである。

人生を変える一冊に出会うために——

本書はそれなりに酷評も受けてきた。どぎつい、安易、幼稚などと書かれるのがつねだが、いちばんふさわしい評価をするなら妥協がないということになろう。ランドは、多くの人が快く思わない人間の理想像を創造した真の急進派であり、その思想は今もなお問題を提起し続けている。

本書は千八十ページにもおよび、偉大な小説のつねとして、本を読むというよりは、その世界に入ると言ったほうがふさわしい。大言壮語し、のべつまくなしに煙草を吸い、同性愛ぎらいで共産主義者ぎらいだったかもしれないが、彼女への評価は高まりつつある。技術の進歩——一部の人にとっては脅威である——への渇望と一体となった、最大限に自己表現すべしという彼女の哲学は、確かに私たちの時代に合っている。

「文学」として単なる研究対象として扱われるようになる作品もある中、本書はおそらく、皮肉な笑いを浴びせた批評家たちよりも長命となり、読む者に刺激を与え続けるだろう。ランドの文章は最高に素晴らしいというわけではない。見識のある読者であれば首をふったり、くすっと笑ってしまいそうな箇所も多いし、くり返しもたくさんある。多くの長い本と同様、もっと短くし、よりよく編集する余地がある。にもかかわらず、言葉の背後に魂があって、今、読んでいるのは大切なものだ、と読者は確信するのである。

50

1954

人間性の心理学

A・H・マズロー

精神が完全に健康かは、
神経症かどうかの問題ではない。自分の可能性を
生かしきっているかどうかが問題なのである。

邦訳
『[改訂新版] 人間性の心理学』
産業能率大学出版部　小口忠彦訳

人間ということ——人類に生まれたという意味で——は、また人間という点から明らかにされなければならない。この意味で赤ん坊は可能性として人間であるにすぎず、社会・文化・家族の中で人間性を獲得していかねばならないのである。

確かに、私は、実験心理学や精神分析学の使えるデータを受け入れ、それをよりどころにしていた。実験心理学の経験的実験的精神や、精神分析学の仮面をはいだり深層を探ったりすることを、一方ではそこから生じる人間を拒否しながらも、受け入れていた。言い換えれば、この本は、人間性についての違った哲学、人間の新しいイメージを描き出していたのである。

❀

これをきっかけにマズローは、一九六〇年代の潜在能力開発運動の指導者となった。「自己実現的人間」を中心にすえ、人間性の新たな形を示した『人間性の心理学』は、当時の人々を興奮のうずに巻きこんでいた。ロロ・メイやカール・ロジャースとともに、マズローは人間性心理学と

Abraham Maslow

A・H・マズロー

一九〇八年、ニューヨークのブルックリンでロシア系ユダヤ人移民の家庭に最初の子として生まれる。両親は全部で七人の子をもうけた。マズローは内気でかなり神経質な子どもで、抑うつ状態にあったと伝えられる。しかし一方で、好奇心旺盛で、生まれつき驚くほど知能が高く（知能指数一九五）、成績優秀だった。

学生時代に最初に影響を受けたのは、霊長類研究で有名だったハリー・ハーロウと行動主義のエドワード・ソーンダイクだった。コロンビア大学時代に女子学生の性生活について調査を行い、物議をかもした。ブルックリン大学で十四年間教授を務め、この間アルフレッド・アドラー、カレン・ホーナイ、エーリッヒ・フロム、マーガレット・ミードらが良き師となった。人類学者ルース・ベネディクトと

いう心理学の「第三の勢力」と、その延長線上にあるトランスパーソナル心理学の基礎を築いた。後者は、みずからの究極の目的や背景に対し興味を抱いている人々の考えを超える内容だった。

しかし、マズローは心理学革命論者ではなかった。人間を機械じかけの部品に分解する行動主義や、人間は隠れた衝動にコントロールされていると考えるフロイト心理学に対し、マズローは基本的に反対する立場で仕事を進めた。『人間性の心理学』において、彼は科学的方法の枠内で研究を行い、二つの勢力とは違って、人間を全体的にとらえようとした。芸術家や詩人がつねに人間を描いてきたのとは、異なる見方である。

マズローは、人間は欲求と衝動の単なる総和なのではなく、人間はかぎりない成長の余地がある存在であると考えた。人間の可能性についてマズローが抱いていた明確な信念——これが彼の仕事の影響を大きなものにしたのである。

ゲシュタルト理論の創始者マックス・ウェルトハイマーとは友人として親しくし、この二人が自己実現者を考えるうえでの原型となった。一九五一年、マズローはブランダイス大学に移り、死の前年まで教鞭をとった。『人間性の心理学』を書きあげたのもここでだった。

一九六二年、マズローはカリフォルニアの先端技術企業で客員特別研究員の待遇を受けた。そこで彼は自己実現の概念をビジネス環境に応用することとなり、のちに『完全なる経営　Eupsychian Management: A Journal（日本経済新聞社）』として著された。『完全なる人間——魂のめざすもの　Towards a Psychology of Being（誠信書房）』は一九六二年に、古典となった『人間性の最高価値　The Farther Reaches of Human Nature（誠信書房）』はマズローの死の翌年に出版された。

中心となる概念——欲求の階層と自己実現

マズローが提唱した「欲求の階層」は、心理学において広く知られた概念だ。彼は人間の欲求を大きく三段階にふり分けた。空気、食料、水などを求める生理的欲求、安全、愛、自尊心の満足などを求める心理的欲求、そして最終的に自己実現への欲求に至る。マズローは、高次の欲求は低次の欲求と同じくらい人間の本質の一部であり、まったく本能的なもので生物としても必然であると結論づけている。

文明社会においては一般に、高次欲求と低次欲求とは対立していると考えられている。人間の根本にある動物的衝動は、人間が望んでやまない真実、愛、美などのより洗練されたものとぶつかり合うと考えられているのだ。

これに対しマズローはこれらの欲求を連続したものとしてとらえた。人間は低次の欲求が満たされてから、精神的道徳的に高い発展段階に移るというのだ。基本的な肉体的欲求がかない、愛され、尊敬され、またある社会に帰属していると感じることができて、はじめて人間は自己実現への道を歩むことになる。

自己実現している人は、「才能、可能性、潜在能力などをあますところなく活用」できている。こうした人は、外からすぐそれとわかる成功とは別に、一人の人間として成功している。完璧とは言えなくても、大きな欠点は見当たらない。ダニエル・ゴールマンがベストセラーとなった著作に、情動の知性についてつづって以来、人々はそれが成功への鍵だと「発見」してきた。けれども自己実現者にとっては、その種の知性はみずからに染みついているものなのだ。

マズローは調査の中で、同時代の七人と歴史上の人物九人の研究も行なった。アメリカ大統領のアブラハム・リンカーンとトマス・ジェファーソン、科学者アルバート・アインシュタイン、博愛主義者であった大統領夫人エレノア・ルーズベルト、ソーシャルワーカーの先駆けジェーン・アダムズ、心理学者ウィリアム・ジェームズ、人道主義者であった医師アルバート・シュヴァイツァー、作家オルダス・ハックスレー、哲学者バルーフ・スピノザが後者に入る。マズローは自己実現者の十九の特徴を記している。その中から十五を列挙してみよう。

1 明確な現実認識

うそを見抜き、人の性格を正しく判断できる能力の高さを含む。

2 受容

自己とものごとをあるがままに受けとめる。

3 自発性

内面が豊かで習慣にとらわれない。子どものように世界をつねに新鮮にとらえ、ありふれたものの中に美を見出せる。

4 課題中心性

自己の外側にある問題や課題に心の焦点を合わせ、そこに使命や目的を感じる。結果として、ささいなこと、内省におぼれること、自己満足のために行動することとは無縁となる。

5　孤独の探究

孤独そのものを味わうと、不運や危機の中にあって、穏やかで超然とした状態にもなれる。孤独によって、何の影響も受けずに考え、判断することが可能になるのである。

6　自律性

ほかの人々から高い評価を得ても影響を受けない。地位や報酬よりも内面の満足のほうが重要である。

7　至高体験または神秘体験

時が停止しているかのように感じる。

8　人間への親しみ

すべての人々に純粋な愛情を抱き、援助の手を差しのべたいと思う。

9　謙虚さと敬意

誰からでも学ぶことができる、どんな悪人でも挽回の余地があると信じている。

10　道徳

一般道徳通りではないが、正誤ははっきり区別する。

11　ユーモアのセンス

傷つけたり、劣っているとほのめかしたりするジョークをおもしろいと感じない。一般的な人間の愚かさを浮きぼりにするユーモアを好む。

12　創造性

モーツァルトのような生まれながらの天才ではなく、行動や発言できる才能がある。

13　文化に組みこまれることに対する抵抗

文化や時代の枠を超えてものを見ることができる。

14　欠点

すべての罪、不安、自己非難、嫉妬などは誰もが経験する。ただ、自己実現者たちは抑うつからそうなることはない。

15　価値

世界をまず肯定的に受けとめる。宇宙を危険なジャングルと見るのではなく、本質的に豊かな場所と考える。必要なものはすべてそこから与えられ、役に立ってくれると感じる。

そして次のような微妙な違いが、自己実現者をきわだたせる。ほとんどの人間は、人生をあれやこれやを手に入れるための戦いととらえている。対象となるのは物質的なものかもしれないし、家庭を持つ、よいキャリアを積むということかもしれない。心理学ではこれを「欠乏動機」と呼ぶ。

一方、自己実現者は、追い求めるよりむしろ成長するのを望む。願いはただ可能なかぎり自己を充分に表にあらわしたい、できることを楽しみたい、ということだ。

また、自己実現者は心の自由の度合いが大きい。置かれている状況に関係なく、また周囲から圧力がかかろうとも、自己実現者は自由意志そのものとして行動する。この自由意志は人間の真髄である。スティーブン・R・コヴィーの言う「刺激と反応のあいだのスペース」の意味、どんな反応も機械的になされるべきではないという考えを、自己実現者は完全に理解している。いっぽう、単純に「うまく順応した」（つまり、神経症とは無縁の）人間は、自分がどういう存在なのか、人生の目的は何かについてほんとうはわかっていない。セオドア・ローザックは、『人間／地球 Person/ Planet（未訳）』でこう取りあげている。

マズローは、治療の目標とすべきは自己実現だとして、重要な質問を掲げた。「私たちはなぜ、健全さの基準を、用心深くこれほどに低く定めているのだろうか。従順な消費者や、順応がうまい稼ぎ手よりも、よいモデルを想定できないのだろうか。聖人でも賢者でも芸術家でもよいのではないか。人類の中でももっとも高みにあり、もっとも素晴らしい人々のすべてがモデルであってよいのではないか」

マズローは次のような興味深い所見を残した。自己実現者たちは前述の共通した特徴を備えており、あるタイプの集団とみることができる。けれども、比較したほかのどの集団よりも、一人一人の個性がきわだっているというのだ。これは自己実現者の逆説だ。ある人間が自己実現者の特徴を数多く持っていればそれだけ、個性的な存在となるのだ。

人生を変える一冊に出会うために――

マズローが偉大なのは、人間の可能性についての新たなイメージを描き出した点だ。単に「神経症ではない」のが健全な精神状態だという考えを、彼は私たちの頭から追い出した。マズローは、心の健康には自己実現が必要だと断言した。心理学のあり方を根本から揺るがせたこの考えは、人間の行為のあらゆる領域に影響を及ぼしている。

『人間性の心理学』を執筆していた当時、マズローは、ごくわずかな人だけが自己実現しており、この少数の人々が文化全体を変える力を持つのだと考えていた。世界のイメージを変えた一九六〇年代のカウンターカルチャー世代が与えた衝撃を考えると、マズローが正しかったと言わなければならないだろう。

マズローの「欲求の階層」が職場での動機づけを考えるうえで大きな影響を与え、雇用者の自己実現がビジネスにおける重要な関心事になったのは、まったくの事実だ。彼は人々の職場生活において、個人的な成長とやりがいが金銭に代わって最高の動機づけになるという流れを予見した。

彼の理念は、個人と社会がめざすべき水準をより高く置いていることが明らかだ。これまでのマズローへの批判の中心は、理想主義過ぎて、ありもしない理想の人間性を創りあげているというものだった。マズローは、無視したとも言われている「悪」の問題に取り組む前にこの世を去った。自己実現の欲求は、民主主義を拡大させ、人権意識の増強を促すものかもしれない。ルワンダやコソボでの大量殺りくのような現実を目の前にして、どのような視点でこの自己実現欲求を理解すればよいのだろうか。

人間性の一面である自己実現が欠けていると、そこが真空状態となり、抑圧や貧困、国粋主義でふさがれ、悪がはびこる下地が整うのではないか。このように考えると、自己実現はある種の贅沢としてとらえられるべきではない。人類の発展は、人々の自己実現にかかっているのだ。

謝辞

まず、各書の著者の方々へ。歴史に残る名作を著し、自己啓発の分野に、それぞれ独自の貢献をされたことに感謝します。あなた方の著作を読み、それを人々に語り伝えることに、私は大いなる喜びを感じています。

そして、これらの本を出版してくれた方々へ。人気がありながらも、批評されることの少なかった自己啓発のジャンルを手がけてこられたことに感謝します。この本によって、あなた方が出版した本を読む人がますます増えますように。

わがパートナー、タマラ・ルーカス。この本を君に捧げます。私に与えてくれた愛とひらめき、そして夜間のコンピューター作業をありがとう。

わが母、マリオン・バトラー＝ボードン。三十五年間、とにかくいろいろありがとう。すばらしい本をたくさん教えてくれたことに感謝します。

ノア・ルーカスとベアトリス・ルーカス。私の仕事につねに関心をもち、支えてくれてありがとう。

ニコラス・ブリアリー出版のニック・ブリアリー。あなたの洞察、熱意、細やかな配慮に謝意を表します。編集のサリー・ランズデル、広報のアンジー・テインシュとテリー・ウェルチもありがとう。

ご意見や励まし、大局を見る目を与えてくださった以下の方々にも、ご協力いただいた期間の長短にかかわらず感謝を捧げたいと思います。アンドリュー・アーセニアン、アンドリュー・チャン、ジョン・メルビル、ジゼル・ロサリオ。わが兄弟姉妹であるキャロライン、テレサ、チャールズ、エドワード、ピアーズ、リチャード。そのパートナーのチャールズ、ウィル、ヴァレリー、ケイト、タミー、ルース。姪または甥のセレスト、ケイレブ、ジェイコブ、トビー、コンラッド。ポロック家のジョイ、ノーマン、ジェイン、キャシー、エイドリアン、ロジャー。テイラー家のモーリス、バーバラ、ハワード、ジェシカ。ミサク家のソニア、アルバート、ナタン、ラファエル。サラ・ラベンスクロフト、ハンフリー・バトラー＝ボードン、ポール・グース、フィッツロイ・ボールティング、リチャード・コッチ、ロニー・グラマツィオ、フレイザー・カークマン、プリア・ミトラ、イアン・ハンター、ニック・ハーフォード、トム・マガリー、デビッド・ミーガン。OCCのイベット、ローズマリー、カレン、イゾベル。

そして、わが父アンソニー・ウィリアム・バトラー＝ボードン（一九一三―二〇〇一）、本書を書くことができたのは彼のおかげでもあります。

トム・バトラー＝ボードン

訳者あとがき

仏教では、輪廻から解放されて二度とこの世に生まれなくなることを解脱と呼んでとうとぶ。黒人霊歌にも、もうすぐこの世のごたごたとはおさらば、神様のもとへ生ける、という歌がある。かと思うと、秦の始皇帝のように長寿になみなみならぬ執念を燃やす人物もいる。

まこと、生きることは難しい。

『世界がもし100人の村だったら』（マガジンハウス）的に言えば、今日の日本に生きる私たちの多くは、きわめて恵まれた生活を送っている。しかし、恵まれているからといって、必ずしも幸福だとは限らない。もっと人に好かれたい、生きがいが欲しい、成績を上げたい、寂しさを紛らわしたい、何だかわからないけどとにかく不安……。私たちの望みや悩みはつきることがない。でも、友だちに話すのははずかしいし、精神科に行くのは気がひける。何か参考になる本はないだろうか？

書店に行けば、魅力的なタイトルの本が所狭しと並んでいる。だが、あまりにいろいろあって、どれが自分に向いているかわからなかったり、とりあえず目に留まった本を読んではみたものの、自分が求めているものとは少し違ったという体験をおもちの方も多いだろう。

本書はそういう方にうってつけの自己啓発書ガイドだ。つい最近ベストセラーのランキングをにぎわせたばかりの本から、日頃なかなか手に取る機会のない宗教の聖典まで、古今東西の粒よりの名作が一堂に会している。

とにかく、まずパラパラとめくって、各章扉にある短い言葉だけでもご覧になっていただきたい。これまで難しそうと敬遠していた本にわくわくするような提言があったり、手軽なハウツー本だろうと軽く見ていた本に深遠な哲学があったり、信者だけが読むものと決めつけていた宗教書に心から共感できるメッセージが込められていたりと、いろいろな発見があるのではないだろうか。

五十冊五十色のかけがえのない名著が並ぶ目次を見ていると、はるか昔から、幸福、より充実した生き方、苦しみからの救済を求めて、あがき、戦い、知恵をしぼってきた人間というものに、いとおしさを覚えずにはいられない。こんなにいろいろな時代のたくさんの人が、こんなに真剣に生きるということを考えてきたのだと思うと、からだの中に力がむくむくと湧いてくる。

読者のみなさんも、ぜひ本書を通じて「運命の一冊」を見つけてほしい。縁結びのお役に立てれば、訳者としてこの上ない喜びである。

訳出にあたっては、森村が01、02、05、06、08、09、10、12、13、14、16、17、19、23、26、27、28、31、32、35、37、39、43、48、50章を、野田がそれ以外を担当した。既存邦訳の引用に当たっては細心の注意を払ったつもりだが、至らない部分があったらお許しいただきたい。各邦訳書からは、訳文のみならず、あとがきや解説などで、いろいろなことを学ばせていただいた。それぞれの訳者のみなさんには、心から敬意と感謝をささげたい。

最後になったが、お世話になったディスカヴァー・トゥエンティワン編集部の藤田浩芳さん、原典宏さん、本当にありがとうございました。

野田　恭子

LIBERAL ARTS COLLEGE

世界の自己啓発50の名著

発行日	2019年　8月30日　第1刷
Author	T・バトラー＝ボードン
Translator	野田恭子　森村里美
Book Designer	辻中浩一　小池万友美　渡部文　久保沙織（ウフ）
Publication	株式会社ディスカヴァー・トゥエンティワン 〒102-0093　東京都千代田区平河町2-16-1 平河町森タワー11F TEL　03-3237-8321（代表）03-3237-8345（営業） FAX　03-3237-8323 http://www.d21.co.jp
Publisher	干場弓子
Editor	堀部直人　林拓馬
Marketing Group Staff	清水達也　飯田智樹　佐藤昌幸　谷口奈緒美　蛯原昇　安永智洋 古矢薫　鍋田匠伴　佐竹祐哉　梅本翔太　榊原僚　廣内悠理 橋本莉奈　川島理　庄司知世　小木曽礼丈　越野志絵良 佐々木玲奈　高橋雛乃　佐藤淳基　志摩晃司　井上竜之介 小山怜那　斎藤悠人　三角真穂　宮田有利子
Productive Group Staff	藤田浩芳　千葉正幸　原典宏　林秀樹　三谷祐一　大山聡子 大竹朝子　松石悠　木下智尋　渡辺基志　安永姫菜　谷中卓
Digital Group Staff	伊東佑真　岡本典子　三輪真也　西川なつか　高良彰子　牧野類 倉田華　伊藤光太郎　阿奈美佳　早水真吾　榎本貴子　中澤泰宏
Global & Public Relations Group Staff	郭迪　田中亜紀　杉田彰子　奥田千晶　連苑如　施華琴 佐藤サラ圭
Operations & Management & Accounting Group Staff	小関勝則　松原史与志　山中麻吏　小田孝文　福永友紀　井筒浩 小田木もも　池田望　福田章平　石光まゆ子
Assistant Staff	俵敬子　町田加奈子　丸山香織　井澤徳子　藤井多穂子 藤井かおり　葛目美枝子　伊藤香　鈴木洋子　石橋佐知子 伊藤由美　畑野衣見　宮崎陽子　並木楓　倉次みのり
Proofreader	株式会社鷗来堂
DTP	株式会社RUHIA
Printing	大日本印刷株式会社

ISBN978-4-7993-2543-8